U0924834

中英全本

Nine Stories

J. D. Salinger

九故事

[美国] J. D.塞林格 著

丁骏 译

译林出版社

献给多罗西·奥尔丁和格斯·洛布拉诺

双手击掌之声人尽知，只手击掌之声又若何？

——禅宗公案

目录

——

抓香蕉鱼最好的日子

宾馆里住了九十七个来自纽约的广告商，长途电话线总被他们霸占着，五〇七房间的那个姑娘从中午一直等到下午两点半，她要的电话才算接通。这段时间她倒也没闲着：读了一篇登在袖珍女性杂志上的文章，题目是“性：乐园抑或地狱”；把自己的梳子和牙刷洗了一遍；想办法去掉了米色套装裙子上的那块污渍；把她那件萨克斯衬衫上的纽扣挪了地方，然后用镊子拔掉一颗痣上刚冒出的几根汗毛。接线员打进电话的时候，她正坐在窗台上涂指甲油，左手就快涂完了。

她属于那种听到电话铃完全不动声色的女孩。那副样子就好像自从进入发育期之后，她房间里的电话铃就再也没停过。

她拿着小刷子在铃声中涂完小指，沿半月白勾了一道，然后拧上指甲油的盖子，站起身，左手——油还没干——临空甩了几下，用干的那只手拿起窗台上一只塞满烟头的烟灰缸，走到床头柜边上，那是放电话的地方。她在一张单人床上坐下，房间里有两张收拾好的单人床。她拿起电话——这时铃声已经响了第五还是第六次了。

“喂。”她说，左手的手指尽量向外跷着，以免碰到白色的丝质晨袍，她身上只有这件晨袍，和拖鞋——戒指放在浴室里。

“您的纽约长途接通了，格拉斯太太。”接线员说道。

“谢谢。”女孩一边说一边在床头柜上腾出地方放烟灰缸。

电话那头传来一个女人的声音：“穆丽尔？是你吗？”

女孩把听筒从耳朵挪开一寸。“是的，妈。你好吗？”她说道。

“我都快担心死你了。你为什么一直不打电话？你没事吧？”

“我昨天和前天晚上都想给你打的。但是电话一直都——”

“你没事吧，穆丽尔？”

女孩加大了听筒和耳朵间的角度。“我没事。就是热。今天是佛罗里达最热的一天——”

“你为什么一直不给我电话？我担心得要——”

“妈，亲爱的，你别冲我喊。我听得清楚着呢，”女孩说，“我昨晚给你打了两次。还有一次就是——”

“我跟你爸**说来着**，你昨晚可能会打电话来，但是他不听，非要——你没事吧，穆丽尔？跟我说实话。”

“我没事。别再问这个了，求你了。”

“你们什么时候到那里的？”

“我不知道。星期三早晨，一大早。”

“谁开的车？”

“他开的，”女孩说，“你先别激动。他开得很好。我都没想到。”

“**他**开的？穆丽尔，你向我保证过的——”

“妈，”女孩打断她，“我不是说了嘛，他开得**非常**好。事实上，一路都没超过五十。”

“他有没有又跟路边的树过不去？”

“我**说了**他开得非常好，妈。求你了。我要他贴着白线开，他都听懂了，也照做了。他甚至努力不去看路边的树——我能看出来。顺便问一句，爸的车修了吗？”

“还没。他们要收四百，只不过就是——”

“妈，西摩跟爸爸**说了**，修理费他来付。没必要再——”

“好，再说吧。他到底怎么样——在车上，还有下车以后？”

“挺好的。”女孩说。

“他还管你叫那个吗？那个吓人的——”

“没有。他有新主意了。”

“叫你什么？”

“哦，那有什么**关系**呢，妈？”

“穆丽尔，我想**知道**。你爸——”

“好吧，好吧。他叫我‘一九四八年精神流浪小姐’。”女孩咯咯笑起来。

“这一点也不好笑，穆丽尔。压根儿没什么好笑的。听着吓人。听着叫人**难过**，真是。我一想起——”

“妈，”女孩打断她，“我问你呀。你记得他从德国给我寄的那本书吗？就是——一些德语的诗。我把那书**放**哪儿了？我绞尽脑汁也——”

“这书在。”

“你**确定**吗？”女孩说。

“当然。在我这里。在弗莱德的房间里。你把书留在家里，我没地方放——怎么了？他要这书吗？”

“没有。只是他**问**起我了，我们在车上的时候。他想知道我读了没有。”

“那是本德语书！”

“是的，亲爱的。这没关系，”女孩说，一条腿架到另一条腿上，“他说这书恰巧是**本世纪唯一一个伟大的诗人**写的。他说我应该买一本英文版的。要么**学学德语**，他就这么说的。”

“作孽。作孽。听着**难过**，真是。你爸昨晚说——”

“等等，妈。”女孩说。她走去窗台边拿她的香烟，点了一根，然后回到床边坐下。“妈？”她说，吐出一口烟。

“穆丽尔。你听着，我跟你说。”

“我听着呢。”

“你爸跟斯维特斯奇医生谈了一次。”

“怎么说？”女孩问。

“你爸跟他**一五一十**地说了。至少，你爸是这么告诉我的——你知道你爸的。路边的树。窗户的事。他跟奶奶讲什么她的去世计划。百慕大那些照片，多好的照片啊——**一五一十**全说了。”

“那又怎么样？”女孩说。

“这样的。首先，医生说军队让他离开医院完全是**不负责任**——我敢保证他是这么说的。他很**肯定**地告诉你爸有可能——**很有**可能，他说——西摩会**完全**失去自控力。我敢保证他就是这么说的。”

“这边宾馆里就有一个精神病医生。”女孩说。

“谁？叫什么名字？”

“我不知道。叫里泽还是什么的。据说很厉害。”

“从来没听说过。”

“反正据说他很厉害。”

“穆丽尔，你别犯傻了。我们都非常担心你。你爸想给你发电报，让你**昨晚**就回来，事实上——”

“我现在不回去，妈。你别那么紧张。”

“穆丽尔。我发誓，斯维特斯奇医生说西摩有可能**完全**失去自——”

“我**刚到**这里，妈。我都多少年没度假了，我是不会这就**打包回家**的，”女孩说道，“再说了，我现在也没法走。我晒伤了，一动也动不了。”

“你晒伤得厉害吗？我放你包里的那一罐布朗兹防晒油你没用吗？我就放在——”

“我用了，但还是晒伤了。”

“真是的。你晒到哪里了？”

“全身上下，亲爱的。”

“真是的。”

“死不了。”

“我问你，你跟那个精神病医生聊了吗？”

“嗯，算聊了吧。”女孩说。

“他怎么说？你跟他聊的时候，西摩在哪里？”

“在‘大洋厅’，他在那里弹钢琴。我们在这里的两个晚上他都在弹钢琴。”

“那么，医生怎么说？”

“哦，没说什么。是他先跟我说话的。我玩宾果[1]的时候他坐在我旁边，他问在隔壁弹钢琴的那位是不是我先生。我说是的，他就问我西摩是病了还是怎么了。所以我就说——”

“他怎么会这么问？”

“**我**怎么知道，妈。我猜是因为西摩的脸色吧，那么白，”女孩说，“不管怎么样，宾果结束后医生和他太太问我要不要跟他们一起喝一杯。我就喝了。他那位太太真是吓人。你记得我们在邦维特橱窗里看见的那件难看得要命的晚礼服吗？就是你说除非屁股很小，很小——”

“绿色的那条？”

“她就穿在身上。只看到屁股。她不停地问我西摩跟那个苏珊娜·格拉斯是不是亲戚，就是在麦迪逊大街上有一家店的——女帽店。”

“那他到底怎么说的？那个医生。”

“哦。也没什么，真的。我是说我们都在酒吧里。吵得厉害。”

“知道了，但是——你有没有告诉他西摩跟奶奶那把椅子的事？”

“**没有**，妈。我没有说什么细节，”女孩说，“也许我还有机会再跟他谈一次。他**整天**都在酒吧里。”

“他有没有说他觉得西摩有可能——怎么说呢——胡来之类的？对你做点什么？”

“没有，”女孩说，“他得有事实依据，妈。他们得知道你的童年这一类的玩意儿。我跟你说了，我们几乎没法说话，那里太吵了。”

“好吧。你的蓝外套怎么样了？”

“挺好的。我去掉了一些衬料。”

“今年**流行**什么样的衣服？”

“吓人得很，不过很亮眼。连亮片都能看到——什么都有。”女孩说。

“你的房间呢？”

“还行。**只能说**还行。战前那样的房间是拿不到了，”女孩说，“今年这些人都很吓人。你要是看到吃饭时坐在我们旁边的都是些什么人你就知道了。我们旁边一桌的，他们看上去就像是开着卡车来的。”

“嗨，哪儿都一样。你那双软底鞋怎么样？”

“太长了。我**跟你说**太长了。”

“穆丽尔，我再问你一次——你真的没事吗？”

“我没事，妈，”女孩说，“我都说了九十九遍了。”

“你也不想回家？”

“**不想**，妈。”

“你爸昨晚说，如果你想自己去个什么地方，把事情想想清楚的话，他很乐意给你出钱。你可以坐趟游轮，那多好。我们俩都觉得——”

“不用了，谢谢，”女孩说，把架起的腿放下，“妈，这个电话贵得——”

“我一想起**整个**一场战争，你就一直等着这个人——我是说，你想想那些士兵的老婆一个个都——”

“妈，”女孩说，“我们该挂了。西摩随时可能回来。”

“他现在在哪里？”

“在沙滩上。”

“沙滩上？他一个人？他在沙滩上没出什么洋相吧？”

“妈，”女孩说，“你这样说他，就好像他是个**疯**——”

“我可没那么说，穆丽尔。”

“好吧，你**听起来**就是这个意思。我是说，他就是躺在那里。他连浴袍都不脱。”

“他连浴袍都不脱？为什么？”

“**我**怎么知道。我猜是他太白了。”

“我的天哪，他**需要**晒晒太阳。你就不能逼他脱吗？”

“你知道西摩的，”女孩说，腿又架了起来，“他说他不想让一群傻瓜盯着他的文身看。”

“他哪有什么文身！他在军队里文了一个吗？”

“没有，妈。没有，亲爱的，”女孩说着站了起来，“听着，我明天再给你打，也许吧。”

“穆丽尔，你听我说。”

“听着呢，妈。”女孩说，身体斜着，重心落在一条腿上。

“他**一旦**做了什么，或者**说了**什么荒唐的，你**马上**给我打电话——你知道我的意思。你听到了没有？”

“妈，我又不怕西摩。”

“穆丽尔，我要你给我保证。”

“好吧，我保证。再见，妈，”女孩说，“跟爸说我爱他。”她挂上了电话。

“西摩·格拉斯，”西比尔·卡朋特说，她和她妈妈一起住在宾馆里，“你西摩格拉斯[2]了吗？”

“咪咪宝，够了。妈咪听得都烦死了。别动，请你别动。”

卡朋特太太正给西比尔抹防晒油，沿着肩膀到后背，抹过她瘦瘦的、仿佛翅膀一样的肩胛骨。西比尔坐在一只巨大的浮水气球上，气球吹得鼓鼓的，西比尔摇摇欲坠，面对着大海。她身穿淡黄色的比基尼泳装，其实上身部分也许她要再过个九年、十年才用得着。

“那真的就是块很一般的丝手帕——你走近点就能看到，”坐在卡朋特太太旁边那张沙滩椅上的妇人说道，“我还真想知道她是怎么扎的。真是好看呢。”

“听起来就不错，”卡朋特太太附和道，“西比尔，**不要动**，咪咪宝。”

“你西摩格拉斯了吗？”西比尔说。

卡朋特太太叹了口气。“好吧，”她说，一边盖上防晒油瓶的盖子，“去吧，去玩吧，咪咪宝。妈咪要去宾馆里和哈布尔太太喝杯马蒂尼。我会给你拿橄榄的。”

妈妈刚一松手，西比尔就朝着开阔的海滩奔去，然后朝“渔夫帐篷”的方向径直走去。她只停下一次，一只脚踩进一座已经倒塌的浸湿的沙堡，很快她就走出了专供宾馆住客使用的沙滩区。

大约走了四分之一英里的路之后，她突然斜插着往沙滩面海的方向奔去。跑到一个仰面躺在沙滩上的年轻人身边，她停了下来。

“你要去水里吗，西摩·格拉斯？”她说道。

年轻人吓了一跳，他抬起右手，握住毛巾浴袍的翻领，翻了个身，脸朝下，眼睛上卷成一股的毛巾掉了下来。他眯着眼看向西比尔。

“嗨。你好，西比尔。”

“你要去水里吗？”

“我正在等**你**呢，”年轻人说，“怎么样？”

“什么？”

“怎么样？有什么新节目吗？”

“我爸爸明天要坐一个飞机过来。”西比尔说，脚踢着沙子。

“别朝我的脸踢，宝贝儿。”年轻人说，伸手抓住西比尔的脚踝，“他是该来了，你爸爸。我时时刻刻地等着他呢。时时刻刻。”

“那位女士呢？”西比尔问。

“女士？”年轻人伸手理了理稀疏的头发，抖落沙子，“这很难说，西比尔。有一千个地方是她可能去的。在理发店里，把她的头发染成深褐色；或者给穷人的孩子们做洋娃娃，在她自己房间里。”他趴着，两只手捏成拳头，一个叠在另一个上面，下巴搁在拳头上。“问我点别的什么吧，西比尔，”他说，“你的游泳衣很好看。要说有什么东西是我喜欢的，那就是一件蓝色的游泳衣。”

西比尔盯着他，然后低头看看自己凸出的肚子。“这是件**黄**

色的，”她说，“这是件黄色的。”

“是吗？走近点儿我看看。”

西比尔向前靠了一步。

“你一点儿没错。我真是个傻瓜。”

“你要去水里吗？”西比尔问。

“我还真有这个想法呢。我正翻来覆去地琢磨着呢，西比尔，你听了准高兴。”

西比尔戳了戳年轻人不时用来垫脑袋的橡皮筏。“这个要充气了。”她说。

“你说得对。这个需要很多气，我不承认都不行。”他放下拳头，下巴磕在沙子上。“西比尔，”他说，“你很好看。见到你真好。跟我说说你自己吧。”他伸出双手，同时握住了西比尔的两只脚踝。“我是摩羯座的，”他说，“你呢？”

“莎朗·利普舒兹说你让她跟你一起坐在钢琴前面。”西比尔说。

“莎朗·利普舒兹跟你说的？”

西比尔用力点点头。

年轻人松开了她的脚踝，收起两只手，脸靠在右臂上。“嗯，”他说，“这种事怎么发生你是知道的，西比尔。我坐在那里，正弹着琴，而你又不知去哪里了。然后莎朗·利普舒兹走了过来，在我旁边坐下。我又不能把她推开，你说是不是？”

“你能的。”

“哦，不能。不行。我不能那么做，”年轻人说道，“不过，我可以告诉你我做了什么。”

“什么？”

“我假装她是你。”

西比尔突然弯下腰，在沙子上挖起洞来。“我们去水里吧。”她说。

“好啊，”年轻人说，“我想我能照办不误。”

“下一次，把她推开。”西比尔说。

“把谁推开？”

“莎朗·利普舒兹。”

“啊，莎朗·利普舒兹，”年轻人说，“又是这个名字。记忆与欲望的混杂。”他突然站起身。望向大海。“西比尔，”他说，“我有个主意。我们来看看能不能抓一条香蕉鱼。”

“一条什么？”

“一条香蕉鱼。”他说，然后解开浴袍上的腰带。他脱下浴袍。他的肩膀白而窄，四肢发青。他把浴袍竖直对折，再前后一折三。他展开用来盖眼睛的毛巾，铺开放在沙子上，然后把折好的浴袍放在毛巾上。他弯下腰，拿起橡皮筏，夹在右胳膊下，然后，左手拉起西比尔的手。

两人向着大海走去。

“我猜你已经见过不少香蕉鱼了吧？”年轻人说。

西比尔摇摇头。

“你没见过？那你**住在**哪里呢？”

“我不知道。”西比尔说。

“谁说你不知道。你肯定知道。莎朗·利普舒兹知道**她**住在哪里，**她**才**三岁半**。”

西比尔停住脚步，用力抽出被握着的手。她随便捡起一颗贝壳，煞有介事地盯着贝壳看。她扔了贝壳。“沃利伍德，康涅狄格州。”她说，然后继续往前走，肚子挺得老高。

“沃利伍德，康涅狄格州，”年轻人说，“是说你住的地方靠近沃利伍德，康涅狄格州吗？”

西比尔看着他。“那就是我**住**的地方，”她不耐烦地说，“我**住在**沃利伍德，康涅狄格州。”她向前跑了几步，左手握住左脚，然后跳了两三下。

“你可不知道这下我有多清楚了。”年轻人说。

西比尔放下脚。“你读过《小黑人桑布》[3]吗？”她问。

“你这个问题真好玩，”他说，“我刚好昨天晚上才读完。”他又伸手握住了西比尔的手。“你觉得这个故事怎么样？”他问她。

“那些老虎都围着那棵树转了吗？”

“我觉得它们永远不会停下来。我从来没见过这么多老虎。”

“只有六只。”西比尔说。

“**只有**六只！”年轻人说，“你管那叫‘**只有**’？”

“你喜欢蜡吗？”西比尔问。

“我喜欢什么？”年轻人问。

“蜡。”

“很喜欢。你也喜欢吧？”

西比尔点点头。“你喜欢橄榄吗？”她问。

“橄榄——是的。橄榄和蜡。我到哪儿都得带着这两样。”

“你喜欢莎朗·利普舒兹吗？”西比尔问。

“是的。是的，我喜欢，”年轻人说，“我尤其喜欢她的一点是她从来不欺负宾馆大厅里的小狗。比如那个加拿大女士的小巴儿狗。你可能不相信，但**有些**小女孩喜欢用气球柄去戳那条小狗。莎朗不会这么做。她从来不起坏心眼儿。所以我才那么喜欢她。”

西比尔一声不吭。

“我喜欢嚼蜡烛。”她终于又开口了。

“谁不喜欢嚼蜡烛呢？”年轻人说，脚踩进水里。“哇！真冷！”他把橡皮筏扔进水里，“别，再等一会儿，西比尔。等我们再往外一点儿。”

他们继续蹚水向前，直到水没到西比尔的腰间。然后年轻人抱起西比尔，让她趴在橡皮筏上。

“你从来不戴游泳帽什么的吗？”他问道。

“别松手，”西比尔下命令道，“你抓住我，马上。”

“卡朋特小姐，别担心。我知道自己在干吗，”年轻人说，“你只管睁大眼睛看有没有香蕉鱼。今天是抓香蕉鱼的**好**日子。”

“我一条也没看见。”西比尔说。

“这也不奇怪。他们的习惯很特别。**非常**特别。”他继续推着橡皮筏。水还不到他的胸口。“他们的生活很悲惨，”他说，“你知道他们做什么吗，西比尔？”

她摇摇头。

“嗯，他们游进一个全是香蕉的洞里。他们游**进去**的时候看起来是很普通的鱼，但是一进洞，他们就变得像猪一样。你还别说，我就知道一条香蕉鱼游进一个香蕉洞里，吃了足足有七十八根香蕉。”他一点点向前推着橡皮筏和上面的女孩，离地平线又近了一英尺，“很自然，等他们变得那么胖，他们就再也出不了洞了。洞口太小了。”

“别再往前了，”西比尔说，“他们后来怎么了？”

“谁后来怎么了？”

“那些香蕉鱼。”

“哦，你是说他们吃了那么多香蕉，出不了香蕉洞会怎么样？”

“是的。”西比尔说。

“嗯，我不想告诉你，西比尔。他们就死了。”

“为什么？”西比尔问。

“嗯，他们得了香蕉热。那是很可怕的一种病。”

“**浪头**来了。”西比尔紧张地说。

“我们别管它。我们不理它，”年轻人说，“两个‘狗不理’[4]。”他抓住西比尔的脚踝往下一按，再往前一推。橡皮筏从浪尖上划了过去。水浸湿了西比尔金色的头发，但是她的尖叫充满了欢乐。

橡皮筏平稳后，她伸手撩开搭在眼睛上的一缕湿湿的头发，然后报告说：“我刚看到了一条。”

“看到了什么，亲爱的？”

“一条香蕉鱼。”

“我的天，不会吧！”年轻人说，“他嘴里有没有衔着香蕉？”

“有的，”西比尔说，“有六根。”

年轻人突然抓起西比尔垂在橡皮筏边上的湿漉漉的脚，亲了亲她的足弓。

“嗨！”脚的主人转过身。

“嗨，你！我们回去了。你玩够了吗？”

“没有！”

“对不起。”他说，然后把橡皮筏往岸边推去，直到西比尔跳下来。然后他就一路拿着橡皮筏。

“再见。”西比尔说完，毫无遗憾地往宾馆方向奔去。

年轻人穿上浴袍，裹紧翻领，把毛巾塞进口袋里。他捡起黏湿又碍事的橡皮筏，夹在胳膊下面，一个人踩着软绵绵、热乎乎的沙子朝宾馆走去。

他在宾馆给游泳客人专用的旁厅里搭乘电梯，一个鼻子上涂着防晒软膏的女人和他一起进了电梯。

“我看到你盯着我的脚。”电梯启动的当儿他对女人说。

“抱歉你再说一遍？”女人说。

“我说我看到你盯着我的脚。”

“真抱了歉了。我只是碰巧看着地板。”女人说，脸对着电梯的门。

“如果你想看我的脚，你就直说，”年轻人说，“别他妈偷偷摸摸的。”

“请让我出去。”女人飞快地对操纵电梯的女孩说。

电梯门打开，女人走了出去，没有回头。

“我有两只正常的脚，真搞不明白他妈的为什么有人要盯着它们看，”年轻人说，“请上五楼。”他从口袋里拿出房间钥匙。

他在五楼下了电梯，沿着大厅往前走，进了五〇七房间。房间里有新小牛皮行李箱和指甲油洗甲水的味道。

他瞥了一眼睡在一张单人床上的女孩。然后他走到一只行李箱边上，打开箱子，在一堆短裤和汗衫底下拿出一把7.65口径的奥其斯自动手枪。他推开弹盒，看了看，又插上。扳起扳机。然后走到那张空着的单人床边上，坐下，看着女孩，用手枪瞄准，对着自己的右太阳穴开了一枪。

康涅狄格州的威格利大叔

玛丽珍找到埃洛伊丝家的时候差不多已经下午三点了。埃洛伊丝出来在车道上迎接她，她跟埃洛伊丝解释说本来全都**好好的**，她对路记得**清清楚楚**，直到她在梅里克大道上转了个弯。埃洛伊丝说:“宝贝儿，是**梅里特**大道。”然后又提醒玛丽珍她都已经来过两次了。玛丽珍突然大叫一声，不知嘀咕了一句什么，好像和她的舒洁纸巾有关，然后就朝她的敞篷车奔了过去。埃洛伊丝竖起驼毛大衣的领子，转过身背对风口等着。一分钟后玛丽珍拿着一张纸巾回来了，看上去还是不开心，甚至是一脸懊丧。埃洛伊丝若无其事地说午饭全糊了——甜面包，还有别的，全糊了。玛丽珍说她反正在路上已经吃过了。两人朝房子走去，埃洛伊丝问玛丽珍她今天怎么不用上班。玛丽珍说她不是**一整天**都不用上班，只不过威尹伯格先生得了疝气休息在家，她就得每个下午把他的信件送到他在拉奇芒特的家里，再带几封信回去。她问埃洛伊丝:“话又说回来了，疝气到底**是**个什么东西?”埃洛伊丝扔掉烟头，落在脚下脏兮兮的雪地上，说她也**不是**很清楚，但玛丽珍肯定不用担心自己会得疝气。玛丽珍说“哦”，两个姑娘就进了屋。

二十分钟后，她们俩在客厅里的第一杯高杯酒已经快喝完了，你一言我一语，一副可能只有大学室友见面时才有的腔调。她们俩还有一层更紧密的关系：谁都没有读到大学毕业。埃洛伊丝大二读了一半辍学，那是一九四二年，一个星期前她在宿舍三楼的电梯间里跟一个大兵厮混，被抓了个正着。同班的玛丽珍在同一年辍学，几乎是同一个月，她是因为结婚，对方是一个驻扎在佛罗里达杰克逊维尔市的空军学员。这场婚姻维持了三个月，其中两个月时间空军学员是在监狱度过的，因为他刺伤了一个军队警察。

“不是的，”埃洛伊丝说，“其实是**红色**。”她躺在沙发上，她的腿很瘦，但也很好看，两只脚踝交叉着。

“我听说是金色的。”玛丽珍重复了一遍，她坐在蓝色的靠背椅上，“那谁叫什么来着，指天对地发誓说是金色的。”

“嗯，嗯。绝对的。”埃洛伊丝打了个哈欠，“我差不多就是**在屋子**里看着她染的。怎么了？那里没烟吗？”

“没事。我自己有一包，”玛丽珍说，“我带着呢。”她在自己的手提包里找烟。

“这个笨蛋女佣，”埃洛伊丝说，没有离开沙发，“我一个小时前当着她的面扔下两包还没开封的。她一会儿该进来问我要把烟放哪里了，你看着吧。该死的，我说到哪儿了？”

“西林格。”玛丽珍提醒她，点了一支她自己的烟。

“哦，是的。我记得清清楚楚。她是跟弗兰克·海克结婚的前**一晚**染的。你记得弗兰克吗？”

“好像有点儿印象。一个小个子的大兵？长得特别难看？”

“难看。天哪！他看着就像没卸妆的贝拉·卢戈西[5]。”

玛丽珍仰头大笑起来。“绝了。”她说，一边回到喝酒的姿势。

“把你的杯子给我，”埃洛伊丝说，两条穿着丝袜的腿甩到地上，站了起来，“说真的，这个**笨蛋**。我费了多大劲儿想让她今天一起过来，就差让卢跟她求爱了。现在我都后悔我——你那个东西哪里来的？”

“**这个**？”玛丽珍说着摸了摸喉咙口的一枚宝石领针，“我在学校的时候就戴着，真是的。是我妈给我的。”

“天哪，”埃洛伊丝说，手里拿着两只空杯子，“我是一件戴得出去的像样点的首饰都没有。要是卢的妈哪天死了的话——哈，哈——她可能会给我留把带花押字母的碎冰锥之类的玩意儿。”

“说起来，你这段时间跟她处得怎么样？”

“别开玩笑了。”埃洛伊丝往厨房走去。

“这肯定是我最后一杯了！”玛丽珍在她后面喊。

“想得美。是**谁**给**谁**打的电话？又是谁迟到了两个小时？你就给我在这儿乖乖地待着，待到我腻味你了为止。我管你的倒霉工作呢。”

玛丽珍脑袋一仰，又大笑起来，不过埃洛伊丝已经进了厨房。

一个人留在房间里一时不知该干点什么好，玛丽珍站起身走到窗户旁。她拉开窗帘，一个手腕靠在两片窗玻璃之间的横棱上，但感觉蹭到沙砾，于是抬起手，用另一只手抹去手腕上的沙砾，身子站直了些。外面地上脏乎乎的雪泥明显正结成冰。玛丽珍放下窗帘，踱回到蓝椅子边上，一路经过两个塞得满满的书架，她一眼都没瞟。坐下后，她打开手提包，拿出小镜子照自己的牙，随即闭住嘴唇，用舌头把上排牙舔了一遍，然后又朝镜子里看了一眼。

“外面都结冰了，”她说，转过身，“天哪，你真快。你一点儿苏打水也没放吗？”

埃洛伊丝一手拿着一杯酒，停住脚。她伸出两个食指，做手枪状，然后说：“谁也不许动。我已经把这个地方完全包围了。”

玛丽珍一边笑，一边放好镜子。

埃洛伊丝拿着酒走过来。她把玛丽珍的一杯颤巍巍地放到杯垫上，自己的那杯仍然拿在手里。她又躺回到沙发上。“你知道她在那里干吗？”她说，“她端着个大黑屁股坐在那里，在读《圣袍》。我拿冰格盘的时候掉在了地上。她抬起头，还一副很烦的样子。”

“这是我最后一杯了。我说真的，”玛丽珍说，一面拿起酒杯，“哦，听着！你知道我上周碰到谁了？在罗德泰勒百货店的店中央？”

“嗯，”埃洛伊丝说，调整了一下脑袋底下垫着的枕头，“阿吉姆·塔米若夫？”

“谁？”玛丽珍说，“那是谁？”

“阿吉姆·塔米若夫。电影里的那个。他总是说：‘你真会开玩笑——哈？’我爱他……这个屋子里他妈的就没一个我能用的枕头。你看到谁了？”

“杰克逊。她是——”

“哪一个？”

“我不知道。跟我们一起上心理学课的那个，总是——”

“那姐妹俩都跟我们一起上心理学。”

“哦。就是那个非常——”

“玛西亚·路易斯。我也遇到过她一次。她说起话来没完没了，是不是？”

“天哪，没错。不过你知道她跟我说什么了吗？瓦丁医生死了。她说她收到芭芭拉·黑尔的一封信，说瓦丁去年夏天得了癌症，然后就死了。她只剩六十二磅，我是说她死的时候。吓人吧？”

“也没什么。”

“埃洛伊丝，你现在心硬得跟铁钉似的。”

“嗯。她还说了什么？”

“哦，她刚从欧洲回来。好像是她丈夫驻扎在德国，她跟他在一块儿。他们的房子有四十七个房间，她说的，就和另一对夫妻合住，大概有十个用人。她自己有匹马，他们用的那个马夫以前是希特勒的私人马术教练什么的。哦，然后她开始跟我说她怎么差点被一个黑人士兵给强奸了。**就**在罗德泰勒百货店的正中央，她就开始跟我说这个——你知道杰克逊这个人。她说那个士兵是她丈夫的司机，一天早上他开车送她去市场还是干吗的。她说她吓得甚至都没有——”

“等等。”埃洛伊丝抬起头，提高嗓门道，“拉蒙娜，是你吗？”

“是的。”一个小孩的声音回答道。

“进屋请把大门关上。”埃洛伊丝喊道。

“是拉蒙娜吗？哦，我可想死她了。你想想我上次见她还是她——”

“拉蒙娜，”埃洛伊丝喊道，眼睛闭着，“到厨房去，让格蕾丝把你的套鞋脱了。”

“好的，”拉蒙娜说，“快来，杰米。”

“哦，我真是想死她了，”玛丽珍说，“哦，**天哪**！看看我弄的。**真是**对不起，埃洛。”

“别管它。别管它，”埃洛伊丝说，“反正这个地毯我讨厌着呢。我给你再弄一杯。”

“别了，你看，我还有一大半呢！”玛丽珍举起酒杯。

“你确定？”埃洛伊丝说。“给我一根烟。”

玛丽珍把烟盒递给她，说：“哦，我想死她了。她现在长得像谁？”

埃洛伊丝擦亮火。“阿吉姆·塔米若夫。”

“真是的，别开玩笑了。”

“像卢。她长得像卢。他妈过来的时候，三个人看着就像三胞胎。”埃洛伊丝躺在沙发上伸手去够茶几边上的一摞烟灰缸。她成功地够到了最上面的一只，放在自己肚子上。“我应该养只可卡犬之类的，”她说，“长得像我的家伙。”

“她眼睛现在怎么样了？”玛丽珍问，“我是说，度数没有加深吧，还是怎么着？”

“天哪！我想是没有。”

“她不戴眼镜能看见吗？我是说她晚上爬起来上厕所什么的？”

“她不会跟别人说的。她神秘着呢。”

玛丽珍在椅子上转过身。“哦，**嗨**，拉蒙娜！”她说。“哦，多**漂亮**的裙子呀！”她放下酒杯，“我猜你都不记得我了吧，拉蒙娜。”

“她当然记得。这位女士是谁，拉蒙娜？”

“玛丽珍。”拉蒙娜说，一面挠起痒来。

“真棒！”玛丽珍说，“拉蒙娜，你能亲我一下下吗？”

“别挠了。”埃洛伊丝对拉蒙娜说。

拉蒙娜停下挠痒的手。

“你能亲我一下下吗，拉蒙娜？”玛丽珍又问了一遍。

“我不喜欢亲别人。”

埃洛伊丝哼了一声，问道:“杰米去哪里了？”

“他就在这儿。”

“谁是杰米？”玛丽珍问埃洛伊丝。

“哦，天哪！是她的小情郎。她到哪儿，杰米就跟到哪儿。她做什么，杰米就做什么。跟真的似的。”

“真的吗？”玛丽珍充满兴趣地说。她身子靠向前。“你有一个小情郎吗，拉蒙娜？”

拉蒙娜的眼睛躲在厚厚的近视镜片后面，对玛丽珍的热情没有丝毫反应。

“玛丽珍问了你一个问题，拉蒙娜。”埃洛伊丝说。

拉蒙娜一根手指伸进她小而宽的鼻孔里。

“别挖鼻子，”埃洛伊丝说，“玛丽珍问你有没有小情郎。”

“有的。”拉蒙娜说，继续忙着挖鼻子。

“拉蒙娜，”埃洛伊丝说，“马上给我住手。立刻。”

拉蒙娜放下手。

“嗯，我觉得这真棒，”玛丽珍说，“他叫什么名字？你能告诉我他的名字吗，拉蒙娜？还是说这是个大秘密呢？”

“杰米。”拉蒙娜说。

“杰米？哦，我喜欢杰米这个名字！他姓什么呢，拉蒙娜？”

“杰米·杰米米里诺。”拉蒙娜说。

“你站着别晃。”埃洛伊丝说。

“哇哦！这个姓够有意思的。杰米在哪里呢？你能告诉我吗，拉蒙娜？”

“这里。”拉蒙娜说。

玛丽珍四下看了看，然后看着拉蒙娜，满脸堆笑地问：“这里哪里呢，亲爱的？”

“**这里**，”拉蒙娜说，“我正拉着他的**手**呢。”

“我没明白。”玛丽珍对埃洛伊丝说，埃洛伊丝手里的酒快喝完了。

“看**我**干吗？”埃洛伊丝说。

玛丽珍又回过头去看着拉蒙娜。“哦，**我**明白了。杰米是你假想的一个小男孩。真棒。”玛丽珍有礼貌地靠向前，“你**好**呀，杰米。”她说。

“他不会理你的，”埃洛伊丝说，“拉蒙娜，跟玛丽珍说说杰米的事。”

“说说**什么**？”

“请你站直了……跟玛丽珍说说杰米长什么样。”

“他是绿眼睛，黑头发。”

“还有呢？”

“没有妈妈，也没有爸爸。”

“还有呢？”

“没有雀斑。”

“还有呢？”

“有一把剑。”

“还有呢？”

“我不知道。”拉蒙娜说，又开始挠自己。

“他听起来真**不错**！”玛丽珍说，坐在椅子里的身子又往前靠了些，“拉蒙娜，告诉我，你们进屋的时候，杰米也把套鞋脱了吗？”

“他穿的是靴子。”拉蒙娜说。

“真棒。”玛丽珍对埃洛伊丝说。

“你说得容易。我成天听这些。杰米和她一起吃饭，一起洗澡，一起睡觉。她一个劲儿往床边上睡，就怕翻身压到杰米。”

玛丽珍看起来好像听得津津有味的样子，下嘴唇往里一抿，又放开，问道：“他那个名字是哪里来的？”

“杰米·杰米米里诺？天知道。”

“也许是哪个邻居家的小男孩。”

埃洛伊丝打了个哈欠，摇摇头。“这附近没有小男孩。根本就没孩子。他们背后都叫我‘下崽能手’——”

“妈妈，”拉蒙娜说，“我能出去玩吗？”

埃洛伊丝看着她。“你刚**进屋**。”她说。

“杰米又想出去了。”

“我能问问为什么吗？”

“他把他的剑忘在外面了。”

“哦，他和他那把该死的剑，”埃洛伊丝说，“好吧，去吧。穿上你的套鞋。”

“我能拿这个吗？”拉蒙娜说，从烟灰缸里拿出一根用过的火柴。

“应该说我**可以**拿这个吗。是的，你可以。别到大街上去。”

“再见咯，拉蒙娜！”玛丽珍唱歌似的说。

“再见，”拉蒙娜说，“快点，杰米。”

埃洛伊丝突然一用力站了起来。“把你的杯子给我。”她说道。

“不行，真的，埃洛。我应该去**拉奇芒特**的。我是说威尹伯格先生人**那么**好，我不想——”

“打个电话就说你被杀了。松手，把酒杯给我。”

“不行，说真的，埃洛。我是说这会儿都冰成**那样**了。我车里几乎没有防冻剂了。我是说要是我不——”

“那就让它冻住吧。去打个电话。就说你死了，”埃洛伊丝说，“快给我。”

“嗯……电话在哪里？”

“电话在，”埃洛伊丝边说边拿着两只空酒杯朝饭厅走去，“——这边。”她走到客厅和饭厅的交界处，突然停了下来，发出一阵叮当哐啷的声响。玛丽珍咯咯笑起来。

“我是说你都说不上**认识**沃特，”埃洛伊丝说，还差一刻钟五点，她仰面躺在地板上，一杯酒端放在扁平的胸脯上，“他是我认识的唯一一个能让我笑的男孩。我是说**真的**笑。”她抬眼向玛丽珍望去。“你记得那天晚上——我们在大学的最后一年——那个疯子露易丝·何曼森，穿着她在芝加哥买的黑色胸罩冲进屋子？”

玛丽珍咯咯直笑。她人趴在沙发上，下巴磕着扶手，脸朝着埃洛伊丝。她的酒杯放在地上，伸手就能拿到。

“嗯，他就能让我**那么**笑，”埃洛伊丝说，“他跟我说话能让我笑，给我打电话也能让我笑，甚至写信也能让我笑。而最棒的是他根本没有故意要搞笑——他就是**那么**搞笑。”她头微微转向玛丽珍。“嗨，扔根烟给我行吗？”

“我够不着。”玛丽珍说。

“你得了吧。”埃洛伊丝又看向天花板。“有一次，”她说，“我摔了一跤。我那时总是在公共汽车站等他，就在PX外面，有一次他来晚了，汽车刚好启动。我们就跑着追，结果我摔了一跤，扭了脚踝。他说：‘可怜的威格利大叔。’他是说我的脚踝。[6]可怜的威格利老大叔，他这么叫的。……天哪，他真好。”

“卢难道没有幽默感吗？”玛丽珍问。

“什么？”

“卢难道没有幽默感吗？”

“哦，天哪！谁知道？有吧，我猜是有的。他对着卡通之类的玩意儿笑。”埃洛伊丝抬起头，拿起胸口的酒杯，喝了一口。

“嗯，”玛丽珍说，“也不能光看那个。我是说也不能光看那个。”

“光看哪个？”

“哦……就是，让你笑啊什么的。”

“谁说不是？”埃洛伊丝说，“听着，除非你要做修女什么的，你最好还是多笑笑。”

玛丽珍咯咯笑了。“你真够坏的。”她说。

“唉，天哪，他人真好，”埃洛伊丝说，“他那么搞笑，又那么好。不是那种小屁孩的好，而是一种特殊的好。你知道他有一次怎么样吗？”

“不知道。”玛丽珍说。

“我们在火车上，从特伦顿去纽约——那时候他刚刚参军。车厢里很冷，我就把我的一件大衣盖在我们俩身上。我记得我穿着乔伊丝·莫罗的毛线衣——你记得她那件可爱的蓝色毛线衣吗？”

玛丽珍点点头，不过埃洛伊丝并没有转头去看她。

“他的手半搭在我肚子上。就那样。反正，他突然说我的肚子太美了，他希望能有一个军官走过来命令他把他的另一只手伸到车窗外面去。他说他觉得那样才算公平。然后他把手抽走了，对售票员说把胸挺起来。他说如果有什么是他不能忍受的，那就是一个男人穿着制服却不引以为荣。售票员让他赶紧接着睡。”埃洛伊丝沉思片刻，然后说，“也不总是因为他说了些什么，而是他说话时候的样子。你知道的。”

“你跟卢说起过他吗——我是说，提没提过？”

“哦，”埃洛伊丝说，“有一次，我想提来着。不过他上来就打听沃特是什么军衔。”

“他是什么军衔？”

“哈！”埃洛伊丝说。

“不是啦，我只是说——”

埃洛伊丝突然笑起来，从胸腔里发出笑声。“你知道他有一次怎么说吗？他说他感觉他在军队里往上升，不过是跟所有人都相反的方向。他说到他第一次晋升的时候，他不会肩上多几条杠杠，而是会被扯掉袖子。他说等他当上将军，他就该一丝不挂了。他浑身上下只会在肚脐眼上别一个步兵扣。”埃洛伊丝看向玛丽珍，玛丽珍正在笑。“你难道不觉得好玩吗？”

“挺好玩的。只是，你为什么不找个时间跟卢说说他呢？”

“为什么？因为卢他妈的什么都不懂，这就是为什么，”埃洛伊丝说，“而且，听着，职业少女，你要是再结一次婚，**什么**都别跟你丈夫说。你听见我说的了？”

“为什么？”玛丽珍问。

“因为我就这么说的，就因为这个，”埃洛伊丝说，“他们只想知道你这一辈子只要一有男的靠近你，你就会吐酸水。我还真没开玩笑。哦，你也可以说点什么，但是千万别说实话。我的意思是永远别说**实话**。你要是告诉他们你以前认识一个长得很帅的男孩，你得马上再加一句，就是‘**太**帅了点儿’。你要是告诉他们你认识一个聪明的男孩，你还得告诉他们，他是个聪明的混蛋，或者一个自以为是的家伙。你要是**不**这么说，他们一有机会就会拿这个可怜的男孩来开涮。”埃洛伊丝停下来，喝了一口酒，若有所思。“哦，”她说，“他们听的时候一副**成熟**的样子。他们甚至还可能看上去懂得要命的样子。别被他们骗了。相信我。你要是真以为他们懂，那你就有的**苦**吃了。就这么回事，我跟你说。”

玛丽珍看上去有些难过，她的下巴从沙发扶手上抬了起来。然后换了个姿势，下巴靠在前臂上。她在考虑埃洛伊丝的建议。“你不能说卢什么都不懂。”她大声地说。

“**谁**不能？”

“我是说，他难道不够聪明吗？”玛丽珍天真地说。

“哦，”埃洛伊丝说，“说这些有什么用呢？别说这个了。我只会让你难过。快让我闭嘴。”

“嗯，那你干吗要和他结婚呢？”玛丽珍说。

“哦，天哪！我不知道。他告诉我他喜欢简·奥斯汀。他告诉我奥斯汀的书对他来说很重要。那是他的原话。我们结婚后我发现他连一本奥斯汀的书都没读过。你知道他最喜欢的作者是谁吗？”

玛丽珍摇摇头。

“L.曼宁·瓦因斯。听说过吗？”

“没有。”

“我也没有。谁都没听说过。他写了本关于四个男人在阿拉斯加饿死的故事。卢不记得书名了，不过那是他读过的**写得**最美的书。**耶稣啊**！他甚至都不肯直接承认他喜欢这本书就是因为里面讲了四个家伙在雪洞里活活饿死的事。他非得说这书**写得**美。”

“你太刻薄了。”玛丽珍说，“我是说，你太刻薄了。也许它**确实是**好——”

“就这么回事，我跟你说，那书好不了。”埃洛伊丝说。她想了一会儿，然后补充道：“至少，你还有份工作。我是说至少——”

“但是，听我说，”玛丽珍说，“你觉得你有一天会告诉他沃特死了吗？我是说，他不会嫉妒的，不是吗？如果他知道沃特——你知道。他死了。”

“哦，亲爱的！你这个可怜的、天真的职业少女，”埃洛伊丝说，“那样就更糟了。他就要成**盗墓的**了。听着。他只知道我跟一个叫沃特的好过——一个**爱说俏皮话的**大兵。我决不会告诉他沃特死了。决不会。而且就算我会——其实我是不会的——但是，万一我**要告诉他**，我也会说沃特是战死的。”

玛丽珍靠在手臂上的下巴往前挪了半寸。

“埃洛伊……”她说。

“嗯？”

“你为什么不肯告诉我他是怎么死的？我**发誓**我跟谁都不会说的。真的。求你了。”

“不行。”

“求你了。真的。我跟谁都不会说。”

埃洛伊丝一饮而尽，又把空杯子放到胸前。“你会告诉阿吉姆·塔米若夫的。”她说。

“不，我不会！我是说我不会——”

“哦，”埃洛伊丝说，“他的部队在某个地方休息。好像是两场战役之间，他那个朋友写信告诉我的。沃特和另一个男孩正把一个日式小火炉打包。一个上校要把火炉寄回家。也可能是他们正把火炉拿**出来**，要重新包装——我不太清楚。反正里面全是汽油和乱七八糟的东西，然后火炉当场就爆炸了。那个男孩只是炸瞎了一只眼睛。”埃洛伊丝哭了起来。她伸手握住胸口的酒杯，不让它掉下来。

玛丽珍从沙发上滑下来，两腿跪着向前挪了三步，轻轻摸埃洛伊丝的额头。“别哭呀，埃洛。别哭了。”

“谁哭了？”埃洛伊丝说。

“我知道，反正别哭。我是说不值得再这样哭。”

前门开了。

“是拉蒙娜回来了，”埃洛伊丝带着鼻音说，“帮我个忙。到厨房去，告诉那谁今天早点给她弄晚饭。行吗？”

“好，不过，你得保证你不哭了。”

“我保证。去吧。我这会儿不想去那个该死的厨房。”

玛丽珍站了起来，摇晃了几下，站稳，然后走出房间。

她不到两分钟就回来了，拉蒙娜跑在她前头。拉蒙娜两只脚使劲跺地板，想让套鞋发出最大的声响。

“她不肯让我脱掉她的套鞋。”玛丽珍说。

埃洛伊丝仍然仰面躺在地板上，正在用手绢。她对着手绢说话，是说给拉蒙娜听的。“出去让格蕾丝脱掉你的套鞋。你知道你不可以进屋还——”

“她在厕所里。”拉蒙娜说。

埃洛伊丝收起手绢，支撑着坐了起来。“把你的脚给我，”她说，“坐下，首先，拜托了……不是**那里——这里**。天哪！”

玛丽珍跪着，在桌子底下边找她的香烟边说：“嗨。你猜杰米怎么了？”

“不知道。另一只脚。**另一只脚**。”

“他被车撞了，”玛丽珍说，“惨不惨？”

“我看到‘跳跳’叼着一根骨头。”拉蒙娜告诉埃洛伊丝。

“杰米怎么了？”埃洛伊丝对她说。

“他被车撞了，然后死了。我看到‘跳跳’叼着根骨头，他不肯——”

“让我摸摸你的额头。”埃洛伊丝说。她伸手摸了摸拉蒙娜的额头。“你有点儿发烧。去告诉格蕾丝你要在楼上吃晚饭。然后你就直接上床睡觉。我晚点儿上来。去吧，求你了。拿上这个。”

拉蒙娜慢吞吞地迈着巨人的步子走出房间。

“扔给我一根，”埃洛伊丝对玛丽珍说，“我们再来一杯。”

玛丽珍递了一根烟给埃洛伊丝。“她够厉害吧？关于那个杰米的事？想象力太强了！”

“嗯。你去倒酒，嗯？把酒瓶拿进来……我不想去那里。那个该死的地方全是橙汁味儿。”

七点过五分，电话铃响了。埃洛伊丝从窗边的椅子上站了起来，在黑暗中摸索她的鞋。她没找到。她就穿着袜子朝电话走去，走得很平稳，几乎有些懒洋洋的。铃声没有弄醒玛丽珍，她睡在沙发上，脸朝下。

“喂，”埃洛伊丝对着电话说，没有开灯，“你看，我没法去接你。玛丽珍在这里。她的车就停在我的前面，可她又找不到钥匙了。我出不去。我们找了得有二十分钟，在那个叫什么来着——在雪地里。也许你可以搭迪克和米尔德丽德的车。”她听着。“哦。好吧，这有点儿难办，伙计。你们这些大小伙子干吗不组个连队然后行军回家呢？你们可以喊‘一——二——三——四——’。那你就出风头了。”她又听。“我不搞笑，”她说，“真的。我没啥搞笑的。也就我的脸搞笑。”她挂上电话。

她走回到客厅，有些摇晃。走到窗边的椅子旁，她把瓶里剩下的一点儿苏格兰威士忌倒进自己的杯子。大概有一指高。她一口喝了下去，浑身颤抖了一下，然后坐下。

格蕾丝打开客厅里的灯，埃洛伊丝吓了一跳。她没有起身，对格蕾丝说:“你最好八点再弄饭，格蕾丝。威戈勒先生会晚点到家。”

格蕾丝站在灯底下，但是没有往前走。“那个女士走了？”她问。

“她在休息。”

“哦，”格蕾丝说，“威戈勒太太，我想问问如果我丈夫在这里过一个晚上行不行。我房间里有地方，他只要明天早上到纽约就行了，外面天气太坏了。”

“你丈夫？他在哪里？”

“嗯，这会儿，”格蕾丝说，“他就在厨房里。”

“嗯，我想他不能在这里过夜，格蕾丝。”

“太太？”

“我说了我想他不能在这里过夜。我又不是开旅馆的。”

格蕾丝站了一会儿，然后说“是，太太”，转身走去厨房。

埃洛伊丝走出客厅，爬上楼梯，客厅里的灯光隐隐照着楼梯。拉蒙娜的一只套鞋躺在两段楼梯的转接处。埃洛伊丝捡起套鞋，用尽全力扔过楼梯扶手，套鞋重重地落在楼下的地板上。

她啪的一声打开拉蒙娜房间的灯，手握着开关，好像是怕自己摔倒。她站在原地，盯着拉蒙娜看了片刻。然后松开手，飞快地走到床边。

“拉蒙娜。起来。起**来**。”

拉蒙娜远远地躺在床的一边，右半只屁股在床外面。她的眼镜放在一只唐老鸭床头柜上，折得很齐整，眼镜脚朝桌面放着。

“拉蒙娜！”

孩子惊醒过来，深吸一口气。她的眼睛睁得大大的，但是几乎马上又眯了起来。“妈妈？”

“你不是告诉我杰米·杰米米里诺被车撞死了吗？”

“什么？”

“你听到我说了什么，”埃洛伊丝说，“你干吗睡得这么靠边上？”

“因为——”拉蒙娜说。

“因为什么？拉蒙娜，我不想——”

“因为我不想伤到米奇。”

“谁？”

“米奇，”拉蒙娜揉了揉鼻子说，“米奇·米奇拉拉诺。”

埃洛伊丝几乎尖叫起来。“你给我睡到床中间去。**快去**。”

拉蒙娜吓坏了，她只是看着埃洛伊丝。

“好吧，”埃洛伊丝抓住拉蒙娜的脚踝，半抬半拉地把她拽到床中央。拉蒙娜既没有挣扎也没有哭喊，她任由自己被拖着，但事实上完全没有妥协。

“现在给我睡觉，”埃洛伊丝喘着粗气说，“闭上眼睛……听见没有，**闭上**眼睛。”

拉蒙娜闭上眼睛。

埃洛伊丝走到开关边上，关上灯，但她在走廊里站了很久。然后，她突然向前冲，在黑暗中奔到床头柜边上，嗵的一声跪倒在地板上，分明是想感受撞击的疼痛。她拿起拉蒙娜的眼镜，两只手把眼镜按在自己的脸颊上。眼泪落下来，湿了镜片。“可怜的威格利大叔。”她一遍又一遍地说着。最后，她把眼镜放回到床头柜上，镜片朝下。

她身子向前靠，摇晃着，给拉蒙娜掖被子。拉蒙娜醒着。她在哭，她一直都在哭。埃洛伊丝亲了亲她湿湿的嘴角，撩开遮在她眼睛上的头发，然后离开了房间。

“**怎么了**？是谁？**嗯**？”玛丽珍说，直直地坐在沙发上。

“玛丽珍，听我说。求你了，”埃洛伊丝抽泣着说，“你记不记得我们大一那年，我穿着那件褐色加黄色的裙子，在博伊西买的，米利亚姆·鲍尔告诉我，在纽约没人会穿这种裙子，我哭了一个晚上，记得吗？”埃洛伊丝摇着玛丽珍的胳膊。“我是个好姑娘，”她恳求道，“我是个好姑娘，不是吗？”

与爱斯基摩人打仗前

一连五个星期六早晨，吉妮·曼诺克斯都和塞雷娜·格拉夫一起在城东网球场打网球，塞雷娜是吉妮在贝斯霍尔小姐学校里的同班同学。吉妮明摆着认为塞雷娜是那所学校里最大的讨厌鬼——这个学校一眼看去全都是大号的讨厌鬼。但与此同时，除了塞雷娜，她还真没遇到过哪个人会那样拿来一筒接一筒的新网球。难不成塞雷娜的爸爸是生产网球的？（有一天吃晚饭的时候，为了提升曼诺克斯全家人的素质，吉妮描绘了一幅格拉夫家晚餐时的景象，说有一位挑不出一点毛病的仆人，他走到每位就餐者的左手边，端上的不是一杯番茄汁，而是一筒网球。）但是打完网球先把塞雷娜送到家门口，然后由吉妮出全部的出租车费——回回都这样——这让吉妮越来越受不了了。本来从网球场出来坐出租车而不是公共汽车回家也是塞雷娜的主意。到了第五个星期六，出租车在约克大街上往北开的时候，吉妮突然说话了。

“嗨，塞雷娜……”

“怎么了？”塞雷娜问，她正忙着在车子地板上摸来摸去。

“我找不到我的网球拍套子了！”她抱怨道。

尽管五月的天气已经很暖和，两个女孩都是短球裤，但上身还是披了一件薄大衣。

“你把它放你口袋里了，”吉妮说，“嗨，听着——”

“哦，天哪！你救了我的命！”

“听着。”吉妮说，对塞雷娜的感恩一点儿也不稀罕。

“什么事？”

吉妮决定开门见山。出租车已经快到塞雷娜住的那条街了。“我今天不想再一个人出全部的车费了，”她说，“我又不是百万富翁，你也知道的。”

塞雷娜先是显得很震惊，继而好像受到了伤害。“我不是一直出一半车费的吗？”她问道，一脸无辜的样子。

“没有，”吉妮不客气地说，“你就**第一个**星期六付了一半，那是上个月月头的事了，之后一次都没有。我不是要计较，但我一星期就靠那四十五块钱**过活**。那笔钱里我得——”

“球一直是我拿来的，不是吗？”塞雷娜不高兴地问道。

有时候吉妮真想把塞雷娜宰了。“那球是你爸自己**做**的吧，还是怎么回事，”她说，“反正你一个子儿都不用花的。而我得出钱为每个小——”

“行了，行了。”塞雷娜很大声地说，一副“别再废话的”模样，以示自己占了上风。她很不耐烦地把大衣口袋摸了个遍。“我只有三十五美分，”她冷冷地说，“够了吧？”

“不够。不好意思，你欠我一美元六十五美分。我每一次都记着——”

“我得上楼去问我妈拿。就不能等到**星期一**吗？我可以把钱带去**体育馆**，要是那样能让你高兴的话。”

塞雷娜的态度令宽宏大量成为了不可能。

“不行，”吉妮说，“我今晚必须看电影。我得用钱。”

两个姑娘在充满敌意的沉默中各自盯着自己一方的窗外，直到出租车在塞雷娜所住的公寓前停下。靠街道一边坐着的塞雷娜立马下了车。她只给出租车门留了一道缝，接着便轻快地、若无其事地走进了大楼，就好像去拜访好莱坞显贵似的。吉妮气得脸都红了。她付了车费，然后收拾起自己的网球家什——球拍、手巾、太阳帽——跟着塞雷娜进了大楼。十五岁的吉妮穿着9-B号网球鞋，身高大约五英尺九英寸，她走进门厅的时候浑身别扭，橡胶鞋跟尤其不自在，散发着业余运动员的危险气质。这让塞雷娜宁愿看着电梯门上头的指示灯。

“你现在欠我一美元九十美分了。”吉妮说道，大步往电梯里走。

塞雷娜转过身。“没准你会感兴趣，”她说道，“我妈正病得厉害。”

“她怎么了？”

“她得的是肺炎，你要是觉得我会高兴为钱的事去打扰她……”塞雷娜以最大可能的沉着说出这半句话。

听了这消息，吉妮还真有点想打退堂鼓了，且不管消息本身的真实性有多少，她还不至于感情用事。“又不是我传染给她的。”她说道，一面跟着塞雷娜进了电梯。

塞雷娜按响自家的门铃，两个姑娘随即被让进了屋——或者说门被朝里略一拉开就没人管了——开门的是个黑人女佣，看起来塞雷娜平时压根儿不和她说话。吉妮把她的网球家什扔在门厅的一把椅子上，继续跟着塞雷娜。走进客厅后，塞雷娜转过身说道：“你介意在这里等等吗？我**可能**得把我妈叫醒之类的。”

“好的。”吉妮说着扑通一声坐进沙发里。

“我真是没想到你会为点什么事就这么小气。”塞雷娜说，她气得用了“小气”这个词，但是胆子没大到在这个词上加重语气。

“现在你知道了吧。”吉妮边说边打开一本《时尚》杂志挡在自己的脸前面。她就这样举着杂志直到塞雷娜离开房间，然后把杂志放回到收音机顶上。她四下打量了一遍房间，在自己脑子里把家具重新做了安排：那几盏台灯要扔掉，那些假花得拿走。在她看来，这个房间整体奇丑无比——花了不少钱却俗不可耐。

突然，公寓的另一头响起一个男人的喊声：“**艾里克？是你吗？**”

吉妮猜想那是塞雷娜的哥哥，她以前从没见过。她叉起两条修长的腿，把大衣下摆拉过膝盖，等着。

一个年轻人戴着眼镜，穿着睡衣，光着脚箭步冲进房间，嘴巴张开着。“哦，我以为是艾里克，看在老天的分上。”他说道。他没停脚，继续穿过房间，姿势特别不像样，窄窄的胸前不知紧搂着一个什么东西。他在沙发空着的那头坐下。“我刚把我倒霉的手指给割破了。”他挺激动地说。他看着吉妮的样子就好像早就知道她会在那里坐着。“你割破过手指吗？一直割到**骨头**什么的？”他问道。他吵吵嚷嚷的声音带着一种真正的恳求，仿佛只要吉妮一回答，他便不再是独自冲锋一人受罪了。

吉妮盯着他。“嗯，没到**骨头**那么深，”她说，“但是我也割破过的。”她从没见过模样这么搞笑的男孩，或者男人——很难说清楚他到底是男孩还是男人。他的头发睡得乱蓬蓬的。稀稀拉拉的黄胡子有几天没刮了。他看上去——怎么说呢，愣头愣脑的。“你是怎么割伤的？”

他正低头盯着自己受伤的手指，松弛的嘴巴还张开着。

“你是怎么割伤的？”

“他妈的**我**要知道就好了，”他说，他的语气就好像这个问题难得无可救药，“我正在那个他妈的废纸篓里找什么东西，里面全是刮胡子刀片。”

“你是塞雷娜的哥哥吗？”吉妮问道。

“是的。天哪，我要失血而死了。你可别走开。我说不定要他妈输血呢。”

“你在伤口上用什么药了吗？”

塞雷娜的哥哥把手从胸前微微向前伸，松开伤口给吉妮看。“就裹了点手纸，”他说，“止血。就像刮胡子刮破脸时那样。”他又朝吉妮看看。“你是谁？”他问道，“那个蠢丫头的朋友？”

“我们是一个班的。”

“是吗？你叫什么名字？”

“弗吉妮亚·曼诺克斯。”

“你就是吉妮？”他问道，透过他的镜片斜睨着她，“你是吉妮·曼诺克斯？”

“是的。”吉妮说，一边放下两条交叉的腿。

塞雷娜的哥哥又去看自己的手指了，显然这才是这个房间里他真正的、唯一的关注点。“我认识你姐姐，”他不冷不热地说，“他妈的势利鬼一个。”

吉妮弓起背。“你说**谁**势利鬼？”

“你听得清清楚楚。”

“她**不是**个势利鬼！”

“她不是才怪呢。”塞雷娜的哥哥说。

“她**不是**的！”

“她不是才怪呢。她是大王。他妈的势利鬼中的势利鬼大王。”

吉妮看着他举起手指，往厚厚的手纸底下窥视伤口。

“你甚至都不**认识**我姐姐。”

“不认识才怪。”

“她的姓名呢？她叫什么名字？”吉妮质问道。

“琼……势利鬼琼。”

吉妮不吭声了。“那她长什么模样？”她突然问道。

没有回答。

“如果她有自己**以为**的一半那么好看，她就是他妈的走了运了。”塞雷娜的哥哥说道。

吉妮暗自觉得这倒还算个有意思的回答。“我可从没听她说起过**你**。”她说。

“这下我要担心了。我真是担心得快不行了。”

“反正她已经订婚了，”吉妮盯着他说，“她下个月就要结婚了。”

“跟谁？”他问，抬起头来。

吉妮充分利用他的抬头。“不是**你**认识的人。”

他又继续埋头忙活自己的一线救援工作。“我可怜那个家伙。”他说道。

吉妮嗤之以鼻。

“还在拼命流血。你觉得我该用点什么药吗？用什么好呢？红药水行吗？”

“碘酒更好些。”吉妮说，然后又觉得这个回答在目前的情况下有点太礼节化了，于是便补充道，“这样的伤口用红药水**根本**没用。”

“为什么没用？红药水有啥问题？”

“反正对这样的伤一点**没用**，就这么回事。你得用碘酒。”

他看着吉妮。“可是用碘酒可疼了，不是吗？”他问道，“疼得不得了吧？”

“疼是**疼**，”吉妮说，“但是也不会要你的**命**什么的。”

塞雷娜的哥哥看上去对吉妮的语气毫不在意。“我不喜欢疼。”他说。

“**没人**喜欢。”

他点头表示同意。“是呀。”他说。

吉妮盯着他看了一分钟。“别再去碰了。”她突然说。

塞雷娜的哥哥一把缩回没受伤的那只手，就像挨了电击似的。他身体坐直了一点——或者说是疲沓得稍好了点。他望向屋子另一头的什么东西。他邋遢的五官之上出现了一种几乎是梦幻般的表情。他那没有受伤的食指的指甲嵌进门牙缝里，剔出一粒食屑，然后转向吉妮。“吃啦？”他问道。

“什么？”

“你吃过午饭没有？”

吉妮摇摇头。“我回家再吃，”她说，“我到家我妈总是把午饭准备好了。”

“我房间里有半块鸡肉三明治。你要吃吗？我一口也没碰过。”

“我不要，谢谢。真的。”

“你刚打完网球，看在老天的分上。你难道不饿？”

“不是这样的，”吉妮说，又叉起双腿，“只是我到家我妈总是准备好午饭的。我是说，要是我不饿她就该发神经了。”

塞雷娜的哥哥似乎接受了这个解释。至少他点了点头，看向了别处。但是他突然又转过身来。“来杯牛奶怎么样？”他说道。

“不用了，谢谢……不管怎么样，谢谢你。”

他心不在焉地弯下腰去挠光着的脚踝。“她要嫁的那家伙叫什么来着？”

“你是说琼？”吉妮说，“他叫蒂克·海夫纳。”

塞雷娜的哥哥继续挠他的脚踝。

“他是一名海军上校。”吉妮说。

“了不得了。”

吉妮咯咯地笑了。她看着他挠他的脚踝挠到皮肤发红，当他开始用指甲把小腿肚子上一小片凸起的皮肤剥下来的时候，她不再看了。

“你是在哪里认识琼的？”她问道，“我从没在家里还是哪儿见过你。”

“从来没去过你们那个该死的家。”

吉妮等着，但是这句话之后就没下文了。“那么，你是在哪里遇到她的呢？”她问道。

“舞会上。”他说。

“舞会上？什么时候？”

“我不知道。四二年的圣诞节吧。”他用两根手指从睡衣胸前的口袋里夹出一根烟，看上去像是被睡扁了。“把那些火柴扔给我怎么样？”他说。吉妮把她身边桌上的一盒火柴递给他。他点燃香烟，都没把烟捋直，又把用过的火柴放回盒子里。他头略往后仰，慢慢从嘴里吐出一大口烟，然后又把烟吸进鼻孔里。他继续以此“法式吸入法”抽烟。这很可能不是为了炫耀而上演的沙发杂耍的一部分，而是一个年轻人隐秘成就的展露，他很可能什么时候试过用左手刮胡子。

“琼为什么是个势利鬼呢？”吉妮问道。

“为什么？因为她就是呗。我他妈怎么知道为什么？”

“好吧，但我是说你为什么叫她势利鬼？”

他有气无力地转身对着她。“听着。我给她写了他妈的八封信。**八封哪**。她**一封**也没回。”

吉妮犹豫了一下。“那么，可能她很忙。”

“是呀。忙。忙得像只他妈的小海狸。”

“你说话非得带那么多**脏字**吗？”

“他妈的我就是这样。”

吉妮咯咯笑了。“那你认识她到底有多久啦？”她问道。

“够久了。”

“嗯，我是说你给她打过电话什么的吗？我是说你难道没给她打过电话吗？”

“没有。”

“我的天。如果你从来没给她打过电话或是——”

“我没法打，看在老天的分上！”

“为什么没法打？”

“我人不在纽约。”

“哦？那你在哪儿呢？”

“我吗？在俄亥俄。”

“哦，你在上大学吗？”

“不是。退学了。”

“哦，你在部队里？”

“不是。”塞雷娜的哥哥用他拿烟的手拍了拍自己的左胸。“怦怦。”他说道。

“你是说你的心脏？”吉妮说，“你心脏怎么了？”

“我怎么知道他妈的是什么问题。我小时候得过风湿热。他妈的疼在——”

“那你不是不该抽烟吗？我是说你是不是压根儿就不能碰香烟啥的？医生告诉我的——”

“啊哈，他们告诉你的多了去了。”

吉妮暂时忍住没说话。只是很短的时间。“你在俄亥俄干吗？”她问道。

“我吗？在一家该死的飞机工厂干活。”

“是吗？”吉妮说，“你喜欢那活儿吗？”

“‘你喜欢那活儿吗？’”他模仿她说话，“我别提多喜欢了。

我可真是**喜欢**飞机啊。它们太**可爱**了。”

吉妮此刻已经太投入了，一点没有被冒犯的感觉。“你在那里干了多久？在那个飞机工厂。”

“**我**怎么知道，看在老天的分上。三十七个月吧。”他站起身走到窗户边。他看着楼下的街道，一面用大拇指刮蹭自己的脊梁骨。“瞧这些人，”他说道，“他妈的一群傻瓜。”

“谁？”吉妮说。

“我**怎么**知道。随便谁。”

“你要是让那个手指那样**往下**垂着，它又要流血了。”吉妮说道。

他听到她说的话了。他抬起左脚踩在窗座上，把受伤的手搁在横着的大腿上。他继续看着下面的街道。“全他妈是往那个征兵局去的，”他说，“我们接下来该和爱斯基摩人打仗了。知道不？”

“和谁？”吉妮问。

“和**爱斯基摩人**……你耳朵竖着点儿，看在老天的分上。”

“为什么是爱斯基摩人？”

“**我**哪知道为什么。**我**他妈为什么该知道为什么？这一次所有的老家伙都得去打。六十上下的家伙。除了六十上下的，别的人都去不了。”他说，“不就是让他们少活些日子嘛。……真是笔大买卖。”

“反正**你**总归是不用去的。”吉妮说，她说这句话只是表述一个事实，没有任何其他用意，但是话没说完她就知道自己说错话了。

“我知道。”他说得很快，一面把脚从窗座上拿了下来。他轻轻推起窗户，把烟朝街上一弹。接着，他转过身——窗边的活动结束了。“嗨，帮我个忙。等那家伙到了，告诉他我一会儿就好，行吗？我就是还要再刮刮脸。好吗？”

吉妮点点头。

“你要我催催塞雷娜还是怎么样？她知道你在这儿吧？”

“哦，她知道我在这里，”吉妮说，“我不着急。谢谢你。”

塞雷娜的哥哥点点头。然后他又最后朝他那根受伤的手指注视了良久，就好像要看看手指的情况是否允许他返回自己的房间。

“你干吗不贴张创可贴呢？你有创可贴之类的东西吗？”

“没有，”他说，“得了，放松点。”他晃晃悠悠地出了房间。

没一会儿，他又回来了，带着那半块三明治。

“吃了吧，”他说，“味道不错。”

“说真的，我一点儿也不——”

“**拿着**，看在老天的分上。我又没下毒啥的。”

吉妮接过这半块三明治。“嗯，太谢谢你了。”她说。

“是鸡肉的，”他站在她身边看着她说，“昨天晚上在一个该死的熟食店里买的。”

“看上去非常不错。”

“是呀，那就**咬一口**吧。”

吉妮咬了一口。

“不错吧，嗯？”

吉妮费劲地咽了下去。“非常不错。”她说。

塞雷娜的哥哥点点头。他心不在焉地四下打量房间，一面挠着心窝的凹陷处。“好吧，我猜我该穿衣服了……天哪！门铃响了。放松点儿，行啦！”他出去了。

剩下吉妮一个人了，她四下环顾，也没有起身，想找个合适的地方把三明治扔了或者藏起来。她听到有人穿过门厅走了进来。她把三明治塞进外衣口袋里。

一个三十出头的年轻人走进房间，个头不高不矮。他平常的五官和剪得短短的头发、他西服的式样，以及他那个薄软绸领结的花纹都没给人任何真正确定的信息。他有可能是某个新闻杂志社的员工，或者正想谋一份这样的职业；他可能刚在费城演完一出戏；他可能是在一家律师事务所供职。

“你好。”他彬彬有礼地对吉妮说。

“你好。”

“看见弗兰克林了吗？”他问道。

“他在刮胡子。他让我叫你等等他。他一会儿就出来。”

“**刮胡子**？好老天啊。”年轻人看了看自己的手表。接着他在一张大红缎面的椅子上坐下来，跷起腿，两只手捂住脸。他伸长手指，用指尖轻揉闭着的眼睛，仿佛他一直很疲倦，又或者刚刚用了很长时间的眼睛。“这是我这辈子最最倒霉的一个早上。”他说道，手从脸上挪开。他说话只从喉部发声，就好像真是累得连动一动膈膜的力气都没了。

“出什么事了？”吉妮问道，看着他。

“哦……这可说来话长了。我是从来不拿自己的事去烦别人的，除非是我认识了至少一千年的人。”他眼神迷离，很是失落地盯着窗户的方向，“不过，我是再也不会觉得我对人性有任何**一丁点儿**的判断力了。我这话你可以随便引用。”

“出什么事了？”吉妮重复了一遍。

“哦，天哪。这个人，这个跟我在一个公寓里住了那么多个月，那么多个月，那么多个月的人——我真是提都不想提起他……这个**作家**。”他得意地加上一句，可能是记起了海明威某部小说里一个他最喜欢的反面人物。

“他干什么了？”

“**说实话**，我宁愿不去说那些细节。”年轻人说道。他从自己的烟盒里拿出一根烟，没去理会桌子上的一只透明保湿烟罐，他用自己的打火机点上烟。他的手很大，看上去既不强壮有力，也不灵巧敏感，然而他用这双手的时候就好像两只手自己有着某种难以驾驭的美学冲动。“我已经打定主意连想都不要去想了。可是我真是太气愤了，”他说道，“我是说这个可怕的小人，从宾夕法尼亚的**阿尔图纳**——反正就是这样的**一个**小地方来的。摆明了都快要**饿死**了。我是够好心，够**高尚**——我**活脱脱**就是那个撒玛利亚好人[7]哪——**让**他住进我的公寓，这绝对算得上是个**微型**公寓，我自己一个人在里面都转不过身来。我把他介绍给我**所有的**朋友；由着他把他那些可怕的手稿、香烟屁股、**萝卜**头，还有别的乱七八糟的东西把**整个**公寓塞得满满的；**介绍**他认识纽约戏剧界的每一个制片人；把他那些脏衣服来来回回地往洗衣房送了取取了送。**这些**都还不算——”年轻人打住了话头，“我这么好心这么**高尚**的结果就是今天早晨五六点钟的时候他不辞而别了——连个**字条**也没留下——凡是他那双下流的脏手能拿的全拿走了。”他停下话头，吸了一口烟，从嘴里吐出一缕细细的烟丝，嗞嗞作响。“我不想再说这事了。我真不想说了。我可不要为这事浪费口舌，叫他知道了更幸灾乐祸。我真的不要。”他看向吉妮。“我喜欢你的大衣。”他说，已经从椅子里站起来了。他走过来，用手指捏住吉妮薄大衣的翻领。“真舒服。这是自打仗以来我第一次见到真正**一等一**的驼绒。我能问问你是在哪儿买的吗？”

“是我妈从拿骚带回来的。”

年轻人若有所思地点点头，退回到他的椅子那里。“那是为数不多能买到真正**一等一**的驼绒的地方。”他坐下来，“她在那里时间长吗？”

“什么？”

“你妈妈在那里待的时间长吗？我这样问是因为**我**妈十二月份的时候在那里。还有一月上旬。我**一般**会跟她一起去，但今年事情太烦了，我实在抽不开身。”

“她是二月份去的。”吉妮说。

“真棒。她住在哪里？你知道吗？”

“她住我阿姨家。”

他点点头。“我能问问你的名字吗？我猜，你是弗兰克林的妹妹的朋友吧？”

“我们是一个班的。”吉妮说，只回答了他的第二个问题。

“你该不是塞雷娜挂在嘴边的那个大名鼎鼎的**玛克辛**吧？”

“不是的。”吉妮说。

那年轻人突然开始用掌心去拂拭他裤脚的翻边。“我从头到脚都是狗毛，”他说，“我妈周末去华盛顿，就把她的那只小野兽趴我公寓里了。可爱倒是蛮可爱的，但是习惯太差劲了。你有狗吗？”

“没有。”

“事实上，我觉得把狗放在城市里养是很残忍的。”他停下拂拭的手，坐直身子，看了看他的手表，“我就从没见这孩子准时过。我们要去看科克托的《美女与野兽》，这部电影你是真应该准时进场。我是说如果去晚了，它整个的魅力就都没了。你看过没有？”

“没有。”

“哦，你可一定得看！我都看了八遍了。绝对是纯天才之作，”他说道，“我这几个月一直在动员弗兰克林去看。”他绝望地摇摇头。“他的品位哦。战争期间，我们俩在同一个鬼地方干活，那个孩子会硬拖着我去看这世上最最无可救药的电影。我们看了警匪片、西部片、音乐片——”

“你也在那个飞机工厂干过活儿？”吉妮问道。

“老天，是的。干了一年一年又一年。咱们不谈这个了，行吗？”

“你也有心脏问题吗？”

“苍天哪，没什么不好的。敲木头。”他在椅子扶手上叩击了两下，“我这体格那真是——”

塞雷娜一走进房间，吉妮就飞快地站起身迎了上去。塞雷娜已经把短裤换成了一条裙子，一般情况下这样的事会让吉妮很不愉快。

“我很抱歉让你久等了，”塞雷娜言不由衷地说，“但是我得等我妈醒过来……你好，艾里克。”

“你好，你好！”

“我反正也不要那钱了。”吉妮说道，把声音压低，以便只让塞雷娜听见。

“什么？”

“我想过了。我是说，网球都是你拿来的，每次都是。我把这茬儿给忘了。”

“但是你说因为我不是花钱买——”

“陪我到门口吧。”吉妮说，自己先往前走了，没有对艾里克说再见。

“但是我以为你说了你今晚要去看电影，你需要这钱什么的嘛！”塞雷娜在门厅里说道。

“我太累了。”吉妮说。她弯腰捡起她的网球家什。“听着。我吃过晚饭后给你电话。你今晚有什么特别的事吗？也许我能上你这儿来。”

塞雷娜瞪大眼睛，说了句：“好吧。”

吉妮打开前门，朝电梯走去。她按了电梯铃。“我见到你哥哥了。”她说。

“是吗？他可是够怪的吧？”

“他是干吗的？”吉妮漫不经心地问了一句，“他在工作还是干吗？”

“他刚辞职。爸爸想让他重新读大学，但是他不愿意。”

“为什么不愿意？”

“我哪知道。他说他太老了什么的。”

“他多大了？”

“我也说不清。二十四吧。”

电梯门开了。“我回头给你电话！”吉妮说。

出了楼，她开始往西走，到列克星敦街去坐公共汽车。走到第三大道和列克星敦街之间的时候，她伸手到大衣口袋里掏钱包，摸到了那半个三明治。她拿出三明治，垂下手臂，想扔在大街上，但她还是放进了口袋里。几年前，她在自己那只废纸篓底部的木屑上发现一只复活节小鸡，已经死了，她花了三天时间才把这小鸡处理掉。

笑面人

一九二八年，我九岁，是一个名为“科曼切人”的团队的成员，满腔**集体主义精神**。除了周末，每天下午三点，我们的头领会在一六五公立学校的男生出口处接我们二十五个科曼切人，学校位于一〇九大街，靠近阿姆斯特丹大道。我们推推搡搡地挤进头领那辆经过改装的商用客车，然后他开车把我们带到中央公园（按照他和我们父母达成的费用安排）。天气好的话，我们就玩橄榄球，或者足球，或者棒球，看季节决定（也很随便）。如果下雨，头领就毫无例外地带我们去自然历史博物馆，或者大都会艺术博物馆。

每个星期六以及大多数国定假日，头领会一大早开着他那辆看起来特寒碜的破客车到各家门口来接我们，然后一路驶出曼哈顿，到比较开阔的范科特兰公园或者帕利塞兹丘陵。如果我们一门心思光想运动，就会去范科特兰，那里的场地都是标准尺寸，对手的队伍里也不会出现婴儿车或者拄着拐杖的气呼呼的老太太。如果我们科曼切人一心向往露营，就去帕利塞兹风餐露宿一番。（我记得有一个星期六我走失了，在利尼特指示牌和乔治·华盛顿桥西头之间，那个路段比较复杂。不过我挺镇定。我挨着一个巨大的广告牌坐下，尽管眼泪汪汪，可还是打开午餐盒，照吃不误，我心里多少有个信念，我觉得头领一定能找到我。头领总能找到我们。）

头领不和科曼切人在一起的时候，他的名字叫约翰·盖苏德斯基，家住斯塔滕岛。他是一个极其害羞、温文尔雅的年轻人，大概二十二三岁，在纽约大学法律系读书，总之是个令人难以忘怀的人。我不想在这里汇总他的诸多成就和美德。顺便说一句，他是鹰级童子军，差点就成了一九二六年全美橄榄球职业联盟赛的阻截手，而且大家都知道他曾被纽约巨人棒球队力邀参加试打。我们每一场乱哄哄的比赛都由他做裁判，他是个公正、冷静的裁判员，既擅长鼓动士气，又懂得如何平息战火。我们这群顽童，无论最小的还是最大的，全都衷心地热爱敬重他。

头领一九二八年时的相貌我仍然记得很清楚。如果愿望能换算成英寸，我们全体科曼切人都会迫不及待地把他想象成一个巨人。不过现实是，他身高五点三或五点四英尺，敦敦实实——肯定最多那么高。他的头发是蓝黑色的，发际线特别低，一个肉鼓鼓的大鼻子，上身几乎跟腿一样长。他穿一件防风夹克衫，肩膀显得很有力，但是又窄又斜溜。不过，那个时候，头领在我眼里简直是将巴克·琼斯、肯·梅纳德和汤姆·米克斯所有最出众的五官特点融洽地集于一身。

每个下午天快黑下来的时候，眼看要输的那一方便有借口说看不清场内的小腾空球或者球门区传球，这时我们这些自私的科曼切人就会迫切地想起头领说故事的天才。在那个点儿，我们通常已经满头大汗，非常烦躁，会为了坐到离头领最近的位子而打起来——不是用拳头就是用尖叫。（车厢一左一右各一排藤椅，左边那排多出三个位子——是整辆车上最好的位子——一直延伸到驾驶座边上。）头领总是等我们全都坐定了以后才爬进车头。然后他跨坐在司机座上，面朝我们，开始讲“笑面人”的连载故事。头领的声音很尖，但是抑扬顿挫，仿佛男高音。他的故事一旦开讲，我们就会从头至尾兴致盎然。“笑面人”恰恰是最对科曼切人胃口的故事。它甚至也许颇有经典作品的深度。这个故事在讲述的过程中会弥漫延伸直至充满整个空间，但其精华部分始终可以打包带走。你可以把它带回家，也许一面坐在浴缸里等着水流尽，一面还琢磨着“笑面人”的故事。

笑面人是一对富有的传教士的独子，还是个婴儿的时候就被一群中国土匪劫走了。这对富有的传教士拒绝支付赎金（出于某个宗教信条），土匪们一怒之下把小家伙的头放进一个木匠的虎钳里，然后把手柄向右拧了好几圈。有了这样一段特殊的经历，这个孩子长大成人之后没有头发，脑袋的形状像只山核桃，脸上鼻子底下本来该长嘴的地方却成了一个椭圆形的大洞；所谓鼻子也就是两个塞满肉的鼻孔。于是笑面人呼吸的时候，他鼻子底下那个丑陋、悲哀的裂口便会一张一缩，就像一个怪异的液泡（**我自己**这样觉得）。（对于笑面人呼吸的样子，头领不是描述，而是学给我们看的。）陌生人看到笑面人这张可怕的脸都会顿时昏死过去；知道他的人会躲得远远的。说来也奇怪，那些土匪倒不忌讳他，任凭他随意进出他们的匪巢——只要他用一块罂粟花瓣做的淡红色纱罩蒙住自己的脸。这块面纱不仅让土匪们不用看见他们这个养子的脸，而且也能随时知道他人在哪里；戴着面纱，他总会散发出鸦片味儿。

笑面人非常非常孤单，每天早上，他一个人偷偷溜进（他身轻如燕）土匪藏身处附近一个茂密的森林里。在那里他和数也数不清的动物成了朋友：狗、白鼠、老鹰、狮子、蟒蛇、狼。而且，他还会摘下面纱，用温柔悦耳的声音和动物们用它们的语言说话。动物们可没觉得他丑。

（头领花了几个月的时间才把故事讲到这里。从那以后，他的评书连载越来越离奇，让科曼切人一个个听得那叫一个心满意足。）

笑面人是会把耳朵贴到地上的那种人，没过多久，他就掌握了土匪们最宝贵的黑道机密。不过他没觉得这些土匪的路子有多了不起，于是迅即建立起他自己的一个更有效的体系。一开始规模很小，只是在中国的田野乡间做个独行侠，或偷或劫，除非迫不得已，一般不轻易出手杀人。很快，高超的犯罪手法，加上绝对奉行公平法则，笑面人竟然博得了不错的名声，一时间传遍大江南北。奇怪的是，最后听说他业绩的倒是那帮收养他的土匪们（正是他们最初把他的脑袋强拧上了这条不归路）。得知笑面人声名远播后，他们嫉妒得简直要发疯。一天晚上，土匪们自以为已经成功地诱他熟睡，一个接着一个走过他的床边，用他们的大砍刀一人给了他一刀，结果发现被杀死的是土匪头子的老娘——一个唠里唠叨招人厌的老太婆。这下土匪们更是要找笑面人报仇雪恨，最后他不得不把这些土匪都锁在一个地下陵墓里，深是深了一点儿，但装修很考究。他们好几次逃了出来，给笑面人添了不少麻烦，但他始终不愿意要他们的命。（笑面人身上那点儿侠骨柔肠的劲儿真能把我急死。）

很快，笑面人开始定期穿越中国边境，到法国巴黎去，他热衷于跟马塞尔·杜法吉周旋斗智，在这个以机智闻名世界的肺结核侦探面前炫耀他自己高超而有节制的天才。杜法吉和他的女儿（一个非同寻常的女孩，不过多少有点儿异装癖）成了笑面人的死对头。他们给笑面人布下一个又一个圈套。笑面人则多半出于陪他们玩玩的心思故意一只脚踏进他们的圈套，然后又消失得无影无踪，至于他是怎么逃脱的，则半点儿蛛丝马迹都不会留下。他会时不时在巴黎的城市下水道里留一张冷嘲热讽的字条作为告别，字条总能及时被送到杜法吉的脚边。杜法吉父女俩没少在巴黎下水道里稀里哗啦蹚着水瞎忙活。

很快，笑面人成了全世界最富有的人。他把大部分财产匿名捐给了一座当地隐修院的修士——一群谦卑的遁世修道者，主要的精力用在喂养德国警犬。笑面人把剩下的财产换成钻石，放进镶满祖母绿的藏宝箱，然后若无其事地沉入黑海海底。他个人的日常所需极少。他只吃米饭和鹰血，住在位于西藏边远地区的一间小茅屋里，那地方常年刮着暴风雪，屋子底下有一个健身房和打靶场。他和四个誓死效忠于他的盟友住在一起：一头名叫“黑翼”的油嘴滑舌的狼，可爱的侏儒欧木巴，蒙古巨人洪——他的舌头被白人烧掉了，还有一个迷人的欧亚混血女孩，这个女孩苦苦单恋着笑面人，又因为非常担心笑面人的安危，有时候她为非作歹起来还真有股子黏糊劲儿。笑面人总是在一面黑色的丝屏风后面向他的队友们发号施令。就连欧木巴，那个可爱的侏儒，都见不到他的脸。

我可以花上几个小时护送我的读者——如果有必要的话，我会强制护送——往返于巴黎和中国的边境，但我没说我真要那么干。这个笑面人对我来说就是我自己的某个超级杰出的祖先——某个像李将军那样的人物，其卓越的品质深藏不露。这个幻想跟我一九二八年时的信念比起来算是很有节制的，当时我不仅认为自己是笑面人的直系后裔，而且还是他唯一一个幸存的合法子嗣。一九二八年的我甚至都不是我父母的亲生子，而是一个深藏不露的冒牌货，就等着他们几时一个疏忽，我好趁机亮明自己的真实身份——最好是不用武力，但也不是说没有这种可能性。为了防止我的假母伤心欲绝，我已经计划在凭借自己某种尚无法定义的，然而又是庄严恰当的能力闯荡黑社会的时候也把她一起带上。不过一九二八年的我最主要的任务还是处处留神提防。这场戏还得接着演。该刷牙刷牙，该梳头梳头，无论如何都得压抑住我那发自肺腑的狞笑。

事实上，我并不是笑面人唯一的合法后裔。我们的团队里有二十五个科曼切人，或者说二十五个笑面人的合法后裔。我们在城市里四处游荡，一个个满腹心事、隐姓埋名，我们仔细打量电梯工，把他们当作潜在的最大敌人，我们撇着嘴熟练地朝哈巴狗的耳朵里悄悄传递命令，我们用食指瞄准数学老师的额头。我们总是在等待，等待下一个恰当的时机，让近在咫尺的任何一颗平庸的心在瞬间因我们而充满恐惧和崇拜。

二月的一个下午，科曼切人的棒球季刚开始不久，我注意到头领的车子里多了一个新装置。在后视镜上方的挡风玻璃上挂了一张镶框的小照片，照片上是个头戴学士帽，身穿学士袍的姑娘。我觉得一张姑娘的照片跟这辆车子里一贯的纯爷们氛围很不协调，于是就直截了当地问头领这个人是谁。他先是支支吾吾，然后承认这是个姑娘。我问他她叫什么名字。他直截了当地说“玛丽·哈德逊”。我问他这个姑娘是不是个演电影的之类的。他说不是，她以前在卫斯理学院念书。半晌，经过一番深思熟虑之后，他补充说卫斯理学院是所一流的大学。我问他，那么把她的照片挂在**车里**算什么名堂。他略微耸了耸肩，我觉得那意思是说，这张照片多少有点儿像是被硬栽到他身上来的。

接下来的几个星期——不管这张照片是如何被强制或意外地栽到头领身上的——它反正就在车上待着了。并没有跟露丝宝宝糖的包装纸和掉在地上的甘草棒棒糖一起被清理出去。不过我们科曼切人对这照片也就习以为常了，它逐渐和车上的里程表一样不再引人注目。

但是有一天，我们在去公园的路上，头领把车停在第五大道的人行道边，在六十几街口，离我们的棒球场足有半英里远。大约二十几个后座副驾驶员齐声要求头领做出解释，但他毫不理睬。他只是换了个讲故事的坐姿，面朝我们，然后急匆匆地开讲一段新的“笑面人”。然而，他故事的头还没怎么开呢，就有人敲起了车门。那一天头领身体的反射机能格外灵活。他几乎在椅子上呼啦转了一百八十度，使劲一把扭开车门把手，一个穿着海狸皮大衣的姑娘钻进了车里。

我这辈子一共只见过三个姑娘确实是第一眼就让人感到奇美无比，那种美是无法归类的，不费吹灰之力就能记起来。第一位是个瘦瘦的穿黑色泳衣的姑娘，在琼斯海滩上很费劲地要撑开一把橘黄色的伞，大约是一九三六年前后。第二位是一九三九年在一艘加勒比海的游艇上看到的，她把自己的打火机朝一只鼠海豚扔过去。而第三位就是头领的姑娘，玛丽·哈德逊。

“我是不是迟到很久了？”她笑吟吟地问头领。

她还不如干脆问一句她是不是长得很丑。

“没有！”头领说。他有点儿神情激动地看看坐在他边上的几个科曼切人，示意他们让个位子出来。玛丽·哈德逊在我和另一个男孩中间坐下，那男孩叫埃德加什么的，他叔叔有个铁哥们是贩卖私酒的。我们把能让给她的地方全让给她了。然后车子发动起来，跟往常不一样的是，车身竟然很业余地往前猛冲了一下。我们全体科曼切人鸦雀无声。

在开往平日停车点的路上，玛丽·哈德逊身子往前倾，兴致勃勃地向头领细数她错过了哪班哪班火车，又赶上了这班那班火车。她住在长岛的道格拉斯顿。头领非常紧张。他不仅压根儿没说上一句话，而且几乎听不进她说的话。换挡杆的圆把手竟然掉了下来，这我还记得。

我们下了车，玛丽·哈德逊还照样跟着我们。我敢肯定等我们走到棒球场的时候，每个科曼切人的脸上都会挂着“有些姑娘还真不知道什么时候该回家”的表情。而事态真正变得不可收拾，是在我和另一个科曼切人丢硬币看哪个队先攻球时，玛丽·哈德逊竟然表示她也想参加比赛，一副满心渴慕的样子。此种要求招来的反应再鲜明不过。之前对于身为异性的她，我们科曼切人还不过是瞪眼瞧瞧，这会儿我们可就怒目而视了。她冲着我们微笑，这倒有点儿让人不知所措了。这时头领接手了，结果却是暴露出他天生的不称职，之前还隐藏得挺好的。他把玛丽·哈德逊拽到一边，好让我们科曼切人听不到他说什么，看起来像是很严肃、很一本正经地在跟她讲道理。最后，玛丽·哈德逊打断了他，她的声音我们科曼切人听得一清二楚。“但我**确实**想，”她说，“我也想，玩球！”头领点点头，然后试图再跟她说理。他指指内场，湿漉漉，又坑坑洼洼的。他拿起一根标准球棒，让她看看有多重。“我不在乎，”玛丽·哈德逊一字一句地说，“我大老远地跑来纽约——看牙医，又这又那的——我要玩！”头领点点头，但这次他让步了。他小心翼翼地走回到本垒板，“勇士队”和“武士队”这两个科曼切球队正等在那里，他看着我。我是“武士队”的队长。他提起我们队中外场手的名字，那个男孩生病在家，他建议玛丽·哈德逊补中外场手的缺。我说我不需要一个中外场手。头领问我不需要中外场手是他妈的什么意思，我呆住了。这是我第一次听到头领说脏话。更糟糕的是，我能感觉到玛丽·哈德逊正冲着我微笑。出于面子，我捡起一块石头，朝一棵大树扔了过去。

我们队先攻球。第一局中外场没什么事。我在第一垒的位置上，不时回过头去看一眼。每次我回头看，玛丽·哈德逊都会乐呵呵地朝我挥挥手。她非要戴一只接球手的手套，看着吓人。

玛丽·哈德逊在“武士队”里列位第九个击球手。我把这个安排告诉她，她做了个小小的鬼脸，说：“好吧，那就赶紧**上**

吧。”事实上，我们看起来是在赶紧上了。她第一局就轮上击球。为此她脱掉海狸皮大衣——还有她的接球手手套——穿着深褐色的裙子走到本垒板。我把球棒给她，她问我怎么那么重。头领本来站在投球手后面裁判的位置上，这时他着急地跑了过来。他告诉玛丽·哈德逊要把球棒的末端搁在她的右肩膀上。“我搁着呢。”她说。他告诉她握棒的手别太紧了。“我没有啊。”她说。他告诉她眼睛要盯着球。“我会的呀。”她说。“别挡道了。”她重重地一挥球棒，正中第一个投向她的球，一直打得飞过左外场手的脑袋。一般的二垒打就挺好了，玛丽·哈德逊打到三垒——叫人肃然起敬。

我先是从震惊到佩服，又从佩服到高兴，最后我回头去看头领。他看上去更像是在投球手头上飘着，而不是在他身后站着。头领成了一个彻底幸福的人。玛丽·哈德逊在第三垒上向我挥手。我也向她挥挥手。即便我不想挥，也很难让自己停下手。先不说她的击球功夫，她碰巧是个知道应该怎么在第三垒上向别人挥手的姑娘。

后来的比赛中，她每次击球都能跑到垒。不知怎么回事，她好像讨厌第一垒，不可能把她留在那里。至少有三次她都偷跑到了第二垒。

她的防守糟糕透顶，但我们跑垒赢了那么多分，也就不在乎了。我觉得她在追高飞球的时候，如果不戴那个接球手手套，随便戴点别的什么东西，都可能好得多。可是，她就是不肯脱下来。她说那个手套很可爱。

之后大约有一个月的时间，她每周都会和科曼切人打几次棒球（显然是在她要看牙医的时候）。有几个下午她准时搭我们的车，也有几次她会迟到。有时候她在车上会连珠炮似的说个不停，有时候她就是坐着抽她的赫伯特·塔雷顿牌香烟（带过滤嘴的）。坐在她身边，你会闻到一股很棒的香水味儿。

四月里寒冷的一天，头领像往常一样下午三点在一〇九大街和阿姆斯特丹大道的交接处接了我们，然后开着装满人的车子在一一〇大街上向东一拐，照例沿着第五大道慢慢向前。但是他的头发梳得油亮亮的，穿着件大衣，而不是那件挡风夹克，我便自然地推测玛丽·哈德逊今天会加入我们。经过我们常走的那个公园入口时车子没有停，嗖地过去了，我就更肯定了。头领没把车停在别处，就是在六十几街的拐角。然后为了让科曼切人不至于等得心焦，他转身跨坐在椅子上，给我们讲了一段新的“笑面人”。那个段子的每个细节我都记得，而且我非得把它大致地讲一遍不可。

接二连三的变故使得笑面人最好的朋友，野狼黑翼，落入了杜法吉父女武力、脑力双管齐下的圈套。杜法吉父女深知笑面人重情重义，便提出让他用自己的自由来换黑翼的自由。笑面人同意了这笔交易，丝毫没有起疑。（以笑面人的旷世奇才，他身上却总有些小零小件会莫名其妙地暂时失灵。）商定的安排是笑面人于半夜时分到巴黎城外密林深处的某个地点与杜法吉父女会面，黑翼将在朗朗月色之下重获自由。然而，杜法吉父女根本无意释放令他们又怕又恨的黑翼。在交易当晚，他们牵了一头替身狼假冒黑翼，事先把它的左后蹄染成雪白，跟黑翼的一样。

但是杜法吉父女有两处失算：一是笑面人素来多愁善感，二是他会讲狼语。笑面人听凭杜法吉的女儿用带刺的铁丝把他绑到树上，刚刚绑好，他便感觉到一股冲动，要用他那美妙动人的嗓音对他心里以为的老友说几句告别的话。月光下几尺地之外的替身狼没想到这个陌生人竟然会说狼语，便很礼貌地听了一阵子笑面人有关他生活和事业的最后忠告。不过，这替身狼终于不耐烦起来，身子重心从这个爪子挪到那个爪子，然后他突然很不客气地打断了笑面人，告诉他说，首先，他的名字不是什么黑翼、白翼、灰毛腿之类的，他大名阿曼德；其次，他这辈子从来没去过中国，也压根儿没有去那里的打算。

笑面人这下自然是怒从心头起，用舌头扯掉自己的面纱，在月光下以真面目与杜法吉父女针锋相对。杜法吉小姐当场昏了过去。她父亲运气好一点儿。那一刻他刚巧一阵咳嗽上来，错过了致命的真相大白。等杜法吉的咳嗽劲儿过了，发现自己的女儿四仰八叉躺在月光底下，他立马猜了个八九不离十。于是他一只手遮着自己的眼睛，另一只手握住自动手枪，朝着笑面人发出咝咝粗气声的地方把满膛子弹射了个精光。

这一段故事就在这里停下了。

头领从上衣表袋里掏出他的英格索尔牌一元怀表，看了一眼，然后猛地转过身，发动汽车。我看了看我自己的表。四点三十分。车子往前走的时候，我问头领难道不等玛丽·哈德逊了吗？他没有回答，我还没来得及再问一遍，他侧过头对大家说："这车里该他妈安静点儿了行不行。"不管这个命令是不是还可能有什么别的含义，它基本上是没道理的——车里一直都安静得很。几乎所有的人都在惦记着笑面人被撂下的那个地方。我们早就不会替笑面人**担心**了——我们太相信他的本事了——但只要遇到他最危险的时刻，我们总是会不由自主地安静下来。

我们那天下午的棒球赛打到第三还是第四场的时候，我站在第一垒上瞥见了玛丽·哈德逊。她正坐在一张长凳上，在我左面大约一百码的地方，夹在两个保姆和她们的婴儿车之间。她穿着那件海狸皮大衣，正抽着烟，看上去她像是面朝着我们比赛的方向。我因为自己的这个发现兴奋不已，朝着站在投手身后的头领大喊着通报了这一讯息。头领急匆匆地赶到我身旁，但没有跑。“在哪里？”他问我。我又指了指。他朝着那个方向瞪了一会儿，然后说他马上回来，便离开了球场。他走得很慢，解开外衣的扣子，两只手插进裤子口袋里。我在一垒上坐下，看着。等到头领走到玛丽·哈德逊身边的时候，他外衣的扣子又全部扣上了，两只手则耷拉在身子的两侧。

他在她旁边俯身站了几分钟，显然是在跟她说话。然后玛丽·哈德逊站了起来，他们俩朝棒球场走过来。一路上没有说话，也没有互相看一眼。等他们走到球场，头领又站到了投手身后。我朝他喊:“她难道不玩吗？”头领让我守好自己的垒。我守好自己的垒，一面看着玛丽·哈德逊。她在本垒后面慢慢地踱步，手插在海狸皮大衣的口袋里，最后她在一张错放在第三垒后面的球员长凳上坐了下来。她又点了根烟，跷起二郎腿。

轮到“武士队”击球的时候，我走到她坐的长凳边上，问她想不想打左外野，她摇摇头。我问她是不是感冒了，她又摇摇头。我告诉她我这边没有人打左外野。我说我这边一个家伙打了中外野还得打左外野。对于这一消息她毫无反应。我把我那副一垒手用的手套往上一扔，想让手套落到我头上，但是却落在了一个小泥滩里。我在裤子上擦掉手套上的泥，问玛丽·哈德逊想不想哪天上我家去吃顿饭。我告诉她头领经常来我家吃饭。“别烦我了，”她说，“求求你别烦我了。”我瞪眼看着她，然后朝“武士队”的长凳走去，从口袋里拿出一只橘子，抛向空中。我沿着第三垒的边线往前走，大约走到一半的时候我转过身开始倒着走，一面看着玛丽·哈德逊，一面握着我的橘子。我完全不知道头领和玛丽·哈德逊之间发生了什么事（即便是现在也不知道，除了隐隐能凭直觉猜到一些），但不管怎样，玛丽·哈德逊已经永远退出科曼切人的行列了，对此我再肯定不过了。尽管毫无事实根据，我的这一肯定如此完全彻底，以至于倒着走变得格外危险，我啪叽撞在了一辆童车上。

又打了一局之后，光线太暗，没法防守了。比赛结束，我们开始收拾装备。我看到玛丽·哈德逊的最后一眼是她在第三垒附近抽泣。头领抓着她海狸皮大衣的袖子，但是她挣脱了。她跑着离开了球场，跑到水泥地上，继续往前奔，直到我再也看不见她。头领没有追她，他只是站着目送她消失。然后他转过身，走到本垒，捡起我们的两根球棒——我们总是让他拿球棒。我走过去问他，是不是他和玛丽·哈德逊吵架了。他让我把衬衫掖进裤子里。

和往常一样，我们这些科曼切人争先恐后地奔向几百英尺之外的停车处，一路大呼小叫，你推我搡，互相卡脖子掐喉咙，但我们每个人最关注的无非是又到了听“笑面人”故事的时候了。奔过第五大道的时候，有人把他多余的也可能是不要了的汗衫掉在地上，我被汗衫绊到脚，摔了个四脚朝天。我总算冲到车边上，但那时最好的位子都已经被占了，我只能坐在车子中间。这一结果让我气恼得很，于是就用胳膊肘往我右边男孩的肋骨上捅了一把，然后转过脸，看着头领穿过第五大道。天还没有全黑，但已经有了五点十五分的那种昏暗。头领穿过街道，大衣领竖着，左胳膊下夹着球棒，全心关注的只是眼前的街道。他黑色的头发曾在那天早晨梳得油亮，此刻已经干了，被风吹着。我记得自己心想，头领要是有手套就好了。

当他爬上车的时候，车里一如往常地安静——至少跟剧院里灯光渐暗时的情形相称。相互的交谈都以一句匆匆忙忙的耳语结束，或者干脆一把刹住。不过头领对我们说的第一句话还是“行了，要么别出声，要么就没故事听”。刹那间，车子里一片无条件的寂静，头领当即别无选择，只能以讲故事的姿态坐下。他坐下后，拿出一块手帕，开始有条不紊地擤鼻涕，擤完一个鼻孔，再擤另一个。我们耐心地看着他，甚至带着观看者的兴趣。他用完手帕后又仔细地叠了四折，再放回到口袋里。然后他给我们讲了一段新的“笑面人”。从开始到结尾，一共没用五分钟。

杜法吉发出的子弹共有四颗击中笑面人，其中两颗穿透心脏。杜法吉当时仍然遮着眼睛以免看见笑面人的脸，当他听到自己射击的对象发出古怪而充满痛苦的呼声，他顿时欣喜若狂。他那颗邪恶的心怦怦直跳，冲到昏迷的女儿身边，把她弄醒。这俩人一时喜不自禁，带着属于懦夫的勇气，此刻竟也敢直接去看笑面人了。只见他低垂着头，仿佛死了一般，下巴耷拉在鲜血淋漓的胸口。父女俩一步一步地贪婪地向前挨近，想去细细察看他们的猎物。一个巨大的意外正等着他们。笑面人才没那么容易死呢，他正偷偷地用力收缩腹肌。一等杜法吉父女靠近，他便突然抬起头，发出一声可怕的大笑，接着干净利落地、几乎是一丝不苟地把四颗子弹一股脑儿地反喷了出来。这一招实在太厉害了，把杜法吉父女俩震了个肝胆俱裂，当场倒地，死在笑面人脚下。（既然最后那个版本一样也是那么短，蛮可以讲到这里就结束的；对科曼切人来说，杜法吉父女的猝死还是能琢磨过来的。但是故事并没有在这里结束。）日复一日，笑面人就这样被带刺的铁丝捆在树上站在那里，杜法吉父女的尸体在他脚下慢慢腐烂。笑面人流了那么多血，又得不到鹰血补给，死亡对他来说从未如此近在咫尺。然而，有一天，他用他那嘶哑却依然雄浑的声音恳请森林里的动物们帮他一个忙。他让它们去把可爱的侏儒欧木巴找来。动物们把欧木巴带来了。但是往返穿越巴黎—中国的边界毕竟路途遥远，等到欧木巴带着药箱和新鲜的鹰血赶到笑面人身边时，他已经陷入了昏迷。欧木巴做的第一件仁慈的事就是为他的主人找回面纱，这面纱已经给风刮到杜法吉小姐长满蛆的尸体上。欧木巴恭恭敬敬地用面纱遮住那狰狞的五官，然后开始处理伤口。

笑面人的那双小眼睛终于睁开了，欧木巴迫不及待地把鹰血凑到面纱边，但是笑面人没有喝。他用微弱的声音念着心爱的黑翼的名字。欧木巴低下他自己那个也多少有些走形的脑袋，告诉他的主人黑翼已经被杜法吉父女杀害了。笑面人发出最后一声古怪的、撕心裂肺的悲鸣。他虚弱地伸出手握住鹰血瓶，捏得粉碎。他体内所剩无几的血沿着手腕滴滴答答地流下。他命令欧木巴转过脸去，欧木巴抽泣着服从了。笑面人最后的一个动作是扯下自己的面纱，随后他的脸便朝着沾满鲜血的地面倒去。

故事当然就这样结束了。（再也没有重新提起。）头领发动汽车。坐在过道我对面的比利·沃什是所有科曼切人里年纪最小的一个，他哇的一声大哭起来。谁也没有叫他闭上嘴。至于我自己，我记得我的膝盖一直在发抖。

几分钟后，我从头领的车里下来，刚巧一眼看见一张红色的纸巾，正贴着路灯的底座在风中沙沙直颤，看上去就像某个人的罂粟花瓣面纱。我走进家门，牙齿一个劲儿地打战，被告知立即上床睡觉——赶紧，马上。

在小船里

那是深秋季节一个小阳春的午后，四点刚过。女佣桑德拉从厨房临湖的窗子边走开，嘴巴抿得紧紧的，自中午以来，她已经这样来回地走了不下十五二十次了。这一次，她一边走着，一边心不在焉地把围裙的带子解开又系上，在她那肥大腰身允许的范围内把围裙系带收到了最紧。接着她走回到珐琅桌边上，把自己那穿着一身新制服的身子塞进了斯内尔太太对面的椅子里。斯内尔太太已经做完清洁和熨烫，正照例在走去公共汽车站之前喝一杯茶。斯内尔太太戴着帽子，就是她一直戴的那顶挺有意思的黑色毡帽，不光戴了这一整夏，而且戴了过去整整三个夏天——经历过创历史纪录的高温天，经历过生活的变迁，俯瞰过无数的熨衣板，还有一个又一个的吸尘器。“卡内基”的标签还贴在帽子里，已经旧了（也许可以这么说），但依然坚守阵地。

“我不会再去犯愁了，”桑德拉宣布道，她这样说已经是第五还是第六次了，半是对斯内尔太太说，半是自言自语，“我下了决心，我不会再去犯愁了。有什么**用**呢？”

“这就对了，”斯内尔太太说，“换了**我**也不会。我真的不会。

把我的包递给我，亲爱的。”

餐具架上放着一只真皮手提包，已经很旧了，但是包里的标签就跟斯内尔太太帽子里的标签一样大名鼎鼎。桑德拉不用起身就拿到了包。她把包递给桌对面的斯内尔太太。斯内尔太太打开包，拿出一盒薄荷烟和一盒斯托克俱乐部的火柴。

斯内尔太太点了一支烟，把茶杯递到唇边，但立即又放回到杯碟里。“这茶要是再不赶紧给我凉了，我就要错过那班公交了。”她望向桑德拉，那一位正愁眉苦脸地瞪着墙上挂着的一排平底铜锅发呆。“别再**犯愁**了，”斯内尔太太命令道，“**犯愁**又有啥用呢？要么他会跟他妈讲，要么他不会。就这么回事。犯愁有啥用呢？”

“我不是为这个**犯愁**，”桑德拉回应道，“我犯什么我也不犯这愁。可话又说回来了，那孩子就这么满屋子悄没声息地跑，真是能把人活活逼疯了。你根本啥也听不见，明白不？我是说没人能**听见**他的动静，明白不？就那天吧，我正剥着豆子呢——就在这张桌子这儿——我差点儿一脚踩在他**手上**。他就能那么在桌子底下坐着。”

“嗯。我是不会去犯愁的。”

“我是说在他跟前，你随便说个什么字都得掂量好了，”桑德拉说，“真是把人逼疯了。”

“这茶我**还是**没法喝，”斯内尔太太说，“……这倒是挺吓人的。随便说个字都得掂量掂量。”

“真是把人逼疯了！我是说真的。我也差不多已经半疯了。”桑德拉习惯性地掸了掸膝盖，仿佛上面落了面包屑似的，一面哼着鼻子说，“才四岁大的孩子！”

“这孩子长得不错，”斯内尔太太说，“那两只咖啡色的大眼睛，还有那什么的。”

桑德拉又哼了一声。“他那鼻子也一准会跟他爸的一个模样。”她拿起杯子，没事儿似的喝了一口。“**我**真不明白他们整个十月份待在这儿为点啥，”她一百个不乐意地说，一面放下茶杯，“我是说这会儿他们全都半步不往水边去了。**女的**不下水，**男的**不下水，**小的**也不下水。这会儿**没人**下水。他们甚至连那条倒霉船都不拉出去了。我不明白他们花那么多钱在这上头是为点啥。”

“我就不懂了，你怎么能喝得上那茶。我连一口都没法喝。”

桑德拉苦大仇深地盯着对面的墙。“要是能回城里该多好。我没开玩笑。我真恨这个倒霉地方。”她满是敌意地看了斯内尔太太一眼，“**你**倒是挺好的，你是全年住在这里。你的熟人也都在这附近。你不在乎。”

“就算烫死我也得喝了。”斯内尔太太说道，眼睛看着电子炉上面的钟。

“如果你遇到这事，**你**会怎么做？”桑德拉突然问道，“我是说你会怎么办？你说实话。”

这恰恰是斯内尔太太会一把接上的问题，就跟套上一件白鼬皮大衣一样顺溜。她立即放下茶杯。“这个嘛，**首先**，”她说道，“我是不会去**犯愁**的。要是**我**的话，我会另找一份——”

“我没有**犯愁**。”桑德拉打断她。

“我知道，不过要是**我**的话，我就会给自己——”

餐厅的转门被推开了，房子的女主人波波·坦纳鲍姆走进厨房。她矮矮的个头，几乎看不见臀部的曲线，二十五岁，硬硬的头发说不上是什么式样或颜色，夹在两只耳朵后面，耳朵倒是极大的。她穿一条齐膝长的牛仔裤，一件黑色高领套头毛衣，脚上穿着袜子和一双平跟船形鞋。波波这个名字有些滑稽，她的人从头到尾也只能说相貌平平，可是——有一些面孔让人恒久难忘，透着超乎寻常的感受力，一小块一小块分开很耐看——在此意义上，她是个绝色女子，独一无二。她径直走到冰箱边上，打开冰箱门。她双腿叉开，两手撑在膝盖上朝里张望，一面透过牙缝不成调地吹着口哨，臀部则配合着有些放肆地左右摆动。桑德拉和斯内尔太太都不作声了。斯内尔太太掐灭香烟，不慌不忙地。

“桑德拉……”

“什么事，太太？”桑德拉警觉地看过去，目光越过斯内尔太太的帽子。

“泡菜都没了吗？我想带一块给他。”

“都给他吃了，”桑德拉精明地回答道，“他昨晚上床前吃掉的。那时就剩两块了。”

“哦。好吧，我去车站的时候再买点。我是想也许能把他从那条船里哄出来。”波波关上冰箱门，走到临湖的窗口向外望去。“我们还要什么东西吗？”她在窗子边问道。

“就是面包。”

“我把你的工钱放在门厅桌上了，斯内尔太太。谢谢你。”

“好的，”斯内尔太太说，“我听说莱昂内尔这算是出走了。”

她短促讨好地笑了一声。

“看起来还真是这样。”波波说，双手滑进后裤兜里。

“至少他不是跑到**太远**的地方。”斯内尔太太说，又发出一声短促的笑声。

波波在窗边稍稍侧过身，这样她就不是完全背对着桌边的两个女人了。“是的。”她说，把几根头发捋到耳朵后面。她纯粹提供信息似的又接着说道：“他从两岁起就经常往外跑，但从来没有太离谱。他跑得最远的一次——至少在城里是这样——是中央公园里的林荫道。离家也就几个街区。他走得最不远的——最近的——是我们家楼房的前门。他在那儿转悠着不走，是要跟他爸爸说声再见。”

桌子边的两个女人都笑了。

“那条林荫道是纽约人去溜冰的地方，”桑德拉周全地告诉斯内尔太太，“小孩大人都去。”

“哦！”斯内尔太太说。

“他只有三岁。就是去年。”波波说道，从牛仔裤的侧兜里拿出一包香烟和一盒火柴。她点了根烟，两个女人都兴致勃勃地看着她，“别提多热闹了。所有的警力都出动去找他。”

“他们找到他啦？”斯内尔太太问道。

“当然找到他了！”桑德拉不屑地说，“你**以为**呢？”

“那天晚上十一点一刻找到他的，是——我的天，二月中旬吧，我想。公园里一个孩子都没有。只有抢劫犯吧，我猜，还有各色各样的流浪汉。他正坐在乐队演出台的地板上，沿着一道裂缝来回滚一颗弹珠。人冻得半死，看起来——”

“真要命了！”斯内尔太太说，“他干吗要那样呢？我是说他干吗要跑啊？”

波波对着一块窗玻璃吐了一个歪歪扭扭的烟圈。“那天下午公园里有个孩子不知从哪儿听说了假情报，跑到他跟前说：‘你这个家伙真臭。’至少我们觉得他是因为这个才跑的。我不知道，斯内尔太太。我也是有点儿稀里糊涂的。”

“他这样干有多久了？”斯内尔太太问道，“我是说他这样干有多久了？”

“嗯，两岁半的时候，”波波像在报履历，“他躲在我们公寓地下室的水池底下。在洗衣房里。一个叫内奥米还是什么的——他的一个好朋友——跟他说她的热水瓶里有一条虫子。反正我们能从他那里问出来的就是这些。”波波叹了口气，从窗边走开，香烟上的灰积得长长的。她朝纱门走去。“我要再试一次。”她说，算是跟两个女人道别。

她俩都笑了。

“米尔德里德，”桑德拉对斯内尔太太说，一面仍在笑着，“你要是再不走可就赶不上你的车了。”

波波随手关上了纱门。

她站在房前草坪的小坡上，背上披着傍晚晃眼的斜阳。在她前面大约两百码处，她的儿子莱昂内尔正坐在他父亲那条小船的船尾座上。船是拴着的，主帆和艏三角帆都卸掉了，此刻漂在水上，与码头延伸入水的尽头刚好成一个直角。大约五十英里开外，一块谁丢了或者不要了的滑水板底朝天地浮在水面上，但是湖上看不到一艘游乐船，只有那艘正往利奇码头驶去的县里汽艇的尾部隐约可见。波波发现自己没法把视线固定在莱昂内尔身上，简直难得有些离奇。太阳尽管不是特别热，却格外耀眼，以至于任何稍远些的图像——一个男孩，一条船——看起来几乎都像一根插在水里的木棍，摇曳飘忽，折影的效果。几分钟后，波波放弃了。她以大兵的架势把香烟往地上一扔，然后就朝码头走去。

此时是十月，她的脸已经不会被码头木板反射的热气击中。她一边走一边透过牙缝吹着《肯塔基宝贝》的调子。走到码头尽头，她在右边蹲了下来，膝关节咯咯作响。她低头看着莱昂内尔。他离她不到一支木桨的距离。他没有抬头。

“啊嗬，”波波说，“朋友。海盗。臭狗狗。我回来啦。”

莱昂内尔还是没有抬头，但他看起来像是突然受到召唤，要显示一下他的航海本领。他把那个不起作用的舵柄一把推到右面，然后又立即猛地拉回到自己身边，一边目不转睛地盯着船的甲板。

“是我，”波波说，“舰队副司令坦纳鲍姆。娘家本姓格拉斯。我来视察后舵手啦。”

这次有反应了。

“你不是一个舰队副司令。你是个**太太**。”莱昂内尔说。他说出的句子通常至少有一处不恰当的呼吸停顿，因此他想强调的词的发音常常不是上升，而是下降。对他的声音，波波不仅是倾听着，她似乎也是在观察着。

“谁告诉你的？谁告诉你我不是舰队司令的？”

莱昂内尔答了一声，但是轻得听不见。

“**谁？**”波波说。

“爸爸。”

波波仍然保持蹲着的姿势，这时伸出左手穿过两腿间的V形空当，撑在码头地板上以保持平衡。“你爸爸是个好人，”她说，“但他可能是我认识的最大的旱鸭子了。进港以后我是位太太，这一点儿也没错——是**这样的**，但是我真正的天职最初、最终，也永远都是——”

“你不是一个舰队司令。”莱昂内尔说。

“对不起，你说什么？”

“你不是一个舰队司令。你一直都是个太太。”

一阵短暂的沉默。莱昂内尔趁机改变船的航向——他现在是两个胳膊一起抱着舵柄。他穿着卡其色的短裤和一件干净的白色T恤，胸前是一幅印染画，鸵鸟杰罗姆在拉小提琴。他皮肤晒得很黑，他头顶的头发被晒得有些褪色了，头发的颜色和质地则几乎和他母亲的一模一样。

“**很多人**以为我不是舰队司令，”波波注视着他说，“只不过是因为我没到处去说。”她一面保持平衡，一面从牛仔裤的边兜里掏出一支香烟和火柴。“我几乎从来没想跟别人去讨论我的军衔，尤其是那些跟我说话时连看都不看我的小男孩。我干得那么好，要是到处去说会被开除的。”她没有点烟，却霍地一下站了起来，立得笔直，几乎直过了头，右手的拇指和食指弯成一个椭圆形，放到嘴边，然后发出了一声像是军号的声音——样子像在吹玩具笛。莱昂内尔立即抬起了头。很可能他也清楚这个号声是假的，但无论如何他看上去是极大地被振奋了，他的嘴巴都张开了。波波将这号声——是“熄灯号”和“起床号”的奇特混合——吹了三遍，没有任何停顿。接着，她郑重其事地向着对岸行了个军礼。当她终于重新在码头的边角蹲下来时，她看上去满怀着极大的遗憾，就仿佛她被海军传统中的某种威仪深深地感动了，而这些传统是老百姓和小男孩们无从知晓的。她朝着湖面不起眼的水平线凝视了片刻，接着似乎记起来她不完全是一个人。她向下——很是庄重地——望向莱昂内尔，他的嘴巴仍然张着。“这是一种秘密的军号，只有舰队司令才可以听。”她点燃香烟，吹灭火柴，火柴头飘出一缕细得夸张的长长的烟丝，“要是被谁知道我让你听了这个号声——”她摇了摇头。她又把她那六分仪似的眼睛对准了水平线。

“再来一次。”

“不可能。”

“为什么？”

波波耸耸肩。“头一条，这附近低级军官太多了。”她改变了姿势，采取两腿交叉的印度式蹲法。她把袜子拉拉高。“不过，我告诉你我会做什么，”她一本正经地说，“如果你告诉我你为什么跑走，我就把我知道的所有秘密军号都吹给你听，怎么样？”

莱昂内尔立即低头又看向甲板。“不要。”他说。

“为什么不要？”

“因为——”

“因为什么？”

“因为我不想。”莱昂内尔说，一面用力推了一下舵柄算是强调。

波波挡住右边的脸，太阳很刺眼。“你跟我说过你不会再跑了，”她说，“我们谈过的，你跟我说好不再跑了。你答应我的。”

莱昂内尔回答了一句，但是轻得听不见。

“什么？”波波说。

“我没答应过。”

“啊，答应的，你答应的。你肯定答应过的。”

莱昂内尔又开始操纵小船的舵柄。“如果你是舰队司令，”他说道，“那你的**舰队**呢？”

“我的舰队。我很高兴你问我这个问题。”波波说，一面开始想下到小船里去。

“走开！”莱昂内尔命令道，但是并没有到尖叫的地步，而且眼睛一直朝下看着，“谁都不能进来。”

“谁都不能吗？”波波的脚已经碰到船头的一侧了。她又顺从地把脚缩回到码头的高度。

“一个都不行？”她又回到印度式的盘坐姿势，“为什么不行呢？”

莱昂内尔回答了一句整话，但还是不够大声。

“什么？”波波说。

“因为不允许他们进来。”

波波整整一分钟没有说话，眼睛定定地看着这个男孩。

“要这么说的话，我有些难过，”她终于开口了，“我真是想下到你的船里去呢。没有你，我可孤单了。我太想你了。一整天我都是一个人在家，都没有个说话的人。”

莱昂内尔没有转动舵柄。他在细看把手上的木纹。“你可以和桑德拉说话。”他说。

“桑德拉忙得很，”波波说，“再说我也不想和桑德拉说话，我想和你说话。我想下到你的船里和你说话。”

“你蹲在那边也能说。”

“什么？”

“你蹲在**那边**也能说。”

“不行，我不能。距离太远了。我必须得靠近些。”

莱昂内尔推了一把舵柄。“谁也不能进来。”他说。

“什么？”

“谁也不能**进来**。”

“好吧，那你能在船里告诉我你为什么要跑走吗？”波波问道，“你都已经答应我再也不跑了。”

小船的甲板上放着一副潜水护目镜，靠近后座。作为对波波问话的回答，莱昂内尔用右脚的大脚趾和二脚趾夹住护目镜的带子，然后腿灵活迅速地一踢，就把护目镜甩到船外去了。护目镜立即沉入水中。

“这下倒好。这下干得漂亮了，”波波说，“这副眼镜是你韦布舅舅的。哦，他这下可要开心了。”她吸了一口烟。“这眼镜最早是你西摩舅舅的呢。”

“我才不管呢。”

“我知道了。我知道你不在乎。”波波说。夹在她手指间的香烟与她手指的角度很奇特，眼看就要烧到指关节的一道凹纹了。她突然感觉到了热度，便松开烟头，烟头落到了湖面上。随后她从侧兜里掏出一样什么东西。是一个小包，纸牌大小，包在白纸里，用绿色的绸带扎着。“这是一个钥匙链，”她说，感觉到男孩的眼睛抬起来看她了，“就跟爸爸的那个一样，但是比爸爸的那个多好多钥匙在上面。这个有十把钥匙呢。”

莱昂内尔松开舵柄，身子在座位上往前靠。他伸出手，做出准备接住的姿势。“扔过来吧？”他说道，“可以吗？”

“咱们先都坐好了别动，宝贝儿。我还要再想一想。我**应该**把这个钥匙链扔进湖里。”

莱昂内尔抬头瞪着她，张着嘴巴。他合上嘴巴。“这是我的。”他说话的语气减弱了，感觉到理亏了。

波波低头看着他，耸耸肩。“我才不管呢。”

莱昂内尔身子往后靠，看着他的母亲，一面手往后去够舵柄。他的眼里流露出纯粹的领悟，正如他母亲预料到的。

“接着。”波波把那个小包朝他扔了过去，正好落在他的大腿上。

他看着腿上的小包，拿起来，捏在手中看了看，然后啪嗒——手臂往侧一摆——落进湖里。然后他突然抬头看向波波，他的眼睛里满含着的不是挑衅，而是泪水。紧接着，他的嘴歪扭成一个横着的“8”字，他已在放声大哭了。

波波小心翼翼地站起身，就像是在剧院里坐麻了腿的人那样，然后让自己下到了小船里。不一会儿，她已经坐在了后座上，那位舵手坐在她怀里，她一面摇着他，一面亲吻他的后颈，还在给他一些指导：“水手不**哭**，宝宝。水手**从来都不**哭，只有当他们的船快沉了的时候，或者遇到海难，在救生筏上什么的，什么喝的都没有了，除了——”

“桑德拉——跟斯内尔太太说——爸爸是个——邋遢的——大犹太佬[8]。”

波波略一抽缩，几乎难以觉察到，她把男孩从膝盖上抱了起来，让他站在自己身前，又把他前额的头发往后捋了捋。“她这样说了，嗯？”她说。

莱昂内尔脑袋上下晃动，很用力。他又靠近些，还在哭着，站在母亲两腿之间。

“这个嘛，也没**那么**糟糕，”波波说，用双臂和两腿紧紧拢住孩子，“这不是世上**最坏**的事情。”她轻轻咬着男孩的耳廓。“你知道什么是‘犹太佬’吗，宝宝？”

莱昂内尔没有立即回答，要么是他不想说，要么是他说不出来。反正他一直等到哭泣带来的抽噎稍微平缓一些之后。他是对着波波温暖的脖颈回答的，声音被捂住了，但是听得很清楚。“就是那种会飞到**天上**的东西，”他说道，“拴在**线**上拿着的。”

为了更好地看着他，波波把儿子稍稍推开些，然后她一只手动作很大地伸进他裤子的后裆。男孩吓了一大跳，但是她立刻又把手抽了回来，一本正经地把他的衬衫掖进裤子里。“告诉你咱们接下来干什么，”她说，“咱们开车去镇上，买点泡菜，还有面包，然后我们就在车里把泡菜吃了。然后我们去车站接爸爸，然后我们把爸爸带回家，让他带我们去坐船。你得帮爸爸把船帆扛过来。好不好？”

“好的。”莱昂内尔说。

他们不是走回家的，他们来了一次赛跑。莱昂内尔赢了。

为艾斯美而写
——有爱也有污秽

不久前我收到一封航空信，邀请我参加将于四月十八日在英国举行的一场婚礼。这碰巧是一场我心甘情愿付出些代价去参加的婚礼。请柬刚到的时候，我以为也许还真能出国一趟，坐飞机去，费用先管他娘的。不过我后来跟我妻子就这件事深入讨论了几番，她是个头脑超级冷静的姑娘，我们决定还是不去了——一方面我岳母正盼着四月下旬来跟我们住两个星期，我把这茬儿给忘了个干干净净。我跟格兰切大妈还真不是隔三岔五就能见一面的，再说了，岁月不饶人。她五十八岁。（她会抢先承认的。）

虽然如此，不管我在什么地方，我觉得自己反正不是那种眼看着一场婚礼要平淡收场也不伸伸手指头的人。于是乎，我便动手草草写了几笔，把我大约六年前认识这位新娘的事公开出来，如果我这几笔能让那位我没见过的新郎有几分钟的不自在，倒是更好。本来我也没想去讨好谁。更不是为了启迪谁，为了教化谁。

一九四四年四月，六十名美国现役军人在英国德文郡参加一个进攻前的专门培训班，由英国情报局主办，我是六十人中的一员。我现在回想起来感觉我们这六十个人还挺特别的，这么一大伙人竟然一个合群的都没有。我们基本上都是那种爱写信的人，互相说个话但凡不是跟工作有关，一般就是在问某人有没有多余的墨水。如果既没写信，也不上课，我们就各干各的。天气好的时候，我经常到乡下风景不错的各处去转转。下雨天则一般找个干的地方看看书，常常是紧挨着一张乒乓桌。

训练班持续了三个星期，结束那天是个星期六，下着大雨。这最后一天的晚上七点，我们全体人员要按计划坐火车去伦敦，有传言说我们在那里会被分插进为D日[9]登陆而集结的步兵师和空降师。下午三点，我已经把我所有的东西装进了行军包，包括一只放防毒面具的帆布袋，里面装满了我从大洋另一头带来的书。（防毒面具则已在几个星期前被我从**马里塔尼亚号**的舷窗里溜下去了，我非常清楚敌人一旦**真的**使用毒气，我是肯定来不及把这劳什子玩意儿戴上的。）我记得我在我们那座匡西特活动营房的末端窗口站了很久，看着斜斜的千篇一律的雨丝，食指痒痒似乎想扣动扳机，但即便真是如此也几乎微弱得难以察觉。我能听到身后很多支水笔在很多张“胜利信笺”上疾走的沙沙声，毫无同志情谊可言的声响。突然，我从窗边走开，脑子里没什么特别的念头，我披上雨衣，系上开司米围巾，穿上套鞋，戴上羊毛手套和船形军帽（到今天还有人对我说，我戴军帽的角度与众不同——微微往下拉，盖住两只耳朵）。接着，我把自己的表跟厕所里的钟对了一下，便沿着长长湿湿的鹅卵石山路往下走，来到了镇上。四周电闪雷鸣，我毫不在意。会不会被雷劈到也是天注定的事。

在小镇的中心——这儿有可能是全镇最湿的地方，我在一座教堂前停下，读那里的告示栏，多半是因为黑色背景上的白色数字吸引了我的注意力，但部分也是因为在军队待了三年之后，我已经对读布告栏上瘾了。栏里有个通告，三点一刻儿童唱诗班将进行排练。我看了看手表，又看向通告。一张用图钉钉着的纸上列着要来参加排练的孩子们的名单。我站在雨中，把所有的名字念了一遍，然后走进教堂。

长椅上坐着十几个成年人，有几个膝头放着小号套鞋，底朝天。我往前走，在第一排坐下。讲台上摆着三排紧挨着的礼堂椅，上面坐着大约二十个孩子，大多是女孩，年龄在七岁到十三岁。孩子们的教练——一个穿粗呢衣服的粗壮女人正在叮嘱他们唱歌的时候要把嘴巴张得大大的。有谁听说过吗？她问道，有哪只小小鸟儿想唱好好听的歌儿，却**敢**不把他的小小嘴儿先张得大大，大大，大大的呢？显然没人听说过。回答她的是千篇一律的木然表情。她又接着说，她**所有**的孩子都要**领会**所唱的歌词，而不是像傻头傻脑的鹦鹉那样光是**张嘴**唱。然后她吹了一声定音笛，孩子们便像未成年的举重运动员似的双手托举起他们的赞美诗集。

他们的演唱没有乐器伴奏——或者更确切地说，没有任何干扰。他们的嗓音柔美和悦，毫不造作，但凡换一个比我多点儿宗教派性的人，也许毫不费力地就体验一把灵魂升华了。几个年龄最小的孩子有点儿拖拍，但也只有作曲家的妈才可能找这碴儿。我从没听过这首赞美诗，可我却不停希望这首诗至少有一打或者更多的句子。我一边听，一边把所有孩子的脸都打量了一遍，看得尤其仔细的是离我最近、坐在第一排最边上的那个孩子。她大约十三岁，齐耳的金灰色直发、精致的额头，倦怠的眼睛很可能已经数过观众人数了，我想。她的嗓音与众不同，和其他孩子的声音区别清晰，绝不仅仅因为她离我最近。她是最好的高音部，甜美至极，自信笃定，自然而然就会成为主领的音。这位年轻的姑娘却好像对自己的演唱本领有些厌倦，也许只是对此时此地感到厌倦；有两次，我看到她在演唱的间歇打哈欠。她像个有教养的小姐那样打哈欠，嘴是闭着的，但你肯定还是能看出来——她的鼻翼出卖了她。

赞美诗刚一唱完，合唱团教练便喋喋不休地数落起那些在牧师布道的时候两只脚停不下来，嘴巴也闭不上的人。看样子排练中唱诗的部分已经结束了，眼看教练的聒噪声就要把孩子们的歌声所撒下的魔力破坏殆尽，我站起身，走出了教堂。

雨下得更大了。我沿着街道往前走，在红十字会的游艺室外，我透过窗户向里张望，士兵们三三两两站在屋子深处的咖啡吧台前，即使隔着窗玻璃我也能听到另一间屋子里传来的乒乓球的蹦跶声。我走到街对面，进了一家私人开的茶室，里面没有顾客，只有一个中年女服务员，看上去她好像更希望进来的是一位雨衣不会滴水的客人。我尽量小心翼翼地把雨衣挂在一个衣帽架上，然后找了张桌子坐下，点了一份茶和肉桂吐司。这是一天里我第一次跟人说话。接着我把所有的口袋搜了一遍，包括雨衣的口袋，终于找到了几封旧信。我打算再读一遍信，一封是我妻子写来的，告诉我八十八大街上的施拉夫特店的服务变差了，另一封是我岳母的，问如果我能出“营盘”，可不可以一有机会就给她寄些开司米毛线回去。

我的第一杯茶还没喝完，那位我仔细打量过、听过她唱歌的唱诗班的年轻小姐便走进了茶室。她的头发被雨淋透了，露出两只耳朵的耳廓。和她一起的还有一个小男孩，是她弟弟无疑，她用两根手指夹起男孩的帽子，仿佛那是实验室的一个什么标本。跟在他们后面的是一个看起来很干练的女人，戴一顶软塌塌的毛毡帽——多半是他们的家庭教师。唱诗班队员边走边脱下外套，选了一张桌子——从我的角度来说是个很好的选择，因为就在我正前方，离我只有八到十英尺远。她和家庭教师都坐了下来。那个大约四五岁的小男孩还不准备坐下。他把夹克从身上滑溜下来，随手一甩；接着他开始故意惹家庭教师生气，一副天生捣蛋鬼的假装严肃的表情，把椅子拖出来推进去反复好几次，一面还看着老师的脸。女老师压低嗓门说了他两三次，命令他坐下，意思就是别再猴皮了。但是直到他姐姐发话，他才停下来，把他的小屁股整个儿按到椅子上。他又立即拿起餐巾顶在头上。他的姐姐把餐巾拿下来，展开，平铺在他的膝盖上。

他们的茶端上来的时候，唱诗班队员发现我正在打量他们这一桌人。她也盯着我看，用她那对清点观众数目的眼睛，接着，她突然对我微微地、得体地一笑。这一笑出人意料地灿烂，浅浅而得体的笑容有时候就会那么灿烂。我也回报一笑，远没有她的灿烂，我尽量抿着上嘴唇，以便遮住两颗门牙之间那个乌黑的临时填充物——这是美国大兵的专用品。下一分钟，小女孩已经仪态万方地站在了我的桌子边上。她穿一条格子呢连身裙——坎贝尔式的格子呢，我想。我觉得这样一条裙子，穿在这样年轻的一个女孩身上，在这样大雨滂沱的一个日子，真是太美了。“我以为美国人都不屑喝茶。”她说道。

她这话不是自作聪明，而是想弄明白真相，或者为了统计数据。我回答说，有些美国人除了茶什么都不喝。我问她想不想跟我坐一会儿。

“谢谢，”她说，“也许只能稍坐片刻。”

我站起身替她拉出椅子，我对面那一把，她在椅子四分之一前沿的地方坐下，脊背自然而然挺得笔直，线条优美。我回到自己的位子上，几乎是迫不及待地，满心想开始这场对话。等坐下之后，我却想不出该说些什么好。我又笑了笑，仍然不让乌黑的牙齿填充物露出来。我终于说了一句：这真不是出门的天。

“是的，一点没错。”我的客人说道。她口齿清晰，且毫无疑问是个不喜欢闲聊的人。她伸长手指，掌心向上放在桌沿上，就像在参加一个降神会，接着，几乎是立即握成了拳头——她的指甲都啃到肉里了。她戴着一只腕表，外形像是军用表，很像领海员用的计时秒表。表面对她纤细的手腕来说实在太大了些。“你刚才听唱诗班排练了，”她一本正经地说道，“我看见你了。”

我说我当然听了，而且我还在所有人的合唱里清清楚楚地听到了她的声音。我说我觉得她有一副好嗓子。

她点点头。“我知道。我以后要做个专业的歌手。”

“真的吗？唱歌剧吗？”

“天哪，不是歌剧。我要在电台唱爵士，赚很多钱。然后，等我三十岁了，我就退休，在俄亥俄的一个大牧场住下。”她用手掌碰了碰湿透的头顶。“你知道俄亥俄吗？”她问道。

我说我曾坐火车经过几次，但是并不熟悉那个地方。我请她来一片肉桂吐司。“不用了，谢谢你，”她说，“我是真的食量极小。”

我自己咬了一口吐司，然后说俄亥俄州有一些地方非常荒凉。“我知道。我遇到的一个美国人告诉过我。你是我遇到的第十一个美国人。”

她的家庭教师这会儿正着急地招呼她快点儿回到自己那桌去——她的意思是别再打扰人家了。然而我的客人却不慌不忙地把椅子挪了一两英寸，这样她就背对着自己那桌，不可能再有任何交流了。“你是山上那个秘密情报学校的，对不对？”她很酷地问道。

和所有人一样，我也知道保密这回事，我回答我是因为健康原因来德文郡的。

“**真的**吗？”她说道，“我说，我又不是昨天才生下来。”

我说要那样说的话，我打赌她不是。我喝了几口茶。我有点儿在意起自己的姿势了，在位子上坐得更直了些。

“作为一个美国人，你算是相当聪明的。”我的客人若有所思地说。

我告诉她，要是仔细想想，这句话说得非常势利，我希望她不像是会说这种话的人。

她脸红了——立即让我意识到自己所缺乏的社交风度。“怎么说呢，**我**见过的大多数美国人举止就像动物。他们总在互相动拳头，见人就骂，还有——你知道有一个美国人做了什么吗？”

我摇摇头。

“有一个美国人把一只空威士忌酒瓶从我姑妈的窗户扔了进来。**幸运**的是，窗是开着的。但是你说这样的事情做得聪明吗？”

当然算不上聪明，但是我没有这么说。我说在这个世界上，很多当兵的都是背井离乡，能有几个是真正生活如意的。我说我以为大多数人能自己想到这些。

“可能吧。”我的客人说道，不是很信服。她又抬起手去摸湿漉漉的脑袋，动了动几绺湿软的金发，想把露出来的耳廓遮住。“我的头发都湿透了，”她说道，“我像个丑八怪。”她看向我。“我头发干的时候是带波浪的。”

“我能看出来，我看得出来是那样。”

“不是真的鬈发，但是是波浪形的。”她说，“你结婚了吗？”

我说是的。

她点点头。“你深深地爱着你的妻子吗？还是说我这个问题太私人了？”

我说如果觉得问题太私人了，我会告诉她的。

她把放在桌面上的手和手腕又向前伸了伸，我记得自己想对她戴的那只表面大得出奇的腕表做点表示——也许想建议她把表戴在腰上。

“一般情况下，我并非是交际型的人。”她边说边朝我看，看我懂不懂她所用词汇的意思。但是我完全不动声色。“我走过来纯粹是因为我觉得你看上去孤单极了。你有一张极其敏感的脸。”

我说她是对的，我**刚才**确实感觉孤单，我非常高兴她能过来。

“我在训练自己更有同情心。我姑妈说我这个人冷冰冰的。”她说道，又摸了摸头，“我跟我姑妈住。她是个极其善良的人。我母亲去世后，她竭尽全力想让我和查尔斯适应起来。”

“这真好。”

“母亲是个极其聪明的人。相当感性，在很多方面都是这样。”她看着我，目光里有了新的锋芒，“你觉得我这个人冷冰冰的吗？”

我说完全没觉得——事实上，恰恰相反。我告诉她我的名字，然后问她叫什么名字。

她犹豫了一会儿。“我叫艾斯美。我想我暂时就不告诉你我的姓了。我的姓带着封号，你可能会光对封号念念不忘。美国人就是这样的，你知道的。”

我说我不会那样，不过既然如此，先不透露那个封号也许是个好主意。

正在这时，我感觉到脖后根一阵呼吸的热气。我转过头，差点跟艾斯美的弟弟鼻子撞鼻子。他对我毫不理会，用刺耳的尖嗓门对他姐姐说：“梅格丽小姐说你必须回去把茶喝完！”他的口信捎到了，便在我和他姐姐中间的椅子上坐了下来，在我的右边。我特别好奇地打量着他。他看上去非常神气，棕色的设得兰羊毛短裤，一件藏青色的运动套衫，白衬衫加条纹领带。他回瞪着我，一双绿眼睛大得出奇。“电影里的人亲嘴为什么都歪着脸？”

他提问道。

“歪着脸？”我说。这个问题也曾在我童年时困扰过我。我说我猜是因为演员们的鼻子太大了，跟谁都没法迎面亲嘴。

“他叫查尔斯，”艾斯美说，“以他的年龄来看，算是极聪明的。”

“他的眼睛肯定是绿色的。是不是，查尔斯？”

查尔斯面无表情地看着我，我这个问题也只配这样的反应，接着他开始在椅子上向前向下扭动身体，直到整个身体都钻到桌子底下，只露出一个脑袋，再像摔跤运动员似的撅起肚子把身子弯成弓形，脑袋搭在椅子上。“我的眼睛是橘黄色的。”他对着天花板说，声音很不自然。他掀起桌布的一角，盖在自己那张漂亮的、故作冷面滑稽的脸上。

“他有时候挺聪明，有时候就不行。”艾斯美说道，“查尔斯，你给我坐好！”

查尔斯原地不动。他看着像是在屏气。

“他非常想我们的父亲。他在北非被sh-ā h-ài了。”

我告诉她我很难过。

艾斯美点点头。“父亲很喜欢他。”她若有所思地咬着大拇指的指甲盖。“他长得很像我母亲——我是说查尔斯。我长得跟我父亲一模一样。”她继续咬指甲盖。“我母亲是个感情奔放的女人。她是外向型的。父亲是内向型。他们倒是般配的一对，不过，只是表面上的般配。坦白说吧，父亲真的需要一位比母亲更知性的伴侣。他是一个禀赋极高的天才。”

我默默地等着，想听到更多的情况，但是她不再说了。我低头去看查尔斯，他这会儿正把半边脸贴在椅子上。当他看到我在注视他时，闭上了眼睛，做出瞌睡的样子，像个天使一样，接着他伸出舌头——一个长得惊人的器官——发出一声尖叫，这在**我的**国家非常适合奉送给一位眼神不好的棒球裁判。这尖叫声简直震动了整个茶室。

“别叫了。”艾斯美说，丝毫不为所动，“一次排队买炸鱼排加薯条的时候他看到一个美国人这样喊来着，现在他只要一无聊就这样喊。快别叫了，立刻停下，不然我马上把你送到梅格丽小姐那里去。”

查尔斯睁开一双超大的眼睛，表示已经听到姐姐的威胁，除此之外也没显得特别在意。他又闭上眼睛，继续把半边脸搁在椅子上。

我提议也许他可以留着这一手——即他的怪叫——留到他开始正式使用封号的时候——我是说，如果他也有个封号的话。

艾斯美看了我好一会儿，有点儿像在做临床诊断。“你有点儿冷幽默，是不是？”她说道——语气带着怀念，“父亲说我丝毫没有幽默感。他说我还没有足够的装备来迎接生活，因为我没有幽默感。”

我看着她，燃起一根烟，然后说我觉得真正的紧要关头，幽默感派不上任何用场。

“父亲说有用。”

这句话出于一份信仰，而不是要反驳，于是我赶紧转换话题。我点点头说，她的父亲可能是从长远来看这个问题，而我则是从近处来看（我可不管**这样说**到底什么意思）。

“查尔斯格外地想念他，”沉默片刻后艾斯美说，“父亲是个分外可爱的人。他也极其英俊。倒不是说人的相貌有多重要，但父亲确实英俊。他的眼神具有骇人的洞穿力，而他又偏偏是‘冰性’[10]如此宽厚之人。”

我点点头。我说我想她父亲的词汇量一定大得非同一般。

“哦，是的，是这样，”艾斯美说，“他是个档案管理家——当然咯，只是业余爱好。”

这时，我感到胳膊上被谁烦人地拍了一下，几乎是一拳头，从查尔斯的方向过来的。我转向他。他这会儿正儿八经地坐在椅子上，只是一只膝盖压在屁股底下。“一堵墙对另一堵墙说什么？”他尖声问道，“这是个谜语！”

我朝着天花板的方向转了转眼珠，做沉思状，大声重复了一遍谜语。然后我用一副被难倒了的表情看着查尔斯说，我认输了。

“咱俩墙角见！”谜底以最高音揭晓。

最得意的还是查尔斯本人。他简直乐不可支。事实上，艾斯美不得不走过来捶他的背，就好像他咳嗽不止似的。“行了，别笑了，”她说着走回到自己的座位，“他不管遇到谁都要说一遍这个谜语，而且每回都要这样笑个没完。一般他一笑就会口水直流。好了，别笑了，拜托了。”

“不过，这倒是我听过的最好的谜语之一。”我说道，一面注视着查尔斯，他正慢慢地缓过劲儿来。听到这句夸奖，他的身子在椅子上更起劲儿地往下滑，而且又用桌布的一角蒙住脸，一直拉到眼睛下面。然后他用露出的眼睛看着我，眼神里满是正慢慢退去的欢乐和骄傲，他可是知道一两个真正精彩谜语的人。

“我能不能问一下你在入伍前从事什么职业？”艾斯美问我。

我说我根本没有职业，我刚大学毕业一年，我喜欢把自己看作一个专业的短篇小说作家。

她礼貌地点点头。“发表过吗？”她问道。

这个问题我不陌生，但总是感觉棘手，而且我从来不会一、二、三那样干脆地回答。我开始解释美国的编辑如何大都是一伙——

“我父亲一手字写得极漂亮，”艾斯美打断我，“我在保存他的一些书信，为了子孙后代。”

我说这主意听着非常不错。我刚好又看着她那只表面巨大、像是计秒表的腕表。我问这表是不是本来是她父亲的。

她低头肃穆地看了看自己的手腕。“是的，原来是他的，”她说道，“这是他在我和查尔斯疏散前不久给我的。”她感觉有些不自然，把手从桌上拿了下来，一边说：“当然，纯粹就是做个纪念。”她把话题移去别处。“如果你什么时候能专门为我写一个故事，我将感到不胜荣幸。我酷爱读书。”

我告诉她如果写得出，我一定会为她写的。我说我不是特别多产。

“为什么非要特别多产呢！只要别孩子气，别那么傻就行了。”她想了想，“我喜欢写污秽的故事。”

“写什么？”我问，身子向前倾。

“污秽。我对污秽极其感兴趣。”

我正想让她说得具体点，但是感觉到查尔斯在掐我，重重地掐我的胳膊。我转向他，略微皱了皱眉头。他就站在我边上。“一堵墙对另一堵墙说什么？”他问道，跟我像是挺熟的样子。

“你刚才问过他了，”艾斯美说，“行了，别闹了。”

查尔斯不理他姐姐，向前一步踩在我的一只脚上，又重复了一遍那个关键问题。我发现他的领带结位置偏了，便帮他弄正。然后，我凝视他的眼睛，假装猜道:“咱们墙角见？”

话刚出口，我就后悔了。查尔斯的嘴巴张得大大的。我简直觉得是我把他嘴巴给撬开的。他从我的脚上退下来，怒不可遏又神色凛然地走回到自己的桌边，头也没回。

“他气坏了，”艾斯美说，“他脾气暴躁。我母亲总是要宠他。我父亲是唯一不宠他的人。”

我继续看着查尔斯，他已经坐了下来，开始喝茶，两只手抱着杯子。我希望他能转过身，但是他没有。

艾斯美站起身。“**我也该走了**，”[11]她叹了口气说，“你懂法语吗？”

我从椅子上站起身，心里既怅然若失又茫然不已。我和艾斯美握了握手。她的手，正如我想的那样，是一双神经质的手，掌心湿湿的。我告诉她（用的是英语），她的陪伴让我愉快至极。

她点点头。“我料想你会的，”她说，“以我的年纪，我算是很善于交流的。”她又试探性地摸了摸她的头发。“我的头发这个样子，真是万分抱歉，”她说道，“我可能看上去很吓人。”

“完全没有！事实上，我觉得很大一部分已经出现波浪了。”

她又飞快地碰了碰头发。“你最近还会再来这里吗？”她问道，“我们每个周六都来这里，练完合唱以后。”

我回答说我太喜欢再来这里了，不幸的是，我知道自己是没法再来了。

“换句话说，你不能透露部队的行踪。”艾斯美说。她没有要离开桌子的表示。事实上，她把一只脚架到另一只脚上，眼睛向下看，把两只鞋子的尖头对齐。这个小动作很好看，因为她穿着白袜子，她的脚踝和脚都很可爱。她突然抬起头看着我。“你愿不愿意让我给你写信？”她问道，脸上稍稍有些泛红，“我写信非常流畅，以我这样的——”

“那太好了。”我拿出铅笔和纸，写下我的名字、军阶、编号和陆军军邮号码。

“我会先给你写信的，”她说着接过纸条，“这样免得你感觉**有失**面子之类的。”她把地址放进裙子的一个口袋里。“再见。”她说，随后便走回到自己的桌子去了。

我又点了一壶茶，看着他们俩，直到他们还有那位备受折磨的梅格丽小姐起身准备离去。查尔斯走在最前面，瘸着腿，一副悲惨样，像是一条腿比另一条短了几英寸似的。他没有朝我看。梅格丽小姐走在第二个，然后是艾斯美，她朝我挥了挥手。我也挥手作答，从椅子上半欠起身子。这是一个让我莫名感伤的时刻。

还不到一分钟，艾斯美又回到茶室，身后跟着查尔斯，她拽着查尔斯的厚呢短夹克的袖子。“查尔斯想吻你一下告别。”她说道。

我立即放下茶杯，说这太好了，但是她**确定**吗？

“是的。”她有点儿严厉地说。她放开查尔斯的袖子，把他往我这边用力推了一把。他走过来，铁着脸，在我右耳朵下面很响地吧唧一口，湿漉漉的。这苦差事一结束，他就笔直朝门口奔去，要告别这种感伤多情的生活方式，但是我一把抓住他夹克背后的半根腰带，拽着不放，然后问他：“一堵墙对另一堵墙说什么？”

他的脸一下子亮起来。“咱俩墙角见！”他尖叫道，一溜烟跑出了屋子，可能又歇斯底里了。

艾斯美又双脚交搭站着。“你确定你不会忘记要给我写个故事吧？”她问道，“不一定只为我**一个**人写。可以是——”

我说我绝对不可能忘记。我告诉她我还没有**为**任何人写过故事，但是看来现在正是最适合的时机。

她点点头。“要写得极其污秽，极其感人，”她建议道，“你对污秽到底有没有一点儿了解？”

我说不敢说真的有多了解，但是眼下我正不断接触它这样那样的表现形式，正越来越了解，而且我会努力满足她具体的要求。我们握了握手。

“我们没能在不这么身不由己的情形下相遇，这是个遗憾，不是吗？”

我说是的，我说这当然是个遗憾。

“再见，”艾斯美说，“我希望你能完好无缺地从战场上回来。”

我向她表示感谢，又说了几句别的什么话，然后看着她走出茶室。她走得很慢，思索着什么，一面摸了摸发梢，看看干了没有。

下面便是这个故事中污秽，或者说感人的部分。场景变了，人物也变了。我仍然在故事里，但是从现在起，因为某些我不能随意公开的原因，我已把自己巧妙地伪装起来，即便是最聪明的读者也认不出来。

胜利日几个星期之后的某天晚上，大约十点三十分，巴伐利亚的高弗尔特城。参谋军士X在他自己的房间里，位于一处民宅的二楼，停战前他就和另外九个美国士兵一起驻扎在这幢房子里。他坐在一把折叠木椅上，对着一张看起来很乱的小小的写字台，面前摊着一本海外版的平装小说，他很费力地读着小说。问题在他，不在小说。尽管军中特别服务部每月送来的书都是让住在一楼的人先下手，但是挑剩下的往往就是X自己想看的。可他不是一个经历了战争之后身心完好无缺的年轻人，已经有一个多小时的时间他总要把一个段落读上三遍，这会儿他又开始反复重读句子了。他突然合上书，读到哪里也没做记录。他用一只手遮住眼睛，抵挡桌上那个光秃秃的灯泡发出的刺目白光。

他从桌上的一包香烟里抽出一根，点烟的手指不停轻微地震颤，互相磕碰。他在椅子上略微往后靠了靠，浑不知味地抽起烟来。几个星期以来他都是一支接一支地抽烟。只要舌尖轻轻一顶，他的牙龈就会出血，而他几乎没法停下这个实验。这是他做的一个小游戏，有时候一做就是几个小时。他就这样坐着一面抽烟，一面做这个实验。可是突然，一种熟悉的感觉照例毫无预示地袭来，他的脑袋好像自动卸下，就像放在高处架子上的一件没系牢的行李一样摇摇欲坠。他赶紧采取几个星期以来一直在使用的急救措施：双手紧紧按住太阳穴。他那样牢牢地按了一会儿。

他的头发该剪了，而且很脏。他在梅因河畔法兰克福的医院住过两个星期，在那里洗了三四次头，但是坐吉普车回高弗尔特城，一路上时间长，尘土飞扬，他的头发又脏了。去医院接他的下士Z开吉普车仍然是战时风格，挡风玻璃全部摇下来，管他停战不停战呢。德国有成千上万新开进来的部队。把挡风玻璃放下来，像战时那样开吉普车，下士Z就有希望显示他不是新来的，再怎么乱猜也别想把他跟那些欧洲战区的新王八羔子们混为一谈。

松开太阳穴之后，X开始盯着写字台的桌面看，那里乱得像个杂货铺，至少有二十多封没拆过的信和至少五六个没打开的包裹，全都是寄给他的。他伸手越过这堆遗骸，拣出一本靠墙放着的书。这是一本戈培尔的书，书名是“史无前例的时代”。这书的主人是这户人家那位三十八岁还没结婚的女儿，他们几个星期前还住在这个房子里。她是纳粹党的一名下级官员，但是按照军中规定，她的官衔刚好落入就地逮捕的一类。逮捕她的正是X本人。此刻，是他自出院回来那天起第三次打开这个女人的这本书，去读扉页上的一行简短的题词。题词是用墨水写的德语，字很小，诚恳得无可救药，写的是“亲爱的上帝，生活是地狱”。既没上文，也没下文。在屋子近乎病态的寂静中，书页上这几个孤零零的字仿佛有着无可争议的，甚至是经典的控诉意味。X盯着书页看了几分钟，努力不让自己陷进去，尽管艰难至极。接着，带着几个星期以来做任何事都未曾有过的热情，他拿起一截铅笔头，在这段题词下面用英语写道：“各位神父，各位老师，我思考：‘地狱是什么？’我认为地狱就是失去爱的能力之折磨。”他正要在这话后面加上陀思妥耶夫斯基的名字，却发现自己写的东西完全无法辨认——恐惧顿时穿透他整个人。他啪地合上了书。

他飞快地从桌子上拿起一样别的东西，是他在奥尔巴尼的哥哥写来的一封信。在他进医院前这封信就已经放在他桌上了。他打开信封，勉强下决心要把信读完，但还是只读了第一页的上半段。读到下面这些话他就停下了:“现在这场该死的战争算是结束了，你在那边也许时间很多，要不给孩子们寄几把刺刀，或者万字章也行……”他把信撕了，低头看着废纸篓里的碎片。他发现自己没注意到信里还夹了一张快照。他能辨认出某人的一双脚站在某处的草坪上。

他把两只手臂放在桌子上，头枕在上面。他从头到脚浑身都在疼，似乎所有的痛区都是互相依存的。他很像一棵圣诞树，上面的彩灯是串联起来的，只要一个灯泡坏了，其余的都会一起灭掉。

门敲都没敲就砰的一声被撞开了。X抬起头，转过身去，看见下士Z站在门口。下士Z和X合开一辆吉普车，从D日登陆之后连着五次战役都和他并肩作战。他住在一楼，一般有了什么小道消息或者牢骚要发泄，他就会上楼来找X。他身材魁梧，很上相，今年二十四岁。战争期间，有一家全国性的杂志曾经给他在叙尔特根森林拍过一张照：他一手提一只感恩节火鸡，很配合地摆了个姿势。“你在写信吗？”他问X，“这儿怎么这么吓人，我的老天啊。”他走进一间房间总喜欢里面开着顶灯。

X在椅子里转过身，请他进屋，让他当心别踩到狗。

“踩到什么？”

“阿尔文。它就在你脚底下呢，克莱。把那该死的灯打开怎么样？”

克莱找到顶灯的开关，啪地打开，然后穿过这间用人房模样的狭小房间，在床边坐下，面朝房间的主人。他砖红色的头发刚刚梳过，正滴着水，要梳洗到让自己满意的程度他总得用一定量的水。和往常一样，他黄绿色衬衫的右面口袋鼓鼓的，插着一把带水笔卡子的梳子。左面口袋上别着一个步兵战斗团徽章（严格来说，他是没有资格戴的），一条欧洲战区勋带，上面有五颗铜星（而不是一颗银星，相当于五颗铜星），以及“珍珠港事件前服役”勋带。他重重叹了口气，说：“万能的救世主啊。”这话并不意味着什么，军队里都这样。他从衬衫口袋里拿出一包烟，磕出一根，又把那包烟放回去，重新扣好口袋帽。他一边抽烟，一边表情空洞呆滞地把房间扫视了一遍。他的目光最后落在收音机上。“嗨，”他说道，“过几分钟收音机里有个超级棒的节目。鲍勃·霍普，明星都在那儿。”

X打开一包新的烟，说自己刚刚把收音机关掉。

克莱丝毫不以为意，他看着X努力想把烟点着。“耶稣啊，”他说道，带着围观者的热情，“你该看看你自己这两只该死的手。天哪，你这叫一个哆嗦啊。你自己知道不？”

X把烟点上了，点点头，然后说克莱你眼睛还真尖。

“没开玩笑，嗨。我在医院看到你的时候我他妈差点没晕过去。你看着就他妈像一具死尸。你掉了多少肉？得有多少磅？你自己知道吗？”

“我不知道。我不在的时候你的信都怎么弄的？你收到罗丽塔的信了吗？”

罗丽塔是克莱的女朋友。一旦条件许可，他们打算马上结婚。她给他写信很勤，她身处的乐园里充满了三重惊叹号和谬误百出的言论。整个战争期间，凡是罗丽塔的来信克莱全都念给X听，不管有多亲密——事实上越是亲密克莱就越来劲儿。他已经养成了一个习惯，每次读完信就让X帮他策划或者扩充回信，或者加进几个能唬人的法语词或者德语词。

“是呀，我昨天刚收到她的一封信。在我楼下房间里。晚点儿我给你看。”克莱没精打采地说道。他在床沿上坐直了身子，屏住呼吸，又响又长地打了一个大饱嗝。他似乎对这一成就还算满意，又放松了下来。“她那个他妈的哥哥要从海军退伍了，就因为他那个屁股，”他说道，“他的那个屁股，这个杂种。”他又坐直身子，试图再打一个嗝，但这次成绩差了点儿。他的脸上显出一丝警觉。“嗨，趁我还没忘记。明天早上我们得五点起床，然后开车去汉堡还是哪里的。去给整个分队领艾森豪威尔式夹克。”

X看他的目光带着敌意，说自己不想要什么艾森豪威尔式夹克。

克莱显得很吃惊，几乎有点儿受伤。“哦，夹克很不错呢！看上去不错。干吗不要？”

“没什么原因。我们为什么五点就得起床？战争已经结束了，看在上帝的分上。”

“我不知道——我们必须在中饭前回来。他们有些新的表格，我们必须在中饭前填好……我问了布林为什么我们不能今天晚上填完——那些他妈的表格**就**堆在他桌子上。他还不想拆信封，这个狗娘养的。”

两人默默地坐了一会儿，生着布林的气。

克莱突然怀着新的——更高的——兴趣盯住X看。“嗨，”他说，“你知不知道你那该死的半边脸正满世界哆嗦呢？”

X说他知道得清清楚楚，伸手捂住了抽搐的半边脸。

克莱瞪着他看了一会儿，然后像是带着什么天大的好消息似的绘声绘色地说道:“我给罗丽塔写信告诉她你精神崩溃了。”

“哦？”

“是呀。她对这些玩意儿来劲儿得要命。她正在念心理学。”克莱摊手摊脚地倒在床上，也没脱鞋，“你知道她说什么吗？她说没有人会打个仗什么的就精神崩溃的。她说你可能是，就好比说这一辈子一直都是精神不稳定的。”

X伸手挡在眼前——床上方的灯光好像要把他照瞎了——然后说罗丽塔对事物的洞察力总是让人欣喜。

克莱瞥向他。“听着，你这个杂种，”他说道，“她对心理学知道的还就是比**你**他妈的洞察得多。”

“能不能把你的臭脚从我床上挪开？”

克莱的脚原地不动几秒钟，以示“别告诉我该把我的脚放哪里”，然后一摆腿，双脚着地，人跟着坐了起来。“反正我也要下楼了。沃克房间里的收音机开着。”但是，他并没有站起身，“嗨。我刚才在楼下还在跟那个新来的狗娘养的伯恩斯坦说呢。你记不记得那次我和你开到瓦隆涅，咱们被炮弹轰了他妈的得有两个小时，然后我们躺在洞里的时候，一只该死的猫跳到吉普车的车篷上，被我给打死了？记不记得？”

“是的——别再提那只猫的事了，克莱，去他妈的。我不想再听你提起了。”

“不是的，我就是想说我写信告诉罗丽塔这事了。她和心理学班上所有的人一起讨论过了。在课堂上啥的。还有那个该死的教授，全都参加了。”

“那挺好。我不想听这事了，克莱。”

“不是的，你知道罗丽塔说我为什么要随手给那猫来一枪吗？她说我是暂时性精神失常。没开玩笑。是因为被炮弹连轰什么的。”

X把手指插进自己的脏头发，往后梳理了一下，再次挡住眼睛。“你没有精神失常。你只是在尽忠职守，在那样的情况下，任何人都会像你一样英勇地干掉那只小猫咪。”

克莱狐疑地看着他。“你他妈的说的什么话？”

“那只猫是个间谍。你**不得不**随手给它一枪。它是个非常聪明的德国侏儒，披了件便宜的毛大衣。所以压根儿半点也谈不上野蛮、残忍、肮脏，甚至——”

“去他妈的！”克莱说道，嘴唇都绷紧了，“你就不能说句**正经**话吗？”

X突然感觉恶心，他在椅子里猛地转身，抓起废纸篓——刚刚来得及。

等他直起身再次转向他的客人时，发现克莱正尴尬地站在从床铺到房门的半路上。X想道歉，但是又改变了主意，伸手去拿香烟。

“下楼来听霍普的电台节目吧，嗨，”克莱说道，虽然继续保持距离，但还是想显得友好，“这对你有好处。我是说真的。”

“你快去吧，克莱……我要看我的集邮本。”

“是吗？你还有个集邮本？我都不知道——”

“我是开玩笑的。”

克莱慢腾腾地朝门口走了几步。“我过会儿可能要开车去艾斯塔尔德，”他说道，“他们有个舞会。可能要一直开到早上两点。想去吗？”

“不想去，谢谢……我也许会在房间里练几步。”

“好吧。晚安！悠着点儿，看在老天的分上。”门砰地关上了，然后又立即打开。“嗨，我把给罗丽塔的一封信塞你门底下行吗？我在里面加了点儿德文。你能帮我改改吗？”

“好的。现在你让我一个人清静会儿吧，真他妈的。”

“没问题，”克莱说，“你知道我妈妈写信怎么说吗？她信里说她很高兴我和你在一起，而且是整个战争都在一起。同一辆吉普车啥的。她说自从咱俩在一块儿之后，我写的信比以前通顺得多得多了。”

X抬起头看向他，然后用了很大的劲儿说：“谢谢。替我谢谢她。”

“我会的。晚安！”门砰地关上了，这次是真的关上了。

X坐在那里，盯着门看了很久，然后把椅子转向写字台，从地板上拿起他的便携式打字机。他在乱七八糟的桌面上清理出一块地方放打字机，把那一堆乱糟糟的没拆的信和包裹推到边上。他心想如果他给纽约的一个老朋友写封信也许是对自己比较快速的治疗法，不管成效多么微小。但是他没法把纸好好地塞进打字机辊筒里，这会儿他的手指颤抖得太厉害了。他把手垂在身体两侧，等了一会儿，又试了一次，但最后还是把纸揉作了一团。

他意识到应该把废纸篓拿出房间，但是他却一动也没动，而是把手臂放到打字机上，头又伏了上去，闭上了眼睛。

脑袋嗡嗡震颤几分钟之后，他睁开眼睛，发现自己正斜睨着一只用绿纸包着的没打开的小小的包裹。可能是他在给打字机清理地方时从那一堆东西里掉出来的。他看到这个小包裹已经被转寄了好几次。在包裹的一侧，他就看到至少三个他以前的陆军军邮号码。

他毫无兴趣地打开包裹，甚至都没去看寄件人的地址。他点了根火柴把包裹绳烧断了。他更感兴趣的是看着绳子一路烧毁，而不是打开包裹，但他终于还是打开了。

盒子里面有一个用纱纸包着的小物件，上面放着一封墨水写的短信。他拿起信纸，念了起来。

——路十七号

德文郡，——，

一九四四年六月七日

亲爱的X中士：

希望你能原谅我一直过了三十八天才开始我们的通信，但是我一直非常忙，因为我的姨妈喉咙感染链球菌，几乎丧命，我便义不容辞地担当起接二连三的重任。然而，我时常想起你，还有那个我们相伴度过的极其愉快的午后，即一九四四年四月三十日三点四十五分至四点十五分，这是怕你万一已经记不太清了。

我们都为D日感到无比激动，也难免骇畏，但求这能加快促成战争的结束，以及这种至少也算是荒谬的生存方式的结束。我和查尔斯都很挂念你；我们希望你不属于第一批进攻敦廷半岛的部队。你不是吧？请你尽快回信。代向你夫人致以最热烈的问候。

您忠诚的，

艾斯美

又及：我冒昧地随信寄去我的手表，战斗期间你可以戴着它。我们短暂的会面中我没有注意你是否戴着表，但是这只表绝对防水，防震，而且还有很多其他功用，比如可以测知步行速度。我深信在这些艰难的日子里，这只表对你肯定远比对我更有用，而且你可以把它当作一件幸运的护身符收下。

我目前正在教查尔斯读书写字，我发现他是个极其聪慧的初学者，他也想在信上写几个字。请你一有时间和心情就回信吧。

你好 你好 你好 你好 你好

你好 你好 你好 你好 你好

爱你 吻你 查尔斯

过了不知有多久，X才把信纸放下，又不知过了多久，他才从盒子里取出艾斯美父亲的那块腕表。等到他终于把表拿出来的时候，他发现表的水晶面已经在邮寄过程中震碎了。他不知道表的其他部分是不是还完好，但他竟没有勇气拧拧发条做个检查。他只是握着表又坐了很久很久。然后，突然间，他几乎是狂喜般地发现，他感到了睡意。

一个人只要还能真正感到睡意，艾斯美，那他就**总有**希望再次成为一个——一个完——好——无——缺——的人。

美丽是嘴唇而我的眼睛碧绿

电话铃响起的时候，灰白头发的男人问那女孩，还颇带了点儿小小的恭顺，她会不会觉得他还是不接这个电话的好。女孩仿佛是从远处听到他的问话，把脸转向他，一只眼睛——对着灯光的那一只——闭得紧紧的，她睁着的那只眼睛非常大——且不管有多么大的欺骗性，而且那么的蓝，几乎呈现紫色。灰白头发的男人催她快点儿，于是她用右手臂支起身体，慢悠悠地，仅仅是不至于看起来太敷衍了事。她用左手把额前的头发往后掠了掠，说道："上帝啊，我怎么知道。我是说你看呢？"灰白头发的男人说，接不接的他觉得也没什么天大的差别，一面把他的左手滑到女孩支撑身体的手臂底下，手指慢慢向上蠕动，在她的胳膊和胸壁的温暖表面上游走。他伸出右手去接电话。为了不用摸索就拿到话筒，他只能让自己的身子抬起来些，结果他的后脑勺跟灯罩擦了一下。在那一瞬间，他那一头白了大半的灰发在灯光下显得尤其好看，虽然有些晃眼。这会儿头发乱蓬蓬的，但显然刚刚理过——或者不如说是新打理过。后颈和鬓角剃得很短，是传统式样，两侧和头顶的头发却留得不是一般的长，事实上几乎有点儿看起来“出类拔萃”的意思。“喂?”他声音洪亮地对着话筒说道。女孩的那双眼睛仅仅是睁着而已，根本谈不上警觉或者关注，显示的不过是眼睛本身的大小和颜色罢了。

一个男人的声音——如石头般死硬，然而也有些粗鲁，语速一时快得几乎让人反胃——从电话线那头传来:“李？我吵醒你了吗?”

灰白头发的男人很快地朝他左边的女孩看了一眼。“是哪位?”他问道，“是阿瑟吗?”

“是的——我把你吵醒了吧?”

“没有，没有。我在床上，在看书呢。出什么事了吗?”

“你肯定我没吵醒你？你对天发誓?”

“没有，没有——绝对没有，”灰白头发的男人说，“事实上，我平均也就睡四个小时——”

“我给你打电话是因为，李，你有没有碰巧注意到琼安妮是什么时候走的？你有没有碰巧注意到她是不是和艾伦伯根夫妻俩一起走的，有没有?”

灰白头发的男人又朝左边看了一眼，但这次目光投向高处，没有看女孩，她这会儿正像一个年轻的蓝眼睛的爱尔兰警察一样注视着他。“没有，阿瑟，我没注意到，”他说道，他的目光停留在房间远处幽暗的角落，墙壁与天花板连接的地方，“她难道不是和你一起走的吗?”

“不是。老天啊，不是的。这么说，你根本没看到她离开?”

“嗯，没有，事实上，我没看到，阿瑟，”灰白头发的男人说道，“说实话，事实上，我整个晚上什么也没看见。我刚一进门，就给缠住了，跟那个法国小丑，还是维也纳小丑，聊了个没完没了——谁知道他他妈的是什么人。每个这样的该死的外国佬都睁大了眼睛想捞点儿免费的法律咨询。怎么了？出什么事了？琼安妮不见了吗？”

“哦，天哪。谁知道呢？我也不知道。你知道的呀，她要是灌了一肚子酒然后非要走是什么样子。**我**也不知道。她**可能**就是——”

“你给艾伦伯根他们打电话了？”灰白头发的男人问道。

“是的。他们还没到家。我也不知道。天哪，我甚至都不能肯定她是跟他们**走**的。我只知道一件事。我他妈就知道一件事。我受够了这样绞尽脑汁。我是说真的。这次我是说真的。我受够了。五年了。老天爷。”

“好啦，尽量放宽心，我说，阿瑟，”灰白头发的男人说，“首先，我要是没看错艾伦伯根夫妻俩的话，他们很可能是一起跳上辆出租车，又到格林尼治村去混上几个小时了。他们三个人可能会一起闯进——”

“我心里觉得她是到厨房里去跟哪个杂种干上了。我就是这么觉得。她总是一灌饱酒就在厨房里随便跟一个杂种搂脖子亲嘴。我是受够了。我对天发誓我这次是说真的。他妈的五个年头——”

“你现在在哪里，阿瑟？”灰白头发的男人问道，“在家吗？”

“是的。在家。家，我甜蜜的家。老天。”

“好吧，尽量放宽心——你是怎么——你喝醉了吗，还是怎么回事？”

“我不知道。我他妈的怎么知道？”

“行啊，听我说。放松。什么也别想，就是放松，”灰白头发的男人说，“你也清楚艾伦伯根两口子是怎么回事，看在老天的分上。很可能是这样，可能他们错过了最后一班火车。他们仨可能下一分钟就一起闯进你家大门了，说说笑笑，浑身夜总会的——”

“他们开车来的。”

“你怎么知道？”

“他们孩子的保姆。我们俩有过电光火石的对话。我们亲密得跟什么似的。我们像他妈一个豆荚里的两个豆子。”

“行了，行了。那又怎么样？你坐坐好，放松一下，行不行？”灰白头发的男人说，“他们仨可能下一分钟就翩然驾到了。听我的话没错。你也了解莱昂娜的。我不知道这到底是怎么回事——但他们一到纽约就都染上了这种康涅狄格州的**热闹病**。你也知道的呀。”

“是的。我知道。我知道。可是，我还是不知道。”

“你当然知道。用用你的想象力。那俩人可能生拉硬拽，硬是把琼安妮给——”

“听着。谁也不需要把琼安妮**生拉硬拽**到**哪里**去。别跟我来生拉硬拽那一套。”

“谁也没想给你来生拉硬拽那一套，阿瑟。”灰白头发的男人静静地说。

“我知道，我知道！原谅我。老天啊，我真是昏头了。说真的，你确定我没把你吵醒？”

“如果你把我吵醒了，我会告诉你的，阿瑟。”灰白头发的男人说。他下意识地把手从女孩的胳膊和胸壁之间抽了出来。“听着，阿瑟。你想要我的建议吗？”他问道，把紧连着话筒的电话线缠在手指间，“我是认真的，我说。你想要点建议吗？”

“是的。我不知道。老天啊，我害你睡不了觉。我干吗不干脆切了我的——”

“就听我说一分钟，”灰白头发的男人说，“首先——我是说真的——赶快上床，放松。给自己来一大杯美美的睡前酒，然后钻到——”

“**睡前**酒！你在开玩笑吗？老天啊，刚才两个小时里我已经消灭了大概一个夸脱了。**睡前**酒！我现在是一塌糊涂，我连动——”

“好吧。好吧。那就赶快上床吧，”灰白头发的男人说，“而且要放松——你听到我说的了吗？你倒说句实话，你这样坐着干着急有什么用吗？”

“是的，我知道。我根本连担心都不担心，看在老天的分上，但是你没法相信她！我对天发誓。我对天发誓你不能相信她。你能相信她的程度就跟你扔出去一个——我也不知道是扔出去**什么**。唉，有什么用呢？我他妈的快疯了。”

“好吧。这会儿别再想了。别再想了，我说。你就算帮我个忙行不行，使劲儿把这事抛到脑后去吧？”灰白头发的男人说，“要知道，你这是在——我确确实实觉得你这是在搞一个天大的——”

“你知道我在干吗？**你知道我在干吗**？我都没脸告诉你，但是你知道我差不多他妈的每天晚上都在干吗？我到家的时候？你想知道吗？”

“阿瑟，听着，这不是——”

“**等等**——我跟你**说**了吧，去他妈的。我是真的必须强压着自己不把公寓里每个该死的柜子门都开一遍——我对天发誓。每天晚上回到家里，我总觉得说不定屋子什么地方就能找到三五个杂种。开**电梯**的小子、送**外卖**的小子、**警察**——”

“好了。好了。咱们还是尽量放松点儿吧，阿瑟。”灰白头发的男人说。他突然朝右边看了一眼，那里有一根晚上早些时候点上的香烟，搁在烟灰缸上。不过显然已经灭了，他也没有拿起来。“首先，”他对着话筒说，“我已经跟你说了很多很多次了，阿瑟，那恰恰是你最大的错误所在。你知道你在干吗？你想让我告诉你你在干吗吗？你是自找麻烦——我是说真的——你确确实实是自找麻烦折磨你自己。事实上，你这是在**驱使**琼安妮——”他打住了。“你是他妈的福气，她真是个不错的孩子。我是说真的。那个孩子品位高雅——有**头脑**，这些你怎么一点儿都不说呢，看在老天的分上。”

“头脑！你在开玩笑吗？她有他妈的什么头脑！她就是个动物。”

灰白头发的男人似乎深吸了一口气，鼻孔翕动着。“我们都是动物，”他说，“从根本上来说，我们都是动物。”

“我们他妈的才不是动物呢。我不是什么该死的动物。我可能是一个愚蠢的、糊涂的二十世纪的狗娘养的，但我不是动物。别给我来这套。我不是动物——”

“听着，阿瑟。我们说这些没有——”

“**头脑**。耶稣啊，你知道这有多可笑吗？她还以为自己他妈的是个学问人呢。可笑就可笑在这里，真是笑死人了。她读读报纸上的戏剧版，然后看电视看到眼睛快瞎了——这就叫学问人。你知道我娶的是什么人吗？你想知道我娶的是什么人吗？我娶的可是**当今最伟大的尚未发展的有待发现的女演员、小说家、心理分析师**，是纽约一位他妈的没被欣赏的全能名人兼天才。这个你不知道了吧，是不是？老天啊，太可笑了，我都想把自己的喉咙给切了。念哥伦比亚大学夜校部的包法利夫人。包法利——”

“谁？”灰白头发的男人问道，声音有点儿愠怒。

“包法利夫人选修电视欣赏课。上帝，你要是知道——”

“好了，好了。你也知道这样说下去不解决任何问题。”灰白头发的男人说道。他转身向女孩做了个手势，两根手指放在嘴边，意思他想来根香烟。“首先，”他对着话筒说，“像你这样一个也算聪明绝顶的人，怎么做事简直毫无策略到了人类极限呢。”他直起身子，以便女孩能从他身后伸手去拿烟。“我是说真的。这表现在你的私生活上，也表现在你的——”

“**头脑**。哦，上帝，真要了我的命了！全能的基督啊！你听过她形容别人吗——某个男人，我是说？等你什么时候没事做了，帮我个忙，让她给你形容一下某个男人。她形容每个她见到的男人都是‘魅力十足’。哪怕是个最老、最邋遢、最油腻腻的——”

“好了，阿瑟，”灰白头发的男人断然说道，“这些话一点儿用都没有。毫无用处。”他从女孩那里接过一根点燃的烟。她点了两根。“顺便问一句，”他说，烟从鼻孔里喷出来，“你今天的事儿怎么样了？”

“什么？”

“你今天的事儿怎么样了？”灰白头发的男人重复了一遍，“那个案件结果怎么样？”

“哦，老天！我不知道。糟透了。我一切就绪，再过两分钟就要做总结陈词了，结果原告的律师，里斯伯格，传进那个疯疯癫癫的清洁女工，拿着一堆床单做证据——上面全是臭虫印。老天啊！”

“那么后来怎么样了？你输了？”灰白头发的男人问道，又吸了一口烟。

“你知道法官席上坐的是谁？维多利奥大娘。我死也搞不懂那个家伙跟我到底有什么过不去的。我嘴还没张他就给我劈头盖脸来一顿。跟那样的家伙你没法说理。不可能。”

灰白头发的男人转过头去看那个女孩在干吗。她已经拿起烟灰缸，放在他们俩中间了。“那你输了，还是怎么说？”他对着话筒说道。

“什么？”

“我说，你是不是输了？”

“是的。我本来要告诉你的。派对上太闹了，我没机会说。你觉得二老板会大发雷霆吗？倒不是说我他妈在乎他会怎么样，不过你觉得呢？你觉得他会吗？”

灰白头发的男人用左手在烟灰缸边缘蹭了蹭香烟灰。“我不认为他非大发雷霆不可，阿瑟，”他平静地说道，“不过，他因此而欢天喜地的可能性恐怕也是不大的。你知道我们代理这三家该死的旅馆有多久了吗？斯坦利老头亲自开创了整个——”

“我知道，我知道。二老板告诉我至少五十遍了。这是我这辈子听到的最最美妙的故事之一。是啊，我是输了那场倒霉官司。可这压根儿不是我的错。首先，那个疯子维多利奥整个审判过程都在给我下套。还有那个白痴清洁女工干脆开始展示全是臭虫印的床单——”

“没人说是你的错，阿瑟，”灰白头发的男人说道，“你问我二老板会不会大发雷霆。我不过就是给你一个坦白的——”

“我知道——我知道那……我也不知道。管他呢。反正我也可能要回军队了。我跟你说这事了吗？”

灰白头发的男人再次把头转向女孩，也许是想让她看看，自己此刻的表情是如何克制忍耐，甚至有点苦行僧的味道了。可是女孩错过了没看到。她的膝盖刚把烟灰缸给碰翻了，她正赶紧用手指把散落的烟灰撮成一个小堆。她抬眼看他时刚好慢了一秒钟。“没有，你没说过，阿瑟。”他对着话筒说。

“是啊。我可能会的。我还不知道。我自然不是巴不得要去，能不去我也就不去了。不过我说不定只能去。我还不知道。至少，那是一种解脱。如果他们还我那顶小头盔、我那张又宽又大的写字桌，还有我那顶可爱的大蚊帐，也许就不会——”

“我真想往你那脑袋瓜里塞点理智进去，小伙子，**我真**想那么干来着，”灰白头发的男人说道，“照说你他妈的——你也算是一个聪明人哪，怎么说话完全像个孩子。我说的都是心里话。你让一些微不足道的小事滚雪球似的越搞越大，以至于把你的脑子他妈的全撑满了，搞得你完全不能胜任随便——”

“我早就该离开她的。你知道吗？去年夏天我就该做个了断了，当时我这个雪球是真滚得厉害——你知道吗？你知道我为什么没有这么做？你想不想知道我为什么没有？”

“阿瑟，看在上帝的**分上**。说这些一点儿用都没有。”

“等一等。让我告诉你为什么！你想知道我为什么没有？我可以告诉你到底是为什么。因为我替她感到难过。真相就这么简单。我替她感到难过。”

“这个嘛，我不知道。我是说我无权发表意见，”灰白头发的男人说道，“不过在我看来，有件事你似乎忘了，那就是琼安妮是个成年女人。我不知道，不过在我看来——”

“成年女人！你疯了吗？她是个成年的**孩子**，看在老天的分上！你听我说，我正要刮胡子——听我说呀——我正要刮胡子，突然之间她从公寓最远的一头喊我。我就得去看看什么事——就是胡子刮到一半的时候，我那张倒霉的脸上全是泡沫。你知道她是要什么？她是要问我，我是不是觉得她有个聪明的脑袋。我对天发誓。她是**不可救药**了，我告诉你吧。她睡着的时候我会看着她，我知道我在说什么。相信我。”

“嗯，这事儿你应该了解得比——我是说我无权发表意见，”灰白头发的男人说，“问题是，他妈的，你根本没做任何有建设性的事来——”

“我们俩的结合是个**错误**，就这么回事。说穿了就这么回事。我们的结合是错到家了。你知道她需要什么吗？她需要一个话不多的大个子，隔一阵就过来把她一拳揍晕过去——然后回去继续把报纸看完。她需要的就是这个。我对她来说他妈的太软弱了。我们结婚的时候我就意识到这点了——我对天发誓是这样。我是说，数你聪明，你从来没结过婚，不过人们结婚前，脑子里偶尔会闪过一些念头，预见到婚后的情景。我忽略了这一点。我把我那么多他妈的念头全都忽略了。我太软弱了。整个事情说到底就是这么回事。”

“你不是软弱。你只是不动脑子。”灰白头发的男人说道，从女孩手里接过一根新点的烟。

“我当然是软弱！我当然是软弱！他妈的，我是不是软弱我自己清楚！如果不是我软弱，你以为我还会让所有的事都弄到——啊，说这些有什么用？我当然是软弱。上帝啊，我让你一整夜没法睡觉了。你干吗他妈的不摔我电话呢？我是说真的。你就把我的电话挂上得了。”

“我不会挂你电话的，阿瑟。我想帮你，只要我的能力允许，”灰白头发的男人说，“事实上，你是你自己最大的——”

“她不尊重我。她甚至都不爱我，看在上帝的分上。基本上——说到底——我也不再爱她了。我也不知道。我爱，也不爱。总在变。总在摇摆。老天啊！每次我下定决心要采取行动了，然后我们出去吃饭，因为一件什么事，我们约好在什么地方见面，她戴着那副该死的白手套，还是别的什么的，走进来。我也不知道。或者我想起我们第一次开车去纽黑文看那场普林斯顿球赛。刚开下林荫大道，一只车胎就瘪了，天气冷得见鬼，然后她打着手电，我就修那该死的轮胎——你知道我的意思吧。我也不知道。或者我就开始想——老天啊，真是丢人——我就开始想我们刚开始交往时我寄给她的那首该死的诗：‘玫瑰是我的肤色又如白玉，美丽是嘴唇而我的眼睛碧绿。’老天啊，真是丢人——这诗以前总让我想起她。她的眼睛不是绿色的——她那双眼睛就像他妈的海贝壳，看在老天的分上——可是这诗还是让我想起她……我也不知道。说这些又有什么用呢？我快疯了。把我电话挂了吧，你干吗不挂？我是说真的。”

灰白头发的男人清了清嗓子，说道：“我完全没想挂你的电话，阿瑟。只有一件——”

“她有一回给我买了一套西装。用她自己的钱。我跟你说过吗？”

“没有，我——”

“她径直走进特里普勒时装店，我想是那家，买了下来。我甚至都没跟她一起去。我是说，她还是有一些他妈的好的地方。可笑的是，这衣服还真合身呢。我只需要臀围那里收小一点——我说是裤子——还有长短。我是说她还是有些他妈的好的地方的。”

灰白头发的男人又听了一会儿。然后，他突然转向那女孩。他对她看了一眼，虽然只是那么一瞥，但已经充分告诉她电话那一头突然发生了什么。“我说，阿瑟。听着。这样没有任何好处，”他对着话筒说，“这样没有任何好处。我是说真的。喂，听着。我这么说可是诚心诚意的。你脱掉衣服，然后上床睡觉，像个男人样，好不好？放松一下？琼安妮说不定过两分钟就到家了。你也不想她瞧见你这副样子吧，是不是？该死的艾伦伯根两口子没准会跟她一起闯进来。你总不想让那么多人看到你这副样子吧，是不是？”他侧耳听着。“阿瑟？你听见我说什么了吗？”

“上帝啊，我害你一夜没睡。我不管做什么事，我总是——”

“你**没有**害我一夜没睡，”灰白头发的男人说道，“快别这么想了。我不是跟你说了嘛，我每晚平均也就睡四个小时。我**想做**的是，话说回来，就是帮帮你，只要我的能力允许，小伙子。”他侧耳听着，“阿瑟？你在那儿吗？”

“是的。我在。我听着。反正我已经害得你一夜不睡了。我能上你那儿去喝上一杯吗？你看行吗？”

灰白头发的男人把身子坐坐直，没拿电话的那只手心按在头顶上，说：“现在吗？你的意思是？”

“是啊。我是说如果你可以的话。我只待一分钟。我只是想在什么地方坐上一坐——我也不知道。这样行吗？”

“行啊，不过问题是我觉得你不应该那样，阿瑟，”灰白头发的男人说，同时把按在头顶上的手放下来，“我的意思是你来我再欢迎不过，可我确实觉得你应该坐坐好，放松自己，等着琼安妮飘进家门。我真是这样觉得。**你**要做的就是，在她飘进来的时候你人在家等着。我说得对不对？”

“是啊。我也不知道。我对天发誓，我不知道。”

“那么，我是知道的，我确实知道，”灰白头发的男人说，“听着。你干吗不现在就跳上床去，放松一下，过一会儿，如果你想的话，就给我打个电话。我的意思是如果你想跟人说话的话。还有千万**别着急**。这是最重要的。听到我的话吗？现在你能这么做吗？”

“好吧。”

灰白头发的男人把话筒在耳朵边继续放了一会儿，然后放回到机子上。

“他说什么来着？”女孩等不及地问他。

他把他那根烟从烟灰缸里拣出来——也就是说，从一堆吸过和吸了一半的烟头中挑出来，长长地吸了一口，说：“他要过来喝一杯。”

“天哪！你是怎么说的？”女孩说道。

“你不是听到我的话了嘛，”灰白头发的男人说，眼睛看着她，“你听得见我说话。不是吗？”他把烟掐灭了。

“你刚才真是厉害。绝对了不起，”女孩说，盯着他看，“天哪，我感觉跟条狗似的！”

“嗯，”灰白头发的男人说道，“这局面是挺棘手。我倒没觉得自己有多了不起。”

“你是了不起。你真是厉害，”女孩说，“我都**瘫**了。我绝对是**瘫**了。你瞧瞧我！”

灰白头发的男人看着她。“嗯，说实话，这局面没法弄，”他说道，“我是说整个事情太离奇了，甚至都不是——”

“亲爱的——对不起，”女孩飞快地说，一面身子往前倾，“我觉得你是**着火**了。”她用几根手指在他手背上很快地干脆地拂了一下。“哦，没有。只是一点烟灰。”她身子靠了回去。“不是的，你刚才真了不起，”她说，“上帝啊，我绝对是感觉跟条**狗**似的！”

“嗯，局面确实是非常非常棘手。那家伙明显是在经受一场绝对的——”

电话铃突然响了。

灰白头发的男人说了声“老天啊”，但不等铃响第二次他就拿起了话筒。“喂？”他对着话筒说。

“是李吗？你睡着了吗？”

“不，没有。”

“听着，我只是寻思你会愿意知道。琼安妮已经闯进门了。”

“什么？”灰白头发的男人说，左手搭在眼睛上方，虽然灯是在他的身后。

“是啊。她刚刚闯了进来。我跟你通话后不到十秒钟。我只是觉得趁她上厕所该给你去个电话。听着，真是万分感谢，李。我是说真的——你知道我是什么意思。你还没睡着吧，啊？”

“没，没有。我正要——没有，没有。”灰白头发的男人说道，手仍然搭在眼睛上方。他清了清嗓子。

“是的。事情明显是这样的，莱昂娜喝得烂醉，然后便他妈的大哭了一场，鲍勃就叫琼安妮跟他们一起出去上哪儿喝一杯，定定神。**我**是不知道。**你**知道的。乱成一团。反正，她也回家了。真是瞎胡闹。说实在的，我想都是因为这该死的纽约。我想，如果一切顺利，我们没准会在康涅狄格州给自己找一块小地方。倒不一定非得特别远，只要远得让我们能他妈的过正常生活就行了。我是说她非常喜欢花花草草什么的。要是她能有一个自己的他妈的花园什么的她没准儿会乐疯的。知道我的意思吗？我是说——除了你——我们在纽约认识的不都是一群疯子吗？就算是正常人也迟早会给毁了的。知道我的意思吧？”

灰白头发的男人没有回答。挡在手掌后面的一双眼睛闭着。

“反正我准备今天晚上跟她谈谈这事儿。或者，也许明天。她还有些醉。我是说她根本上还是个非常不错的孩子，如果我们**有**机会把我们之间的事情理理顺，那么至少该试一试，否则我们岂不是他妈的太蠢了。既然这样了，我也打算把那件倒霉的臭虫案子理理顺。我一直在考虑。我刚才在想，李，你觉得怎么样，如果我亲自进去跟二老板谈一谈，我可能——”

“阿瑟，如果你不介意的话，我很想——”

“我是说我不想让你觉得我重新打电话给你什么的是因为我**担心**我那份该死的工作什么的。我不是的。我是说基本上来说，看在老天的分上，我是真的不在乎。我只是想，要是我不费什么心思就能把二老板的事摆平，那我要是不去做岂不是他妈的傻到——”

“听着，阿瑟，”灰白头发的男人打断了他，一面把手从脸上移开，“我突然觉得头疼得要命。我也不知道这该死的头疼是怎么来的。我们就先谈到这里好不好？明天早上咱们再谈——行吗？”他又听了片刻，然后挂上电话。

女孩又等不及地跟他说话，可是他没有回答。他从烟灰缸里捡起一根点燃的香烟——是那女孩的——开始往嘴边送，但香烟从他手指间滑了下来。女孩想帮他拾起来，别烧到什么，但他却告诉她**坐着别动**，看在老天的分上。女孩抽回了自己的手。

德·杜米埃-史密斯的忧伤年华

假如这样做确实有任何意义——眼下还一点儿都想不出来——我觉得自己也许想用这篇故事，且不管它有多少价值，尤其有些部分是否还有一丁点儿的粗鄙——来纪念我那位已故的继父，粗鄙的罗伯特·阿加德加聂尔——大家都管他叫小鲍比，连我也是这么叫他——他一九四七年死于脑血栓，当然不能说毫无遗憾，但确实没一句抱怨的话。鲍比爱冒险，充满魅力，为人慷慨。（这么多年我一直强忍着不把这些美好的字眼儿用在他身上，这会儿觉得天塌下来也得一股脑儿地用上。）

我的父母一九二八年冬天离婚，那时我八岁，母亲这一年暮春嫁给鲍比·阿加德加聂尔。一年后，华尔街金融危机，鲍比和母亲顷刻间一无所有，不过到底还有一番柳暗花明。反正这么说吧，鲍比几乎一夜间从一个完了蛋的证券经纪人，一个武功全废的锦衣玉食者变成了美国独立艺术展馆及美术馆协会的经纪人兼鉴定师，虽然未必够格，但已然干劲十足。几个星期之后，一九三〇年初，我们这个三人组合从纽约搬到巴黎，更有利于鲍比在他的新行当大显身手。我当时十岁，即便算不上心冷如铁，至少也够酷，我自己觉得，那么大的一个转变并没有给我留下什么心理创伤。倒是九年之后重回纽约那一次，那是在我母亲去世三个月之后，我被击倒了，是重重的一击。

鲍比和我刚到纽约后的第一还是第二天，发生了一件事，我至今记得清清楚楚。我站在一辆挤得满满的公共汽车上，沿着列克星敦大街行驶。我抓着司机座边上的一根珐琅杆，跟我后面一个家伙屁股贴着屁股。连着好几站，司机对我们这些挤在前面的乘客重复一个简短的命令："往车厢里面走。"有几个人试着挪了几步，也有一些没理他。最后，正好一个红灯，这个烦躁的家伙在椅子上一转身，抬头看着我，我正站在他身后。十九岁的我不戴帽子，黑头发，剃个欧洲大陆式样的平头，说不上有多干净，脑门凸起足有一英寸。司机压低声音，几乎是小心翼翼地跟我说话。"行了，伙计，"他说，"把你那屁股挪一下吧。"我想问题主要出在"伙计"这个词上。我甚至懒得稍微弯一下腰——我是说我懒得像**他**那样做出给人留面子和**品位高雅**[12]的姿态——我用法语告诉他，他是一个粗俗、愚蠢、专横的白痴，别提让我多恶心了。然后，我几乎是扬扬自得地向车厢后面走去。

情况越来越糟糕。一天下午，大约是一周以后，我从利兹宾馆里出来，鲍比和我正无限期地住在那里，一时间我感觉好像纽约所有公共汽车上的座位都被卸下来，排在大街上，一场巨型的抢椅子游戏正在全力进行中。要是曼哈顿的教会给我发一道特许令，保证在我坐下前其他所有人都会有礼貌地站着，那么我也许还真会愿意参加这个游戏。但是很显然，不会有这样的特许令，于是我只能自己直接行动。我祈祷这个城市变得空无一人，只剩下我一个人——一——个——人：全纽约就属这个祈祷几乎从来不会被弄丢或是耽搁，顷刻间只要我碰到的东西一律变成结结实实的孤独。每天上午到下午三四点之前，我去四十八大道和列克星敦大街上的美术学校上课——是亲自去。我讨厌这个学校。（我和鲍比离开巴黎的前一个礼拜，我在由弗莱堡美术中心举办的全国少年美术展上得了三个一等奖。来美国的船上，我在特等客舱里照镜子，越看越觉得自己长得跟艾尔·格列柯[13]像是一个模子里刻出来的。）每周有三个下午，放学后我就得去看牙医，几个月的时间里，我拔了八颗牙，三颗是门牙。另外两个下午我在美术馆里转悠，大都在五十七大道上，我就差没大声嘘那些美国作品了。傍晚一般是用来看书。我买了全套的“哈佛经典名著”系列——主要是因为鲍比说我们的套间里没地方放这些书——我有点变态地把五十本名著读了个遍。晚上我几乎雷打不动地在我和鲍比合用的卧室里竖起我的画架，在两张单人床之间，然后画画。我一九三九年的日记里写着，我在一个月里画了十八幅油画。值得一提的是，其中十七幅是我的自画像。不过，有时候可能是我的缪斯在捣乱，我也会收起颜料，画些卡通漫画。有一幅我现在还留着。上面是一个男人张开的洞穴般的大嘴，他正在看牙医。他的舌头干脆就是一张一百美元，一旁的牙医用法语忧伤地说：“臼齿可以保住，但是舌头恐怕只能拿掉了。”这幅画我那时喜欢得不得了。

作为同屋，我和鲍比的关系就像，怎么说呢，一个哈佛的老生和一个剑桥的报童，老生别提有多宽容，报童则别扭得不行。

随着时间的流逝，我们逐渐发现我们俩一起爱着一个已经不在了的女人，但这同样无济于事。事实上，这个发现让我们之间形成了一种阿方索式的“**您**先请”[14]的关系，别扭得很。在浴室门口撞上的时候，我们开始彼此交换起活泼的笑容。

一九三九年五月的某个星期，大概是我和鲍比住进利兹宾馆后的第十个月，我在一份魁北克的报纸上（我一口气订了十六种法语报纸和杂志，这是其中之一）看到一个占了四分之一栏的招聘广告，是蒙特利尔一所美术函授学院的校长登的。广告建议所有符合要求者立即申请这个教员职位——事实上，广告的原话是“怀着十二万分的**热情**诚邀合格者应聘”——这是一所加拿大最新、最前卫的美术函授学院。广告申明应聘者得熟练掌握法语和英语，而且只有生活节制、品行端正者方可应聘。“古典大师之友”[15]夏季课程将于六月正式开学。应聘者要附上自己的代表作品，必须包括学院风格和商业风格两类，寄给**校长**I.尤申拓先生，前东京皇家美术学院院长。

我觉得自己实在太合格了，立马从鲍比的床底下拿出他的赫尔墨斯小型打字机，给尤申拓先生洋洋洒洒写了一封长信，用的是法语——为此把列克星敦大街美术学校上午的课都翘了。第一段就写了得有三页纸，简直一气呵成。我说自己今年二十九岁，是奥诺勒·杜米埃[16]的侄孙。我说我妻子不久前去世，我便离开法国南部的庄园，搬来美国——临时的，这要说清楚——和一个体弱多病的亲戚住在一起。我说自己一直都在画画，很小的时候就开始画了，但是，因为听了毕加索的建议，我从来没有办过画展，毕加索是我父母的故交挚友之一。不过，我有好几幅油画和水彩画现在就挂在巴黎最有身份的几户人家里，当然不是**暴发户**[17]。这些画已经**获得**眼下说话最有分量的一些评论家的相当关注。我接着说，随着我妻子患**溃疡性癌症**不幸早逝，我还真考虑过从此不再握笔作画了。但是最近的一些经济问题迫使我改变**初衷**。我说我会**第一时间**给巴黎的经纪人写信，让他们把我的一些作品寄过来，一旦收到，我会**立即**寄往“古典大师之友”，并对此深感荣幸。落款是“后辈小生，**让·德·杜米埃－史密斯**”。

我选这个假名花的时间，几乎跟写这封信差不多。

信写在包装用的纱纸上，但我把信装在利兹宾馆的信封里。我在信封上贴了一张快递邮票，是在鲍比的顶格抽屉里找到的，然后拿下楼，投在大厅的总信箱里。半路上我跟负责收发信件的宾馆职员（这人毫无疑问非常讨厌我）打了个招呼，让他留心寄给杜米埃－史密斯的信。接着，大约两点半的时候，我溜进四十八大道美术学院里的解剖课，一点四十五开始的。我头一次觉得班上的同学看着还算挺有人样的。

接下来的四天，我用所有的课余时间，加上本来不完全属于我自己的时间，画了大概不止一打的样画，按我自己觉得典型的美国商业画风格。大多数是淡水彩，但偶尔为了露一手，我也来点儿素描：我画穿着晚装的人从高级轿车里钻出来，出席首映式——苗条、挺拔、超级时髦的一对对男女，显然一辈子从来不曾因为忽视腋下清洁而给别人带来痛苦——事实上，这些男女也许根本就没有腋窝；我画皮肤晒成棕色、身材魁梧的年轻人，穿着白色的晚礼服，坐在白色的餐桌边，身旁就是松绿色的游泳池，他们正兴高采烈地互相祝酒，举着高杯酒，是正流行的黑麦威士忌，虽然价格便宜；我画脸蛋红扑扑、天生该上广告牌的小孩，快乐健康得不能自已，高举着空碗，好声好气地要求再来份早饭；我画嬉笑着的大胸脯姑娘，玩着滑水板，什么烦恼都没有，盖因她们受到充足的保护，诸如牙龈流血、脸上长粉刺、头发难看、人寿保险有问题或者保得还不够这一类的全民性烦恼，统统落不到这些姑娘头上；我还画家庭主妇，除非搞到称心的肥皂，否则她们会任由自己蓬头垢面，仪态尽失，孩子不听话，丈夫没感情，两只手皮肤粗糙（虽然手指挺细），厨房乱七八糟（大倒是大）。

这些样画完成之后，我立即把它们寄给尤申拓先生，还有大概半打左右非商业风格的作品，是我从法国带过来的。我还夹了一张纸条，尽量用漫不经心的口吻，只是给一个极其感人的小故事开了个头，讲述我是如何独自一人，历尽各种磨难，最终到达白雪皑皑、高处不胜寒的事业顶峰，走的完全是最纯正的浪漫主义传统道路。

接下来的几天我简直坐立不安，不过没出一个星期，尤申拓先生来了一封信，接受我为“古典大师之友”的教员。信是用英语写的，尽管我的信用的是法语。（我后来得知尤申拓先生只会说法语，不会英语，但不知出于什么原因，把回信的事派给了尤申拓太太，她会一些基本的英语。）尤申拓先生说夏季班可能是全年最忙的，六月二十四日开课。他指出，这样的话我有大概五个星期的时间，可以用来处理完自己的事务。对于我最近情感和经济上的挫折，他则表达了无限的同情。他希望我能安排自己在六月二十三日，星期天，到“古典大师之友”报到，以便熟悉我的工作，并与其他教员们结为“挚友”（我后来才知道，所谓其他教员一共有两个，就是尤申拓先生和尤申拓太太）。学校的政策不允许预支交通费，对此他深表遗憾。起薪为二十八美元一周——这数目算不上大，尤申拓先生说他明白这一点，但考虑到学校提供住宿和营养丰富的膳食，加上他在我身上感觉到一股真正的职业精神，他希望我不至于因为起薪微薄而沮丧。他热切期待我发去正式接受此职位的电报，并愉快地期待我的到来，落款是我真诚的新朋友、新雇主，I. 尤申拓，前东京皇家美术学院院长。

我正式接受此职位的电报五分钟之后发出。奇怪的是，我一时激动，或者也很可能是因为用鲍比的电话发电报有点儿罪恶感，我竟然刻意约束自己的文风，电报一共只写了十个字。

那天傍晚七点，我像往常一样跟鲍比在椭圆餐厅里碰头吃晚饭。我看到他带了个客人，心里不由烦得慌。我最近的这些课外动作跟他一个字也没提过，连暗示都没有，我正急不可待地要向他宣布这个已经敲定了的惊人消息——就我们两个人的时候。那位客人是个长相出众的年轻女人，刚离婚几个月，鲍比最近常跟她见面，我也在好几个场合见过她。她整体来说不乏魅力，还努力对我表示友好，试图温柔地卸下我的武装——或者至少是我的头盔——我把她的这些表示一概理解为邀请我第一时间跟她上床的某种暗示——就是只要鲍比稍有不备的时候，毕竟鲍比对她来说年纪太大了。整个晚饭期间我都充满戒备，很少说话。最终，在喝咖啡的时候，我三言两语把这个夏天的计划讲了一下。等我说完，鲍比提了几个正中要害的问题。我冷冷地做了回答，超级简短，一副嫡传皇太子无可指摘的模样。

“哦，听起来**真有**意思！”鲍比的客人说，放荡地等着我从桌子底下把自己在蒙特利尔的地址塞给她。

“我以为你要跟我一起去罗得岛。”鲍比说。

“哦，亲爱的，你别这么扫人家的兴嘛。”X夫人对他说。

“没有，我只是想再多了解一点儿情况。”鲍比说。但我自以为看他的样子就知道他脑子里在想什么，他已经在琢磨怎么把已经预订的去罗得岛的火车包厢改成下铺票了。

“我倒觉得这是我这辈子听到过的最好玩、最了不得的事呢。”X夫人热情地对我说。她的眼睛闪着堕落的邪光。

那个星期天，我踏上蒙特利尔温莎车站的站台，穿一件双排扣的米色华达呢西服（我对这件衣服是真他妈情有独钟），里面一件藏青色的法兰绒衬衫，系一根鲜黄色的棉领带，棕白相间的皮鞋，头戴巴拿马帽（是鲍比的帽子，我戴着嫌小），加上一撇红棕色的小胡子，蓄了有三个礼拜。尤申拓先生在车站等我。他个头很小，不到五英尺高，穿一件脏兮兮的亚麻西服，黑皮鞋，戴一顶毡帽，一圈帽檐往上翘着。我们握手的时候，我记得他既没笑，也没**说话**。他的表情可谓**高深莫测**——我用的这个词直接来自萨克斯·洛莫的傅满洲[18]系列的法语版。我自己却是不由自主地把嘴巴咧得老大，想笑小点儿都不行，更别说绷着不笑了。

从温莎车站到学校，坐公共汽车大约走了几英里的路。尤申拓先生一路上说了也不知有没有五个字。尽管如此，我的嘴巴就没停过，也可能是因为他的沉默我才说个没完，一只脚的脚脖子架在另一条腿的膝盖上，手心一冒汗就往袜子上抹。我迫不及待地把之前那些谎言反反复复说了好几遍——包括我跟杜米埃的亲戚关系，我的亡妻，我在法国南部的小庄园——而且还好一顿添油加醋。最后，为了让我自己别再纠结于这些痛苦的回忆（还**真**开始有那么点儿痛苦了），我把话题转移到我父母最要好的老朋友——毕加索身上。我管他叫**“可怜的毕加索”**[19]。（我之所以选毕加索，是因为我觉得他是美国最出名的法国画家。我根本就是把加拿大算作了美国的一部分。）我回忆起自己曾多少次对毕加索说：**“毕加索先生，您要去哪里？”**[20]而这位大师，每次听到这个穿透力十足的问题，都会慢慢地、步履沉重地走到他工作室的另一头，去看他那幅《杂技演员》的小型复制品，曾经的辉煌如今焉在？我刻意渲染自己对这位昔日巨擘的满腔同情，也是要让尤申拓先生长点儿见识。我们下车的时候，我跟尤申拓先生说，毕加索的问题在于，他从来不听别人在说什么——哪怕是他最亲密的朋友。

一九三九年的“古典大师之友”位于凡尔登，蒙特利尔最不起眼的一个地方，在一幢毫无特色的三层小楼的二楼——实际是幢公寓楼。学校楼下是一家矫形器材店。“古典大师之友”包括一个大房间和一个没有插销的狭小厕所。不过话说回来，我一进屋还是觉得整个地方看起来相当对胃口。这里面是有原因的。“教员室”的墙壁上挂了很多镶框画——全是水彩画——作者即尤申拓先生本人。直到现在，我还时不时在梦里看到一只白雁飞过淡蓝色的天空，大雁的羽毛映射出淡蓝的天光，也可能是天之蓝的神韵——那是我见过的最大胆、最精湛的画匠手艺之一。那幅画就挂在尤申拓太太的桌子后面。就是这幅画成就了这个房间——还有另外一两幅跟它质量相当的画。

我和尤申拓先生走进教员室的时候，尤申拓太太正拿着一把短柄扫帚在扫地，她穿一件漂亮的黑樱桃色的丝质和服。她头发花白，比她丈夫高了有一个头，五官更像马来人，而不是日本人。她停下手里的扫把，迎了上来，尤申拓先生简单地给我们做了介绍。我觉得她看上去就跟尤申拓先生一样**高深莫测**，几乎还要更胜一筹。接着，尤申拓先生提出带我去看我的房间，他解释（用法语）那是他儿子的房间，最近刚腾出来，因为他儿子去了不列颠哥伦比亚省的一个农场干活。（他在汽车上那样半天不吭声，这会儿能听到他说几句连贯话，我满心感激，一副听得兴高采烈的样子。）他开始为他儿子的房间里没有椅子向我道歉——只有放在地板上的垫子——但我立马要他放一百个心，还说没有椅子我才求之不得呢。（事实上，我想我的原话是我对椅子深恶痛绝。我太紧张了，如果他当时跟我说他儿子的房间白天黑夜都浸着一英尺深的水，我没准儿也会高兴地“啊”一声。没准儿我还会说我有一种特殊的脚病，需要每天在水里泡上八小时呢。）接着，他带我爬上一架嘎吱作响的木梯子，来到我的房间。半途中我毫不含糊地告诉他，我是个佛门弟子。后来我发现，他和尤申拓太太都是基督教长老会的信徒。

那天晚上半夜，我醒着躺在床上，尤申拓太太的日本—马来亚晚饭还盘在我的胸口，一大坨忽上忽下，跟坐电梯似的。这时我听到也不知是男的还是女的尤申拓，开始在梦里呻吟起来，就隔着一堵墙。呻吟声尖而细，时断时续，听起来不像是成年人发出的，更像一个发育不太正常的可怜的婴儿，或者一只畸形的不知什么小动物。（这呻吟成了每晚必演的节目。我始终没能搞清楚是尤申拓夫妇中的哪一位，更别说为什么了。）躺着听这声音变得无法忍受，我爬下床，穿上拖鞋，摸黑走到垫子边，在其中一个垫子上坐了下来。我盘腿坐了几个小时，一个劲儿地抽烟，在拖鞋面上掐灭烟头，再放进我睡衣胸前的口袋里。（尤申拓夫妇不抽烟，房间里到处都没有烟灰缸。）我大概早晨五点左右才睡着。

六点半，尤申拓先生敲我的门，告知六点四十五分吃早饭。隔着门，他问我晚上睡得怎么样，我回答：**“好！”**[21]然后我开始穿衣服——套上我的蓝西服，我觉得开学第一天教员穿西服会比较得体，系一条红色的苏尔卡领带，是我妈给我的——也没洗漱，就冲下楼，进了尤申拓夫妇的厨房。尤申拓太太站在炉前，正在做鱼。尤申拓先生穿着BVD内衣和长裤，坐在饭桌前，看一份日本报纸。他冲我点点头，不置可否的样子。他们俩看上去都**高深莫测**到了极点。很快，一盘不知什么鱼被端到我的面前，盘子边上依稀可见一丝凝结住的番茄酱。尤申拓太太用英语问我——她的口音出人意料地悦耳——我是不是更想要个鸡蛋，但是我说：**“别，别，夫人——谢谢！”**[22]我说我从来不吃鸡蛋。尤申拓先生把报纸靠在我的水杯上，我们三个在一片寂静中吃着早饭——应该说，他们在一片寂静中吃着早饭，我则是在一片寂静中做着机械的吞咽活动。

早饭后，尤申拓先生就在厨房里套上一件没有领子的衬衫，尤申拓太太解下围裙，然后我们三个多少有些尴尬地排着队下了楼梯，走进教员室。尤申拓先生宽大的写字台上乱七八糟地摞着一打多的马尼拉纸信封，很大，鼓鼓囊囊的，全都没打开。在我眼里，它们看上去就像一群头发梳得油亮齐整的新生。尤申拓先生领我到我的桌子前，在房间的另一头，孤零零的一角，让我坐下。随后，他打开几只信封，尤申拓太太站在他边上。他和尤申拓太太两人似乎很有条理地在给这些信分类，不时互相商量几句，是用日语。而我则坐在房间的另一头，蓝西装加红领带，努力让自己看上去既机灵又耐心，而且，多少还得显得是这个组织不可或缺的一员。我从里面夹克的口袋里掏出一把绘图铅笔，是我从纽约带来的，然后把它们一支支放在桌上，弄出很大的声响。尤申拓先生有一次不知为什么朝我看了一眼，我赶紧冲他绽放一个灿烂的笑容。然后，他们俩突然在各自的桌子前坐了下来，开始工作，既没对我说一句话，也没朝我看一眼。那时大概是七点半。

九点左右的时候，尤申拓先生拿下眼镜，起身轻轻地走到我桌子边上，手里拿着一摞纸。我大约有一个半小时什么也没干，专注于努力让自己的肚子别叫得太响。见他走近，我立即站了起来，稍稍弓着腰，怕自己高太多，显得不尊重。他把手里的一摞纸递给我，问我是否可以把他写的法语评语翻译成英语。我说：**“是，先生！”**[23]他微微一鞠躬，又轻轻地走回到自己的桌子边。我把我的一把绘图铅笔推到桌子边上，拿出水笔，开始埋头——

几近心碎地——工作。

像许多真正优秀的艺术家一样，尤申拓先生教绘画一点儿也不比一个一般的艺术家好到哪里去，只要那个一般的艺术家有点儿教书的天分就行。他实事求是的修改——就是在学生的画作上蒙一张透明纸，然后在透明纸上修改学生的画——加上他在画作背后写的文字评论——他确实可以教一个多少有点儿绘画天分的学生怎么画一头一眼就能认出来的猪，关在一个一眼就能认出来的猪圈里，或者甚至是一头生动别致的猪，关在一个生动别致的猪圈里。但是，他再也别想教任何人怎么画一头美丽的猪，关在一个美丽的猪圈里（而他那些程度稍好些的学生打开回信时，最渴望领受的赐教无非就是这个小小的技巧）。不过我得补充一句，他并非有意或者无意地吝啬于分享他的才能，或者故意处处留一手，而是他压根儿就不会教人画画。对我来说，这个无情的事实本身一点儿也不出人意料，所以并不至于让我乱了方寸，但确实起到某种叠加效果（考虑到我坐在什么地方），越接近午饭时间，我就越发加倍小心，不然手掌根的汗水真会把我做的翻译都给化了。偏偏尤申拓先生的字迹几乎难以辨认，就好像这一切还不够糟糕透顶似的。总之，午饭时间一到，我拒绝了尤申拓夫妇一起用餐的邀请。我说我得去趟邮局。然后我几乎是奔下楼梯，一头冲到大街上，快步疾走，完全不顾方向，穿过一条条陌生而破败的街道，仿佛是走在一个迷宫里。路过一家午餐酒吧，我径直走进去，一口气吞下四根科尼红肠热狗、三杯浑浊的咖啡。

回“古典大师之友”的路上，我心里犯起嘀咕，一开始只不过是有点儿灰心丧气，这种感觉不陌生，凭经验我多多少少也知道怎么应付，但是随后我想到尤申拓先生整个早上就让我做翻译，这其中是不是有点儿**针对我**的意思。难道这个老傅满洲打一开始就看穿了我那些障眼法和小动作，就知道我是个嘴上长毛的十九岁的臭小子？一想到有这种可能性，我简直就受不了。而且我心里也慢慢地有些愤愤不平。我这样一个人——获过三次一等奖，又是毕加索的密友（我当时还真开始觉得自己**就是**毕加索的密友了）——竟然被当作翻译来用。就算我有罪，也罪不至此。就说我的胡子吧，再稀稀拉拉，那也确实是我自己的胡子，又不是用胶水粘上去的。我一面匆匆往学校赶，一面摩挲我的胡子，多少感到些安慰。但是我想得越多，就走得越快，最后简直是一路小跑，就好像随时有可能会有石头从四面八方朝我扔过来。

虽然我吃中饭不过花了四十分钟的时间，但是我回去的时候，尤申拓夫妻俩都已经坐在桌子前开始工作了。他们既没有抬头，也没有任何听到我进屋的表示。我大汗淋漓，气喘吁吁，走到自己的桌子前，坐了下来。我直挺挺、一动不动地坐了十五到二十分钟，脑子里闪过各种关于毕加索的最新的逸闻趣事，以防尤申拓先生突然站起来，然后走过来揭穿我。接着，他真的突然站起来，走了过来。我也站了起来——有必要的话，我会当头给他来一段儿最新的毕加索趣闻，但要命的是，他走到跟前的时候，我才意识到我还没想好情节。于是我灵机一动，开始盛赞尤申拓太太身后挂着的那幅飞雁图。我长篇大论地夸了半天。我说我在巴黎认识一个人——是个很有钱的瘫子，我这么说的——这幅画要他出多少钱他都会愿意。然而幸运的是，尤申拓先生说这幅画的主人是他的一个表亲，那人眼下正在日本探亲。接着，我还没来得及表达我的遗憾，他就问我——称我为杜米埃－史密斯先生——是否愿意批改几幅画作。他走回自己的桌子跟前，抱起三个巨大的、鼓鼓囊囊的信封，过来放在我的桌子上。我愣愣地站在原地，一面不停地点头，一只手摸索夹克，找我已经放回去的画图铅笔。尤申拓先生向我解释了学校的授课方法（或者不如说是没有方法的方法）。他走回到自己的桌子边，我又花了几分钟才回过神来。

派给我的三个学生都是说英语的。第一个是位二十三岁的多伦多家庭主妇，自称笔名为班比·克莱莫尔，她让学校给她寄信的时候也用这个名字。所有“古典大师之友”的新生都要填写问卷表，并附上个人照片。克莱莫尔小姐寄的照片是用有光纸打印的，8英寸×10英寸，照片上的她戴着一根脚链，穿一件无带泳衣，头上扣一顶白色的帆布水手帽。在她的问卷表上，她说自己最喜欢的画家是伦布朗和迪斯尼。她说真希望有一天自己能够赶上这两位画家的水平。她的习作跟照片别在一起，更像是照片的附属品。每一张作品都很抓人，其中有一张尤其让人过目难忘。这张过目难忘的是用鲜艳的水彩画的，标题是“宽恕他们的逾越吧”。画面上一个看起来怪模怪样的水塘，三个男孩正在钓鱼，旁边一块告示牌上写着：“严禁钓鱼！”其中一个男孩的夹克搭在告示牌上。画面前方的一个男孩个子最高，看起来一只脚有佝偻病，另一只脚则像有象皮病——之所以会是这个效果，很明显是因为克莱莫尔小姐刻意想把男孩的站姿表现为两只脚微微叉开着。

我的第二个学生是个五十六岁的“协会摄影师”，来自安大略省温莎市，名叫霍华德·里奇菲尔德。他说他老婆这么多年一直紧赶着他向绘画这一行发展。他最喜欢的画家是伦布朗、萨金特和“提坦”[24]，但他又颇为深思熟虑地补充了一句，他本人无意按那些画家的风格来创作。他说他对绘画的兴趣主要是在于其讽刺的一面，而非附庸风雅的一面。作为对这一信条的说明，他交了不少原创的素描和油画。他有一幅画作——我觉得算是他的代表作吧——这么多年了，仍然让我印象深刻，就好比，这么说吧，类似《甜蜜的苏》或者《叫你一声心肝》之类的流行歌曲的歌词。这幅画要讽刺的是一个广为人知的日常悲剧：一位贞洁的年轻女子，金发披肩，双乳高耸，正遭受她的牧师的凌辱，且就在教堂里，在圣坛的阴影之下。两个人物衣衫不整的模样可谓栩栩如生。事实上，这幅画里的讽刺意味倒没怎么震撼到我，真正让我惊叹的是作者的画技。要不是我知道我这两个学生的住处隔了好几百英里，我很可能会发誓里奇菲尔德的画是从班比·克莱莫尔那里获得了某些纯技术上的支持。

我时年十九岁，除非是在非常罕见的情况下，一旦遇到什么危机，我体内的幽默感会比其他任何功能都更早地遭受局部或整体瘫痪。里奇菲尔德和克莱莫尔小姐令我百感交集，唯独没能让我感到有意思。我在批改他们作品的过程中，有那么三四次，真想站起来，然后向尤申拓先生发出正式的抗议，但是我不知道自己的抗议该采用什么样的形式。我想我是害怕自己有可能走到他的桌子边，结果只是尖着嗓子报告：“我母亲死了，我不得不跟她的好好丈夫一起住，纽约又没有一个会说法语的人，**而且你儿子的房间里连把椅子都没有**。你怎么能指望我教这两个疯子画画呢？”最后，由于常年以来训练自己要坐着承受绝望，我没有起身，还挺容易做到的。我打开了第三个学生的信封。

我的第三个学生是圣约瑟夫姐妹修道院的一名修女，名叫艾尔玛嬷嬷。她在多伦多郊外的一所修道院附属小学里教“烹饪和美术”。至于她信封里的内容，我还是**完全**不知道该从何说起。我不如先提一句，艾尔玛嬷嬷没有附她自己的照片，而是夹了一张她的修道院的全景快照，也没有一句解释的话。我还记得问卷表的学生年龄一栏她也是空着没填。除此之外，她的问卷填得，这么说吧，**这个**世上就没有哪份问卷配得上她那样的填写。她在密歇根州的底特律市出生长大，她的父亲是“福特汽车检验员”。她的教育程度是高中一年级。她没有正式学习过绘画。她说她教美术的唯一原因是某某嬷嬷过世了，然后齐默尔曼神父（这个名字给我感觉特别扎眼，因为那个拔了我八颗牙的牙医也姓齐默尔曼）——齐默尔曼神父就选了她来顶缺。她说：“我的烹饪班上有三十四个小朋友，我的美术班上有十八个小朋友。”她的兴趣是热爱她的主耶稣以及主耶稣的圣言，另外“收集落叶，只是当它们躺在地上的时候”。她最喜欢的画家是道格拉斯·邦亭。（我不妨说一句，有很多年时间我一直在到处搜寻这个画家，但始终没有结果）。她说她的那些小朋友总是喜欢“画正在跑动中的人物，那是我最不会画的”。她说她会努力学习画得更好，并希望我们别对她失去耐心。

信封里一共只有六幅她的习作。（她所有的作品都没有签名——倒不是什么大不了的事，但在当时我的学生里属于少数派，很让人耳目一新。班比·克莱莫尔和里奇菲尔德的画每一张都签了名，或者是签他们名字的字母缩写——后者往往更让人心烦。）时隔十三年，这六幅艾尔玛嬷嬷的习作我不仅全都记得清清楚楚，而且其中四幅我有时候觉得记得未免有点儿太清楚了，以至于会影响自己内心的平静。她最好的一幅是水彩画，画在褐纸上。（褐纸，尤其是包装纸，用来画画是很好很舒服的。许多有经验的画家都用过褐纸，只要不是准备画大手笔的巨著。）这幅画，尽管尺寸很小（大约10英寸×12英寸），但极其细致入微，画面描述基督正被抬往他的墓穴，位于亚利马太的约瑟的花园里。右前方两个男子吃力地抬着耶稣的尸体，看样子像是约瑟的仆人。（亚利马太的）约瑟本人就跟在他们身后——在当时的情景下，身板也许挺得有点儿太直了。约瑟的后面是加利利的女人们，和他隔着相当一段距离以示尊重，她们混在参差不齐、挤挤攘攘的人群中，有哭丧的，有看热闹的；有小孩儿，还有不下三条活蹦乱跳、毫无虔敬之意的野狗。对我来说，这幅画的主角是左前方的一个女人，**正对着**观画的人。她高举右手，拼命在向谁招手——也许是她的孩子，也许是丈夫，也许就是观画的人——示意快扔掉手头的活儿，赶紧过来。人群的前头有两个女人，头顶着光环。我手边没有《圣经》，所以只能大概猜想她们的身份。但是我立即认出了抹大拉的马利亚[25]。总之，我能肯定我认出了她。她位于画面正中，显然刻意与人群保持距离，手臂垂在身子两边。她并没有把悲伤写在脸上，这么说吧——虽然她与新亡者有着非同寻常的亲密关系，但她周身没有流露丝毫的痕迹。她的脸，跟画面中所有的脸一样，用的是便宜的、现成的肉色颜料。艾尔玛嬷嬷本人明显对这个颜色不满意到了极点，也尽了最大的努力在无人指导的情况下试图让人物脸色更柔和一些。除此之外，这幅画没有什么别的大毛病。也就是说，没什么值得一提的毛病，除非要吹毛求疵。从任何一方面来看，这都是一幅艺术家的作品，饱含极高的、井井有条的天赋，以及天知道多少小时的艰苦创作。

我最初的反应之一自然又是夹着艾尔玛嬷嬷的信封冲过去找尤申拓先生。不过我还是再次端坐着没动。艾尔玛嬷嬷有可能被夺走，我可不想冒这个险。最后，我只是小心翼翼地整理好她的信封，放在桌子的一角，兴奋地计划着当天晚上用自己的时间好好修改她的画。接着，我把那天下午的时间都用在修改R.霍华德·里奇菲尔德的（无性器官）男女裸体，作者画得既彬彬有礼又下流无耻，而我则改得很耐心，我没想到自己会有这样的耐心，甚至几乎是怀着善意。

到晚饭时间，我解开衬衫的三颗纽扣，把艾尔玛嬷嬷的信封藏进去，这样无论是小偷还是尤申拓夫妇都不可能掏了走，到底安全第一。

“古典大师之友”的晚饭程序无须费舌，雷打不动。五点三十分整，尤申拓太太从桌子边站起身，上楼准备晚饭，六点整，我和尤申拓先生——还是一前一后——上楼。绝不会节外生枝做点别的什么，无论多么重要还是出于卫生考虑。不过，那天傍晚，我的胸口被艾尔玛嬷嬷的信封温暖着，我感觉前所未有的轻松。事实上，整个晚饭期间，我出奇地活泼友爱。我即兴来了一段格外精彩的毕加索逸事，本来应该留着下雨天再说的。尤申拓先生几乎没有放下过手里的日语报纸，但是尤申拓太太看起来有点儿反应，至少不能说毫无反应。反正我讲完后，她跟我说话了，那是她自打那天早上问了我要不要来个鸡蛋之后第一次跟我说话。她问我是不是真的不想在房间里加把椅子。我赶紧说：**“别，别——谢谢，夫人。”**[26]我说地板上的垫子靠墙放着，那样正好让我有机会练习挺直背部。我站起来让她看看我的背有多弯。

晚饭后，我礼貌地告辞，尤申拓夫妇正在讨论什么话题，用的是日语，也许话题比较敏感。尤申拓先生看着我，就好像他有点儿奇怪我怎么会出现在他的厨房里，然后他点了点头，我便迅速下楼进了自己的房间。我打开顶灯，关上门，从口袋里拿出绘图铅笔，然后脱掉夹克，解开衬衫纽扣，在一个垫子上坐下来，手里拿着艾尔玛嬷嬷的信封。我把要用的东西一字摊开，便开始着手满足艾尔玛嬷嬷在艺术上的迫切需求，就这样一直忙到凌晨四点多。

我做的第一件事是画了十一二张铅笔素描。我没有到楼下教员室去拿画图纸，而是画在我自己的笔记本上，正反两面。画完之后，我写了一封长信，几乎是没完没了的一封信。

我一辈子爱积攒，就跟一只特别神经质的喜鹊似的，这封于一九三九年六月某晚写给艾尔玛嬷嬷的信的最后第二份草稿还保留着。我可以在这里一字不落地抄录下来，但是没有这个必要。信的主体部分（我是说主体）是向她指出她作品中的小问题，问题出在哪里，以及为什么会有这样的问题，尤其是色彩方面。我列举了她不能缺少的一些画家的必备工具，也附上了大概的价格。我问她谁是道格拉斯·邦亭。我问她在哪里可以看到邦亭的作品。我问她（我也知道问得离谱）有没有看过安托内罗·达·梅西纳作品的复制品。我恳请她告诉我她多大了，并且花了大量笔墨向她保证我决不会向第二个人透露这一信息。我说问她年龄的唯一原因是这将有助于我更有效地指导她。紧接着的下面一句，我就问她修道院是否允许她会客。

我想，最后那几行字（一立方英尺的篇章）应该抄在这里——句法、标点，一股脑儿地抄下来。

> ……顺便说一句，如果你会说法语，希望你能告诉我，因为我的法语表达十分流利，青少年时期一大半主要是在法国巴黎度过的。
>
> 既然你尤为关注如何画正在跑动中的人物，以便把这一技巧教授给修道院里的学生，我在信里附了几幅本人亲手绘制的草图，仅供参考。你不难发现草图系仓促成就，委实谈不上完美，几乎可谓不值一哂，但我觉得尚能示范一些你感兴趣的基本要领。不幸的是，这所学校的校长恐怕没有什么成体系的教学方法。你的水平已经相当之高，这是我深感欣慰的，但我不知道校长期待我能为其他的学生做点什么，依我之见，那些学生颇为弱智，实属蠢徒朽木。
>
> 不幸的是，本人是不可知论者；然而，我对阿西西的圣方济各怀有一定程度的钦佩，这是毋庸置疑的。在人们即将用一根通红灼热的烙铁烫他（阿西西的圣

方济各[27]）的一个眼球时，他说的那句话不知你是否也谙熟于胸？他是这样说的："火兄，上帝造你为美丽、强大而有用；我祈祷你能对我以礼相待。"依我之见，你绘画的风格与他这番话略有相似之处，可谓异曲同工。对了，我能否冒昧问一句，前景处的那位蓝衣少妇是否就是抹大拉的马利亚？当然我说的是刚跟你讨论过的那幅画。如果她不是，那我就是可悲地自欺了一场。不过，这也时常发生。

希望你能明白，只要你一天是"古典大师之友"的学生，我便一天随时待命。坦诚地说，我认为你天赋极高，你若不出几年便成长为一位天才人物，我也丝毫不会惊讶。我断不会在这件事上虚言吹捧。我向你询问前景处的蓝衣少妇是否是抹大拉的马利亚，也正缘于此。因为我觉得，如果确实如此，则你对自己新现天分的运用已经在一定程度上超过了你的宗教情怀。不过，依我之见，这也不是什么可怕的事情。

衷心祝福你享有充分、完美的健康。

心怀十二万分敬意的，

（签名）

让·德·杜米埃－史密斯

"古典大师之友"教员

又及：我差点忘了我们要求学生每两周交一次作业，星期一寄到学校。你的第一次作业能不能画一些室外写生？尽量自由发挥，不要过分紧张。当然，我不清楚你在修道院里能有多少时间用来单独画画，希望你能让我知道。我尚要恳请你务必置办我推荐的那些绘图用品，盖因我希望你能尽快开始尝试油画。请恕我直言，我深信以你蕴藏的激情，是不能无限期地只画水彩，不用油彩的。我这样说是从一种完全客观的角度出发，而非存心惹人生厌；事实上，这是一种赞赏。此外，请把你手头所有过去的习作都寄给我，我非常想看一下。不用说，在收到来自你的下一个信封之前，我将会度日如年。

再问一个希望不至于冒犯你的问题，如能回答，我将不胜感激：你对自己的修女生活十分满意吗？当然是指精神层面。坦白说，研究各种宗教是我的一种爱好，这是自从读了“哈佛经典系列”的第三十六、四十四、四十五本之后开始的，你也许也熟悉这些文本。我尤其欣赏马丁·路德，当然他是新教教徒。请不要因此而不悦。我不偏向于任何教义，只因生性如此。最后说一句，请别忘了告诉我你的会客时间，据我所知，周末我一般都可以休息，也许哪个星期六我会碰巧去离你不远的地方。如果你略通法语，也请别忘了告诉我，因为实际上我用英语表达的时候几乎是词不达意，这跟我从小所受的芜杂粗糙的教养有关。

大约凌晨三点半的时候，我走到大街上，把给艾尔玛嬷嬷的信和画作寄了出去，随后，怀着难以抑制的喜悦，我用发麻的手指脱掉衣服，一头栽到床上。

就在快要入睡前，尤申拓夫妇卧室里的呻吟声又隔着墙板传了过来。我想象一大早，尤申拓先生和他的夫人一起来找我，要求我、恳请我倾听他们的秘密，包括最小、最可怕的细节。我眼前浮现出整个场景。我们坐在厨房里，我被他们一边一个夹着，听他们说话。我双手抱头，听啊，听啊，听啊——直到我再也无法忍受，我就把手伸进尤申拓太太的喉咙里，拿出她的心，握在手中温暖它，就像温暖一只小鸟。然后，等到所有的问题都解决了，我会把艾尔玛嬷嬷的画给他们俩看，他们便会一起分享我的喜悦。

真相大白的时候往往为时已晚，但幸福与喜悦之间最大的区别就在于幸福是固体，而喜悦则是液体。那天一早，当尤申拓先生走到我桌子边，放下两个新学生的信封，我的喜悦已经开始从容器里往外漏了。我当时正在修改班比·克莱莫尔的画，挺心平气和，一面惦记着给艾尔玛嬷嬷的那封信，知道它此刻正安全地躺在邮包里。但是这世上竟然还有比班比和R.霍华德·里奇菲尔德更没有绘画天分的学生，对这样一个令人毛骨悚然的事实我实在没有任何心理准备。我感觉自己要抓狂了，便点了一根烟，这是我加入这个教师队伍之后第一次在教员室里抽烟。香烟似乎有点儿帮助，于是我继续修改班比的画。我吸了还没有三四口，就感觉到尤申拓先生在看我，虽然我根本没有抬头。接着，我听到他的椅子往后挪的声音，肯定了自己的感觉。像往常一样，我站起身迎接他的到来。他向我解释说，他本人对抽烟并没有什么意见，但是，啊呀，这个学校的政策是反对在教员室抽烟的，他还是他妈的压低嗓门跟我说的，真是烦透了。我赶紧不停地道歉，他则非常大度地一挥手，打断了我，然后走回到他和尤申拓太太的那一角。艾尔玛嬷嬷的下一个信封要等十三天以后的那个星期一才到，我怎么才能熬过这十三天而不至于发疯呢，我是真的慌神了。

那天是星期二早上。这个工作日剩余的时间以及接下来两天的工作时间我全都埋头苦干。我把班比·克莱莫尔和R.霍华德·里奇菲尔德的画一一拆开，然后重新组装，彻底改头换面。我为他们俩各自设计了几十幅不太正常的练习图，颇带侮辱的性质，但很有指导意义。我给他们写了长长的信。我几乎是在哀求R.霍华德·里奇菲尔德暂且把他的讽刺搁到一边，先过段时间看看。我竭力委婉地请求班比，能不能暂时别再画任何标题类似“宽恕他们的逾越吧”这样的画。到星期四下午，我感觉还不错，有点儿神经质，然后我开始着手处理另外两个学生。先拿起来的一个是美国人，来自缅因州的班戈市，他在问卷里洋洋洒洒、十二分真诚地说他最喜欢的画家就是他自己。他称自己是写实主义的抽象派。

至于下班时间，星期二晚上我坐公共汽车去了蒙特利尔的市中心，走进一家三流剧院，看了一场动画片，是个为期一周的动画节的节目。我所做的基本上就是目睹老鼠黑帮用香槟瓶塞轰炸一群前赴后继的猫。星期三晚上，我把房间里的垫子放到一起，把其中三个摞起来，试着靠记忆复制艾尔玛嬷嬷画的基督的葬礼。

我忍不住想说星期四晚上很特别，或者也许可以说是恐怖，不过事实上，我没有任何恰当的形容词可以用来描述星期四晚上。吃过晚饭，我离开学校，去了不知道什么地方——也许是看了场电影，也许只是走了很久，我不记得了。一九三九年那年的日记就只有这一天让我失望了，因为我寻找的那一页是完全的空白。

然而，我知道为什么那一页是空白的。不管那天晚上我去了哪里，回来的路上——我确实记得当时天已经黑了——我在学校外面的人行道上停下脚步，那家矫形器材店的橱窗里亮着灯，我探头去看。这时，发生了一件极其可怕的事。我被一个念头强行击中了：也许有一天我终于学会如何生活，但是无论我学得有多酷、多明智、多优雅，我至多只是一个参观者，而我参观的只是一个放满了搪瓷尿壶和便盆的院子，一旁立着个木头人体模型的偶像，身上拴一根打折疝带，对这个念头我当然只能忍受几秒钟。我记得自己飞奔上楼，逃进房间，然后脱掉衣服钻上床，日记本都没翻开，更别说记什么东西了。

我醒着躺了几个小时，浑身发抖。我听着隔壁房间里的呻吟声，强迫自己去想我最棒的学生。我努力想象去修道院跟她见面的一天。我看见她朝我走来——我站在一道高高的铁丝围栏后面——一个害羞、美丽的十八岁的姑娘，她还没有最后宣誓，所以还有还俗的自由，可以跟随她自己选择的彼得·阿伯拉尔[28]类型的男子。我看到我们俩慢慢地、一言不发地朝远处修道院的一方绿地走去，在那里，我突然伸手毫无邪念地搂住她的腰。这个场面太让我心醉神迷，以至于无法定格，最后，我放弃了，沉入睡眠。

星期五早上和下午的大部分时间我都努力工作，在透明纸上修改那个缅因州班戈市的学生的画，他在昂贵的亚麻布纸上画了一片森林，故意把树弄成象征阴茎的样子，我则试图把它们改成可供辨认的树。快到四点半的时候，无论是我的大脑、灵魂，还是身体，全都感觉迟钝麻木，当尤申拓先生走到我桌子边的时候，我也只是半欠着身子表示站起来。他递给我一件东西——他一副完全置身事外的样子，就跟服务员递菜单一样。这是艾尔玛嬷嬷所在修道院的女院长写来的一封信，信中通知尤申拓先生，齐默尔曼神父鉴于事态之无法控制，不得不收回允许艾尔玛嬷嬷在“古典大师之友”学习的决定。信的作者说，这一计划改变若给学校造成任何不便或困惑，她深表遗憾。并诚恳地希望学校将第一笔十四元学费退还给教区。

多年来我一直深信，那只老鼠离开火烧摩天轮的现场，一瘸一拐往家走的时候，肯定已经有了一个怎么把猫干掉的万无一失的新计划。我一遍又一遍地读那封修道院女院长的来信，然后直勾勾地盯着信不知过了多久，直到我突然摆脱了它，径直开始给我另外那四个学生写信，我劝他们趁早打消当画家的念头。我向他们一个个地说明：你们完全没有任何值得培养的才能，这完全是在浪费你们自己和校方的宝贵时间。四封信我都是用法语写的。写完后，我立即上街把信发了出去。这样做带来的快感是短暂的，但就是那短暂的瞬间感觉确实很爽。

到该列队上厨房吃饭的时候，我说抱歉我不吃了，我说我身体不舒服。（一九三九年那会儿，我说实话不如我撒谎的时候来得自信——所以我敢肯定在我说自己不舒服的时候，尤申拓先生看我的眼神是带着怀疑的。）然后我走进自己的房间，在一个垫子上坐下来。我坐了一定有一个钟头的时间，盯着百叶窗上一个漏进阳光的洞，既没抽烟，也没脱掉外套或者把领带拉松。接着，我突然站了起来，拿出一大沓子我自己的活页纸，给艾尔玛嬷嬷写了第二封信，把地板当作桌子。

这封信我根本没有寄出。下面是直接按底稿抄录的原文。

蒙特利尔，加拿大

六月二十八日，一九三九年

亲爱的艾尔玛嬷嬷：

是不是我在上封信里说了什么令你厌恶或者让你感觉风马牛不相及的话，以至于引起了齐默尔曼神父的注意，并陷你于某种尴尬的境地？如果是这样，我恳求你至少给我一个机会，收回我的冒昧之言，这些都是源于我满腔热诚地希望在跟你保持师生关系的同时也能成为朋友。这个要求过分吗？我觉得应该不算过分吧。

事实再简单不过：如果你不继续学习一点儿绘画的基本功，则你这一生只能是一个非常非常有趣的画家，却不能成为一个伟大的画家。在我看来，这非常糟糕。你意识到这有多严重吗？

有可能齐默尔曼神父迫使你退学，因为他认为这会影响你做一个称职的修女。如果是那样的话，我不得不说，从各个方面来讲他都过于草率。这不会影响你做修女。我自己就活得像一个心怀不轨的修士。做艺术家最坏的一点也不过就是你会时常感觉不快乐。然而，依我之见，这不是什么悲剧。我这一生最快乐的时光是很多年前，当我十七岁的时候。我走在去跟母亲碰头吃午饭的路上，这是她病了很久之后第一次上街。我几乎是欢天喜地地走在路上，突然间，就在我走到雨果大道上的时候，那是巴黎的一条大街，我撞上了一个没有鼻子的路人。我请你琢磨一下这个细节，事实上我是在恳求你。这个细节是极其意味深长的。

也可能齐默尔曼神父让你终止绘画学习是因为你的修道院没有足够的经费支付你的学费。我真希望事实如此，不仅因为这样我可以松一口气，而且也是出于实际考虑。如果事实确实如此，只要你说一声，我自然会愿意无限期地免费提供教学服务。我们能就此事深入讨论一下吗？我能不能再问一下你们修道院的会客日期？我可不可以下周六下午，六月六日，去修道院拜访你？下午三点到五点之间，具体要看蒙特利尔到多伦多的火车班次。我迫切期待你的回复。

怀着敬意与仰慕，

你忠实的，

（签名）

让·德·杜米埃-史密斯

“古典大师之友”教员

又及：在上封信里我曾随意问起，你那幅宗教画前景处的蓝衣少妇是不是罪人抹大拉的马利亚。如果你还没给我回信，那就请你对这个问题继续保持沉默吧。有可能我错了，而我也不想在我生命的这个时刻执拗于让自己经历没有必要的幻灭。我宁愿置身于无知的黑暗之中。

直到今天，就是这会儿，只要一想起我曾带了件晚礼服去那个美术函授学校，我还是会忍不住一哆嗦。但我确实是那么干了，而且写完给艾尔玛嬷嬷的信，我就把那件晚礼服给穿上了。整个事态似乎要我一醉方休才是，而我那个年纪还从来没喝醉过（因为害怕过度饮酒会让那双得过三个一等奖的手发抖），我觉得面对这样一个悲剧性的时刻，不得不穿得正式一点儿。

尤申拓夫妇还在厨房里，我溜下楼，给温莎酒店打了个电话——鲍比的朋友，X妇人在我离开纽约前曾经向我推荐过这个酒店。我订了一个晚上八点的一人座。

大约七点半的时候，我穿戴整齐，把脑袋从门边探出去，看看会不会有哪一位尤申拓正在巡逻。反正我不想让他们看到我穿着晚礼服。见他们都不在，我就赶紧下楼走到大街上，准备叫出租车。给艾尔玛嬷嬷的信放在礼服的内袋里。我打算吃晚饭的时候再读一遍，最好是能就着烛光读。

我走过一个又一个街口，连出租车的影子都没有，更别说空车了。这一路走得很不是滋味。蒙特利尔的凡尔登完全不是一个讲究衣着的地带，我敢肯定每个路过的人都会盯着看我一秒钟的时间，基本上都是审查的目光。最后我走到那家午餐酒吧，就是星期一的时候我进去大吃科尼红肠热狗的地方，我决定让温莎酒店的订座见鬼去吧。我走进酒吧，坐在最里面的一张桌子前，左手按着我的黑色领带点了汤、肉卷，还有咖啡。我希望其他的顾客会把我当作正要去赶工的餐厅服务员。

喝第二杯咖啡的时候，我拿出那封还未寄出的给艾尔玛嬷嬷的信，又读了一遍。内容感觉有点儿单薄，于是我决定赶回学校再把它夯实一下。我也考虑了一下拜访艾尔玛嬷嬷的计划，心想要不要那天傍晚就去把火车票订了。我揣着这两个念头离开了酒吧，快速往学校走去——这两个念头都没能让我真正打起精神。

大约十五分钟之后，一件非同寻常的事发生了。我知道以下这段陈述会让人感觉极其不舒服，就像某个刻意的铺垫。但事实恰恰相反。我即将描述一段特殊的经历，我仍然觉得那是非常超验的一段经历，如果可能的话，我不想给人留下正宗神秘主义的印象，哪怕只是接近所谓神秘主义。（不这样的话，我觉得，就等于暗示或者干脆说：圣方济各与某个喜欢在星期天亲吻麻风病人的神经紧张者，这俩人在精神**之旅**的**方向**[29]上的差别**仅仅**是纵向的差别。）

夜晚九点的暮光中，我穿过马路，向对面的学校走去，矫形器材店里亮着一盏灯。我很惊讶地发现橱窗后面有个活人，一位大约三十岁左右的体格壮实的姑娘，穿着一条绿黄紫相间的雪纺绸裙子。她正在换一个木头人体模型上的疝带。我走近橱窗的时候，她显然刚把旧的疝带拆下来，夹在她的左胳膊底下（她右半边脸对着我），一面给模型绑上新的疝带。我站在原地看她，着了迷，直到突然间，她感觉到有人在看她，然后她发现了我。我赶紧对她微笑——向她表示这是一个毫无敌意的穿着燕尾服的人，站在玻璃那一头的暮色中——但是无济于事。这个姑娘完全乱了方寸。她满脸通红，换下来的疝带掉在地上，她向后退了一步，正踩上一堆医疗冲洗器具——她的脚打滑了。我立即伸出手，指尖撞在玻璃上。她重重地一屁股摔在地上，像溜冰滑倒似的。她马上站了起来，没有抬眼看我。她的脸仍然通红，一只手把头发往后捋，然后继续给模型绑疝带。就是在这一刻，奇迹发生了。突然间（我相信我完全知道自己在说什么），太阳出来了，以一秒钟九千三百万英里的速度瞬间升上我的鼻梁。我眼前一片白光，非常害怕——不得不伸手按住玻璃橱窗，以免跌倒。这一经历只持续了几秒钟的时间。等我恢复视力，那个姑娘已经不见了，只留下一堆闪闪发亮的、精致而又无比神圣的搪瓷之花。

我倒退几步离开玻璃橱窗，然后在这条街上走了两个来回，直到膝盖不再发软。接着，我上楼走进自己的房间在床上躺下，路上经过橱窗时不敢再朝里看一眼。几分钟，也许是几个小时之后，我在日记里用法语写下短短的一行："我还艾尔玛嬷嬷以自由，她要按她自己的命运向前。世人皆修女。"（Tout le monde est une none.）

那天晚上睡觉前，我给我那四个刚被开除的学生各写了一封信，恢复他们的学籍。我说是行政部门出了差错。这几封信一蹴而就，几乎都不用动脑。可能跟我在写信前到楼下搬了张椅子上来有关系。

“古典大师之友”不到一周之后就关门了，提这个可能有点儿扫兴，原因是注册手续不合规范（事实上是根本就没注册过）。我打点行李，去了罗得岛投奔我的继父鲍比，在那里大概过了六到八个星期，直到美术学院重新开学。我在罗得岛上的时间主要用在研究夏季出没的动物中最有趣的一种：穿短裤的美国姑娘。

对也罢，错也罢，我再没有跟艾尔玛嬷嬷联系过。

不过，我偶尔还会收到班比·克莱莫尔的信。最后一次收到她的信，听说她转攻设计原创圣诞卡。要是她还保持原有风格的话，这些卡片倒是值得一看的。

泰 迪

“你要是还不赶紧从那只包上下来，伙计，我就给**你**点儿姣好的天气尝尝[30]。我说到做到。”麦卡德尔先生说。他是在靠里面的那张单人床——离舷窗较远的那张床上说这话的。他哼了一声，与其说是叹气不如说是一种怨恨，一面恶狠狠地用脚把盖在脚踝上的被单蹬掉，仿佛突然之间，任何覆盖物对于他那个晒得黝黑、看起来病恹恹的身体都变得难以承受。他仰卧着，只穿着睡裤，右手捏着一根点燃的香烟。他的脑袋略微支起，刚好可以很不舒服地靠在床头板的底端，几乎有点儿自虐倾向。他的枕头和烟灰缸都在地板上，在他和麦卡德尔太太的两张床之间。他没有抬起身子，伸出一只光溜溜的、像是烧红的右胳膊，朝大致是床头柜的方向弹了弹烟灰。“这也是十月份啊，看在老天的分上，”他说道，“这要是也算十月，还不如给我个八月呢。”他又一次把头转向右边，冲着泰迪，存心要找点碴儿。“快点儿，”他说，“你以为我他妈的在说什么？说我的健康吗？快从那上面爬**下来**，拜托你了。”

泰迪正站在一只看上去挺新的牛皮手提旅行包的宽面上，

为了更好地从他父母房间里开着的舷窗往外眺望。他穿着一双脏极了的白色低帮球鞋，没穿袜子，穿一条泡泡纱短裤，这裤子对他来说不仅太长，而且臀部那里至少大了一号；上身是一件洗了又洗的T恤，在肩膀那里有个硬币大小的窟窿，还扎了一根漂亮得很不协调的黑色鳄鱼皮皮带。他该理发了——特别是后脖颈那儿——是非理不可了，只有脑袋几乎发育完全而脖颈却细得像芦苇的小男孩会需要这样一次理发。

“泰迪，你听到我说的话了没有？”

泰迪把身子探出开着的舷窗，但并不是像一般小男孩那样探得过远，或是摇摇晃晃——事实上，他两只脚都稳稳地踩在旅行包上——他也并不只是保守地稳稳踮起脚尖；他的脸大部分是伸在窗外的。不过，他还是完全可以听见他父亲的声音——实际上他父亲的声音，他听得尤其清楚。麦卡德尔先生在纽约时至少在三部白天播出的广播连续剧里担任主要角色，他拥有也许可称为三等男主角的嗓音：自我陶醉式的深沉和浑厚，随时准备着一有机会就压倒同一房间里的任何其他男性，必要时甚至连一个小男孩都不放过。当他的嗓子不用忙于专业的苦差而暂时放假时，一般就毫无例外地交替迷恋于纯粹地放大音量或是标准戏剧性的平静沉稳。这会儿正是放大音量的时候。

“**泰迪**。该死的——你听到我说的话了没有？”

泰迪转动上半身，并没有改变双脚站在皮包上的警觉姿势，向他父亲投去一个完全而纯粹的询问的目光。他的眼睛是浅棕色的，一点儿不算大，还稍稍有点儿斜视——左边那只比右边更厉害些，但是并没有斜到畸形的程度，不会让人第一眼就必然注意到。那双眼睛仅仅斜到会让人提上一句的程度，而且也只是在以下的情形：那人已经认真地考虑了好一阵子，然后才心想，但愿这双眼睛能长得更直一些，或者更凹一些，眼睛的棕色能更深一些，或者双眼分得更开一些。其实，这男孩的脸恰恰给人以震撼，不管这震撼多么含蓄且来得多么缓慢，那是真正的美才会带来的震撼。

“我要你从那只包上下来，立刻。你得让我说多少遍才行？”麦卡德尔先生说。

“就在那儿待着，宝贝儿。”麦卡德尔太太说道，她的鼻窦明显又在一大早就跟她过不去了。她眼睛睁着，但也就是睁开一条缝儿。“你一寸一步都别动。”她向右侧躺着，枕头上的脸转向左边，朝着泰迪和舷窗，背对着她的丈夫。她的第二层被单紧紧裹着她那很可能是一丝不挂的身子，从头到脚，还有胳膊，一直到下巴底下。“上下蹦跶吧，”她说，一面闭上眼睛，“把爸爸的包踩个稀巴烂吧。”

“这话说得漂亮得没治了，”麦卡德尔先生对着他妻子的后脑勺平静沉稳地说道，“我花二十二镑买一个包，然后我礼貌地请孩子别踩在上面，然后你叫他只管在包上蹦跶。这到底是什么意思？好玩吗？”

“要是这个包连一个十岁的孩子都承受不了，而且这孩子按他的年龄比正常的体重还轻了十三磅，那我也不想要这种货色在我的舱房里。”麦卡德尔太太说，眼皮都没睁开。

“你知道我想干吗吗？”麦卡德尔先生说，“我真想把你那该死的脑袋踢成两半儿。”

“干吗不踢呢？”

麦卡德尔先生突然噌的一下用一只胳膊肘撑起身子，在床头柜玻璃板上掐灭了他的烟蒂。“总有一天——”他阴沉沉地开口道。

“总有一天，你会心脏病发作的，悲剧啊悲剧。”麦卡德尔太太有气无力地说。她没有伸出胳膊，就让被单在身子周围和底下更紧地裹住自己。“会有一场小规模的优雅的葬礼，每个人都会问，坐第一排的那个迷人的红衣女子是谁呀，她在跟那个风琴手调情，做出圣洁的——”

“你他妈好笑到一点儿都不好笑了。”麦卡德尔先生说，一面又懒洋洋地躺了回去。

这场小小的对话进行期间，泰迪又转过身去，重新看着舷窗外。“今天凌晨三点三十二分我们和‘玛丽女王号’擦肩而过，它朝相反的方向开去，如果有人会感兴趣的话，”他慢腾腾地说道，“我想大概没人会。”他的声音有点沙哑，既奇特又好听，有些小男孩的声音就是这样的。他的每个分句都像是一座古老的小岛，淹没在一片微型的威士忌海洋中。“布波讨厌的那个甲板服务员把这件事写在了黑板上。”

“你再不立刻从包上下来，我就给**你**点儿‘玛丽女王号’尝尝，伙计。”他的父亲说。他把脑袋转向泰迪。“从那儿**下来**，快点。去给你自己理个发什么的吧。”他又转过去看他妻子的后脑勺，“他看起来真是少年老成啊，看在上帝的分上。”

“我一分钱都没有。”泰迪说。他把双手更加稳妥地放在舷窗的窗框上，把下巴搁在手指背上。“妈妈。你知道在餐厅里紧挨着我们坐的那个人吗？不是特别瘦的那个，是另外一个，他们俩坐一张桌子。就是我们的服务员放托盘的地方，旁边那张桌子。”

“唔——唔，”麦卡德尔太太说，“泰迪。宝贝儿。让妈妈再睡五分钟，做个乖宝宝哦。”

“就再要一秒钟。这事可有趣了。”泰迪说，没有将下巴从搁着的地方抬起来，目光也没有离开海洋。“这人刚才在健身房里，斯温给我称体重的时候。他走过来开始跟我说话。他听过我最后录的那盘带子。不是四月份录的那盘，是五月份的那盘。他在去欧洲前不久在波士顿参加了一个晚会，晚会上有个人认识莱德克检测委员会里的一个什么人——他没说是谁——于是他们借来我最后录的那盘带子在晚会上放了。他好像对那很感兴趣，他是巴布科克教授的一个朋友。他自己显然也是个老师。他说他一整个夏天都在都柏林的圣三一学院。”

“是吗？”麦卡德尔太太说，“他们在一次**晚会**上放了那个录音？”她躺着，睡眼惺忪地看着泰迪的腿肚子。

“我想是的，”泰迪说，“他跟斯温说了不少关于我的事，而我就正站在那儿呢。让人挺尴尬的。”

“干吗要尴尬呢？”

泰迪犹豫了一会儿。“我是说‘挺’尴尬。我是加了修饰词的。”

“我先要修饰修饰**你**，伙计，要是你他妈还不从那只包上下来的话，”麦卡德尔先生说，他刚又点了一根烟，“我数三下。

一，该死的……二……”

“几点钟啦？”麦卡德尔太太突然对着泰迪的腿肚子问道，“你和布波不是十点三十分有一堂游泳课吗？”

“还早着呢，”泰迪说，“——嗨哟！”他突然把整个脑袋都伸出了舷窗，在那里停了几秒钟，然后缩回来一小会儿报告了一声：“刚才有人把一个装满橘子皮的垃圾桶扔出了窗外。”

“扔出窗外。扔出窗外，”麦卡德尔先生挖苦地说道，一面弹了弹烟灰，“是扔出舷窗，伙计，扔出舷窗。”他朝他妻子扫了一眼。“打电话给波士顿。快，让莱德克检测小组听电话呀。”

“哦，你怎么这么聪明，”麦卡德尔太太说，“你这又是何苦呢？”

泰迪把大半个脑袋缩了回来。“它们漂得很好看，”他说，身子没有转过来，“这真有意思。”

“泰迪，这是最后一次了。我数三下，然后我就——”

“我不是说它们漂着所以有意思。”泰迪说，“有意思的是，我知道它们在那里漂着。如果我没看见它们，那么我就不会知道它们在那儿，如果我不知道它们在那儿，那么我甚至都不能说它们存在。这是一个非常好的完美的例子，用来说明——”

“泰迪，”麦卡德尔太太打断了他，看不出被单下面的她有任何动作，“帮我去把布波找来。她在哪儿？我不希望她今天又在大太阳底下到处瞎逛，她身上还有晒伤呢。”

“她遮盖适度。我让她穿上她的工装裤了。”泰迪说，“它们有一些开始往下沉了。再过几分钟，它们就只会在我的脑海里漂浮了。这非常有意思，因为，如果你从一个特定角度看的话，那正是它们最初开始漂浮的地方。如果我压根儿没在这里站过，或者某个人走过来，然后把我的脑袋砍下来，正当我在——”

“她这会儿在哪儿呢？”麦卡德尔太太问，“你看看妈妈，就一分钟，泰迪。”

泰迪转过身来，看看他的母亲。“什么事？”他问。

“布波这会儿在哪儿？我不想她又在甲板躺椅堆里到处乱转，打扰别人。要是那个讨厌的男人——”

“她不会有事的。我把照相机给她了。”

麦卡德尔先生用一只胳膊霍地撑起身子。“你把**照相机**给了她啦！”他说，“这算他妈的怎么回事？我那该死的徕卡相机啊！我可不想让一个六岁的孩子四处游逛，拿着——”

“我教给她怎么拿好机子，不会摔了它，”泰迪说，“而且，我自然也把胶卷拿出来了。”

“我要那架照相机，泰迪。你听见我的话了吗？我要你马上从那只包上下来，我还要那架照相机在**五分钟**之内回这个房间——不然的话，就有一个小天才要上失踪名单了。你听清楚了吗？”

泰迪在旅行包上转过脚，跨了下来。他弯下身，系紧左脚球鞋的鞋带，他的父亲仍然一只胳膊支着上身，像个监工似的盯着他看。

“告诉布波我要她回来，”麦卡德尔太太说，“还有，过来亲妈一下。”

系完鞋带后，泰迪草草地在妈妈脸颊上亲了一下。她也把左手从床单下伸出来，像是要去搂泰迪的腰，不过等到她把手伸出来的时候，泰迪已经跑开了。他跑到另一边，走进两张床中间的地方。他弯下腰，再站起来时，左手胳膊下夹着他父亲的枕头，右手拿着原该放在床头柜上的那只烟灰缸。他把烟灰缸换到左手，一面走到床头柜前，用右手的边侧把父亲的烟头、烟灰拂进烟灰缸。接着，在把烟灰缸放回原处前，他用手臂的内侧把玻璃台面上那层薄薄的烟灰印擦干净。他在泡泡纱短裤上擦了擦他的手臂。这以后，他才把烟灰缸放到玻璃台面上，小心翼翼到了极致，仿佛他相信一只烟灰缸就应该放在床头柜的正中央，要不就干脆别放。他的父亲一直在盯着他看，这时他突然放弃不看了。“你难道不要枕头吗？”泰迪问他。

“我要那架照相机，小子。”

“你那个姿势躺着不会很舒服的。那是不可能的，”泰迪说，“我就把枕头放在这儿了。”他把枕头放在床脚他父亲踢不到的地方。他开始往舱外走去。

“泰迪，”他母亲说，没有转过身，“告诉布波我要在她上游泳课之前见到她。”

“你为什么就不能对那孩子少管一点儿呢？”麦卡德尔先生说，“她稍微有几分钟的自由你好像心里就会不舒服。你知道你是怎么对她的吗？我告诉你你究竟是怎么对她的。你对她就跟她是个十二分的罪犯似的。”

“还‘十二分’呢！哟，还真俏皮呢！你是越来越英国范儿了，亲爱的。”

泰迪在门口停留了片刻，若有所思地试着门把手，慢慢地左右转动。“等我走出这扇门之后，我可能就只存在于我所有熟人的脑海里了，”他说道，“我也许就是一片橘子皮。”

“说什么呢，宝贝儿？”麦卡德尔太太从船舱的那一头问道，她仍然向右侧躺着。

“快点动起来吧，伙计。把那架徕卡给我拿下来。”

“过来亲妈妈一下。好好地亲一大口。”

“现在不行，”泰迪心不在焉地说，“我累了。”他随手关上了门。

船上的当天小报就放在门槛外。就是一张光滑的纸，只印了一面。泰迪捡起报纸，一边开始看一边慢慢地沿着长长的走廊往船尾走去。走廊的那一头，一位高大的金发女郎正朝他走来，她穿一身浆挺的白色制服，捧着一只装了长柄红玫瑰的花瓶。她从泰迪身边经过时，伸出左手在他头顶上撸了撸，说:“有人该理发咯!”泰迪被动地从报纸上抬起眼，但那女人已经走了过去，他没有扭过头去看。他继续看报。来到走廊尽头的楼梯口，在一幅画了圣乔治与龙的巨大壁画的前面，他把船上的报纸一折四，塞进了左边的后裤兜。然后他爬上那宽而浅的铺着地毯的楼梯，来到上面一层的主甲板。他一次跨两级，但走得很慢，手扶着栏杆，整个身子都压在上面，仿佛爬一层楼梯对他来说，就跟对许多孩子一样，其本身就是一种小小的乐趣。从主甲板的楼梯口，他径直走到客轮事务长的办公桌前。一位穿海军服的漂亮姑娘在当班，她正用订书机把一些油印好的纸订在一起。

“请问你能告诉我今天的游戏什么时候开始吗？”泰迪问她。

“对不起，你说什么？”

“你能告诉我今天的游戏什么时候开始吗？”

姑娘给了他一个满是口红的笑容。“什么游戏啊，宝贝儿？”她问道。

“你知道的。就是昨天和前天他们玩的那个字谜游戏，你得说出缺的是什么词儿。基本上你都得按上下文来。”

姑娘正往订书机空当里塞三张纸，这会儿停下手来。“哦，”她说，“总要下午晚些时候吧，我想。我想大概是四点左右。这对你来说不会太难了点儿吗，亲爱的？”

“不，不会……谢谢你。”泰迪说，准备离开。

“等一等，宝贝儿！你叫什么名字啊？”

“西奥多·麦卡德尔，”泰迪说，“你呢？”

“我的名字吗？”姑娘说，微笑着，“我的名字是海军少尉马修森。”

泰迪看着她把订书机往下按。“我知道你是个海军少尉，”他说，“我也拿不准，但我认为当别人问你叫什么名字时你应该说出你的全名。简·马修森，或者菲莉斯·马修森，或者反正就看你的名字是什么吧。”

“哦，真的吗？”

“我说了，我是这样**认为**，”泰迪说，“不过我也拿不准。也许你穿了制服就不一样了。不管怎么样，谢谢你告诉我的信息。再见！”他转过身，爬上通往上层甲板的楼梯，还是一次跨两级，不过这次好像很匆忙。

他在高高的运动甲板上全方位搜寻了一会儿，才找到布波。她在太阳直射下的一处空地上——几乎是白晃晃的一片——在两个没人用的甲板网球场之间。她蹲在那里，太阳晒在她背上，微风拂动着她丝质的金发，她正忙着把十二或十四个圆盘摞成两个相切的圆柱，一个是黑圆盘柱，一个是红圆盘柱。一个年纪非常小的男孩，穿了套棉布太阳装，站在边上，在她的右边，纯粹只有当旁观者的资格。“快看！”布波对朝她走来的哥哥用命令的口气说道。她往前爬了爬，用双臂护住那两个摞起来的圆盘柱，以炫耀她的成就，不让船上任何东西碰到它。“**迈**伦，”她满是敌意地对她的玩伴说，“你把亮光挡住了，我哥哥都看不见了。把你的臭身体挪开。”她闭上眼睛等着，一副老大不耐烦的怪相，直到迈伦挪步。

泰迪站在两摞圆盘的上方，赞赏地看着它们。“非常棒，”他说，“非常对称。”

“**这个**小子，”布波说，指的是迈伦，“甚至连十五子游戏都没听说过。他们家连一套十五子游戏都没有。”

泰迪很快地客观地扫了迈伦一眼。“听着，”他对布波说，“照相机呢？爸爸马上就要照相机。”

“他甚至不住在纽约，”布波告诉泰迪，“而且他爸爸死了。在朝鲜给打死的。”她转向迈伦。“没错吧？”她问道，但是并不想要对方回答。“现在要是他妈妈也死了，他就是个孤儿了。他甚至连这个都不知道。”她瞅着迈伦，“你是不**知道**吧？”

迈伦交叉起双臂，不置可否的样子。

“你是我见到过的最傻的人，”布波对他说，“你是这片大海上最傻的人。你知道吗？”

“他不是的。”泰迪说，“你不是的，迈伦。”他又对他妹妹说，“你听我说一句话。照相机在哪儿？我现在就要拿到它。在哪里？”

“在那边呢。”布波说，却不指明任何方向。她把两摞圆盘往自己身边拢得更紧了一些。“我现在需要的就是两个巨人，”她说，“他们会玩十五子游戏一直玩到他们累了，然后他们就会爬上那个大烟囱，把这些圆盘扔到每个人头上把他们都砸死。”她看着迈伦。“他们会杀死你的爸爸妈妈，”她很在行地对他说，“要是那样你爸爸妈妈也没死，你知道你可以怎么做吗？你可以往他们的棉花糖里放些毒药，让他们吃下去。”

那架徕卡在大约十英尺之外，就在围绕运动甲板的白色栏杆旁边。相机侧躺在排水沟里。泰迪走过去拎起相机的皮带，把它挂在自己的脖子上。但他又立刻把它拿了下来。他把相机拿过去交给布波。“布波，帮我一个忙。你把相机拿下去吧，”他说，“现在十点钟了。我必须写日记了。”

“我忙着哪。”

“反正妈妈也要立刻见到你。”泰迪说。

“你撒谎。”

“我没撒谎。她是这么说的，”泰迪说，“请你去时把这个带上……走吧，布波。”

“她找我干吗？”布波问道，“我可不想见**她**。”她突然把迈伦的手打开，迈伦正伸手去碰红色圆柱最顶上的一片。“住手。”她说。

泰迪把徕卡的皮带挂在她脖子上。“我是认真的，听着。马上把这个拿去给爸爸，待会儿我在游泳池那儿找你，”他说，“我十点半在游泳池跟你碰头。或者就在你换衣服那地方的外面。要准时，好吧。是在E区甲板那儿，可别忘了，给自己多留点时间。”他转过身，走开去了。

“我恨你！我恨这大海上的每一个人！”布波在他身后喊道。

在运动甲板的下层，日光浴甲板后端的开阔处，完全是露天的，放着七十五把甚或更多甲板躺椅，排成七八排之深，间隔的空间刚够甲板侍者通过而不至于一脚踩上日光浴乘客的配套装备——编织袋、带护封的小说、防晒油瓶子、照相机。泰迪到的时候这里人已经很多了。他从最后一排开始，一排一排按顺序朝前走，在每把椅子前都会停下来，不管有人还是空着，都看看扶手上的姓名牌。只有一两个仰躺着的人跟他搭话——也就是几句寻常的逗趣话，有时候成年人看到一个十岁的男孩一门心思地找着属于他的椅子，他们会倾向于说那样的话。这孩子年纪小，一门心思，这些都显而易见，不过也许他整个儿的态度压根儿没有或者是太缺乏那种可爱的严肃劲儿，而很多成年人都是冲着这股可爱的严肃劲儿随时俯身或者抬头说上几句的。他的衣服也许也有点关系。他T恤肩膀上的那个窟窿不是一个可爱的窟窿。他那泡泡纱短裤屁股那儿有多余的料子，裤子本身的长度也多余，这些都不是可爱的多余。

麦卡德尔家的四把甲板躺椅上放着垫子，准备就绪，位于前面往后数第二排的中间。泰迪在其中一把上坐下来，他的选择——也不知他是有意还是无意的——使得他两边都不会挨着别人。他把光溜溜的、没晒黑的双腿和脚一起伸了出去，搁在脚凳上，几乎同时又从右屁股兜里掏出一个一毛钱的记事本。接着，以立即直击要害的专注，仿佛存在的只有他和本子——没有阳光，没有旅客，没有船——他开始翻本子。

除了极少数用铅笔做的记录，这本子里的条目明显都是用圆珠笔写的。字是手写体，时下美国学校里教的那种写法，而不是旧时的帕尔默体。字迹工整，并不花哨漂亮。字迹最突出的地方笔顺流畅。一点儿也看不出——至少，从技巧的角度——这些词和句子是一个孩子写的。

泰迪花了不少时间看一段文字，像是他最近一次记的。大约有三页多的篇幅：

一九五二年十月二十七日的日记
为西奥多·麦卡德尔所有
A区甲板四一二室

拾此物者若迅速交还西奥多·麦卡德尔本人将获适当酬谢。

看看能不能找到爸爸的那些部队狗牌，只要可以就戴上。你自己死不了而且他会高兴。

若有时间和耐心，就给曼德尔教授写封回信。请他再也别给我寄诗集了。反正我有的已经够念一年了。而且我对诗也腻味了。一个人走在海滩上不幸被一只椰子击中头部。他的脑袋不幸裂成两半。接着他妻子沿着海滩走来，嘴里唱着歌儿，她看见那两半认了出来，捡了起来。她自然非常伤心于是哭到心碎。我厌烦诗歌就厌烦在这里。没准儿那位夫人就是捡起那两半然后愤怒地对着它们喊："别来这一套！"不过回信时可别提这些。这是极具争议的，何况曼德尔太太是一位诗人。

要斯温在新泽西州伊丽莎白的地址。见见他的太太，还有他的狗林迪会挺有趣。不过，我自己不想要条狗。

给沃卡瓦拉医生写信，问候他的肾炎。跟妈妈要他的新地址。

明天早餐前试试到运动甲板去做默想，不过可别失去意识。如果那个服务员又把那只大汤勺掉到地上也别在餐厅里失去意识。爸爸上次非常生气。

明天去图书馆还书时要查的词和词组——

肾炎

无以计数

赠予之马[31]

刁钻促狭

三头政治

对图书管理员态度好一些。他要逗我玩的时候就跟他讨论些一般性的问题。

泰迪突然从短裤的边袋里取出一支子弹形的小圆珠笔，摘下笔帽，开始写了起来。他把右边大腿当作书桌，没有用躺椅的扶手。

一九五二年十月二十八日的日记

此物拾得者可用一九五二年十月二十六、二十七日所写的同一地址并获同样的酬谢。

今天早晨做过默想后给下面这些人写了信。

沃卡瓦拉医生

曼德尔教授

皮特教授

小伯吉斯·海克

罗伯塔·海克

桑福德·海克

格雷厄姆先生

沃尔顿教授

我本来可以问母亲我爸的那些狗牌放在哪里，不过她可能会叫我不要挂。我知道爸爸带着这些牌子，因为我见到他把它们打进行李了。

在我看来生命是一匹赠予之马。

我认为沃尔顿教授批评我父母是非常没有品位的表现。他希望世人都是某种特定的样子。

事情要么发生在今天，要么就是一九五八年二月十四日我满十六岁的那天。这事一提就可笑了。

记完这最后一条之后，泰迪继续全神贯注于纸页，他的圆珠笔仍然斜握着，好像还有要写的东西。

他显然没有注意到有一个人一直在饶有兴趣地观察着他。第一排甲板躺椅向前大约十五英尺，往上十八到二十英尺，太阳亮得晃眼的地方，有个年轻人倚着运动甲板的栏杆始终注视着他。这已经持续了大约十分钟。这年轻人显然刚做出某个决定，因为他突然把搁在栏杆上的一只脚放了下来。他站定片刻，仍然朝泰迪的方向看着，然后走开了，没了踪影。然而没过一分钟，他又出现了，在一排排甲板躺椅之间高得很惹眼。他大约三十岁，或许还没到三十。他开始径直沿着躺椅间的通道向着泰迪的椅子走来，往别人正念着的小说上投去让人分心的小小阴影，一面有些无所顾忌地踩过（考虑到四周只有他一个人是站着走动着的）编织袋和其他的私人物件。

泰迪对于有个人就站在他的椅子跟前——或者，更确切地说，是有人将身影投在他的本子上——似乎完全无知无觉。他后面一两排的人倒是更容易受干扰。他们抬起头看着那个年轻人，也许只有坐在甲板躺椅里的人才会以这样的目光仰望别人。但那年轻人却泰然自若，看起来像是可以无限期地如此站下去，只有一个小小的条件，那就是至少有一只手插在兜里。“嗨，那边的！”他对泰迪说道。

泰迪抬起头来。“嗨。”他说。他稍稍合上笔记本，本子也就自己合上了。

“我坐一会儿你介意吗？”年轻人问道，礼貌周全到了无以复加的地步，“这椅子有人吗？”

“嗯，这四把椅子是我们家的，”泰迪说，“不过我父母都还没起床。”

“没**起床**？在这样好的天气里。”年轻人说。他已经在往泰迪右面的椅子上坐下去了。椅子都靠得很近，扶手挨着扶手。“那可是亵渎啊，”他说，“绝对是亵渎。”他伸直两条腿，大腿根部粗得非同一般，几乎就像人的身体。他身上穿的大部分是东海岸的军服：头发理得像片草皮，脚上一双很旧的生牛皮皮鞋，这之间是混杂的制服——暗黄色的羊毛袜，煤灰色的裤子，领尖有纽扣的衬衫，没打领带，还穿了件人字呢外套，看着像是在耶鲁、哈佛或是普林斯顿那些比较吃香的研究生班上穿过好一阵子了。“哦，上帝啊，天气多好呀，”他赞赏地说，眯起眼抬头看了太阳一眼，“在天气问题上，我绝对是一只小卒子。”他那两条粗壮的腿在脚踝处交叉起来。“事实上，别人都知道，我把挺正常的下雨天看作是对我个人的一种侮辱。所以这样的天气对我来说就是绝对的吗哪[32]了。”虽然听他说话的声音就一般意义来说，算是有教养的，但是音量有些过火，仿佛他与自己达成了某种默契，无论从他嘴里说出什么来，都是没问题的——聪明、有文化，甚至讨人喜欢或是让人兴奋——无论是对占据有利位置的泰迪，还是对后面一排的人来说，如果他们在听的话。他斜眼看着泰迪，微笑着。“你和你的天气怎么样？”他问。他的笑容也不是不够亲切，但是具有社交性或者会话性，而且总是连着他的自我，无论多么间接。“天气会不会搅得你失去理智的平衡？”他笑眯眯地问道。

“我不太把天气跟自己联系起来，如果你指的是这一点的话。”泰迪说。

年轻人大笑起来，头往后仰。“太棒了，”他说，“顺便说一下，我的名字是鲍勃·尼克尔森。我不知道我们在健身房有没有提到名字。当然，我是知道**你**名字的。”

泰迪将身体重心移到一侧的屁股上，悄悄把他的笔记本塞进了短裤的侧袋。

“我一直在看着你写东西——从那上头，”尼克尔森煞有介事地说，手指了指，“老天呀。你用功得像个小特洛伊人呢。”

泰迪看着他。“我在笔记本上写点东西。”

尼克尔森点点头，微笑着。“欧洲怎么样？”他亲切地说，“你喜欢吗？”

“是的，非常喜欢，谢谢你。”

“你都去了哪些地方？”

泰迪突然身子前倾，挠了挠小腿肚子。“噢，把所有的地方都说一遍太费时间了，因为我们是开车，走了很多很多路。”他又坐直了，“我母亲和我主要在苏格兰的爱丁堡和英格兰的牛津。

我想在健身房里我已经告诉过你了，我得去那两个地方接受采访。主要是在爱丁堡大学。”

“不，我想你没跟我讲过，”尼克尔森说，“我还在想不知你有没有被采访过呢。怎么样？他们拷问你来着？”

“对不起，你说什么？”泰迪说。

“怎么样？有趣吗？”

“有时候，还行；有时候，不太有趣，”泰迪说，“我们待的时间有点儿太长了。我父亲想早点儿回纽约，他不想坐这班船的。可是有人要从瑞典的斯德哥尔摩和奥地利的因斯布鲁克来看我，因此我们只能等着。”

“事情总是这样。”

泰迪第一次正面看着他。“你是诗人吗？”他问道。

“诗人？”尼克尔森说，“天哪，不是的。可惜啊，不是的。你干吗这么问？”

“我不知道。诗人们总把天气也当成私事。他们总是把自己的情感贴到本来没有情感的东西上。”

尼克尔森伸手到上衣口袋里去摸香烟和火柴，微笑着。“我倒认为那是他们的职业特点，”他说，“诗人首先关注的不就是情感吗？”

泰迪显然没听见他的话，或者是没在听。他心不在焉地望着运动甲板上的那对烟囱，或是烟囱后的更远处。

尼克尔森好不容易点着烟，因为正有一阵微风从北面吹来。他人往后靠，说道：“据我所知，你走后那群人都心烦意乱的——”

“‘蝉的鸣叫不会透露它即将死去，’”泰迪突然说，“‘路上空无一人，这个秋日的傍晚。’”

“这是什么？”尼克尔森微笑着问道，“再说一遍。”

“那是两首日本诗。它们并没有多少情感之类的东西。”泰迪说。他突然往前坐，头向右歪，用手轻轻拍了拍右耳。“我耳朵里还有昨天上游泳课进的水。”他说。他又拍了几下耳朵，然后往后靠去，双臂放在两只扶手上。这当然是张普通的成人甲板椅，他坐在里面显得尤其小，可是同时，他又显得极其放松，甚至是安详。

“据我所知，你离开波士顿后，那群老学究很是心烦意乱了一番，”尼克尔森说，一边观察着他，“是最后那场小小的争论之后。整个莱德克检测组，或多或少都有点儿吧，据我了解。我想我告诉过你六月份我跟艾尔·巴布科克长谈过一次。事实上，就在同一个晚上，我把你的录音带从头到尾听了一遍。”

“是的，你说了。你告诉我了。”

“据我所知，他们一群人都很心烦意乱，”尼克尔森继续说道，“听艾尔说，你们有一天闲谈到后半夜，很要命的一次——就是你灌录音带的那个晚上，我想。”他深深地吸了口烟。“据我了解，你做了些小小的预言，让那帮小子心烦意乱得没完没了。是这样的吧？”

“我希望我知道为什么大家觉得感情丰富很重要，”泰迪说，“我的父母觉得，一个人除非他认为许多事情都非常悲惨或者非常烦人或者非常——非常不公正，诸如此类吧，除非他这么觉得，否则他就不是个人。我父亲甚至读着报纸就能大动感情。他觉得我没有人味儿。”

尼克尔森往一边弹了弹烟灰。“你的意思是说你没有情感？”他说。

泰迪回答之前想了想。“即使我有，我也不记得我什么时候动过感情了，”他说，“感情有什么**好处**，我看不出来。”

“你爱上帝，没错吧？”尼克尔森问，有点故作冷静的样子，“那难道不是你的特长吗？从我从你的录音带里听到的，还有艾尔·巴布科克所说的——”

“是的，当然，我爱上帝。但是我并不感情用事地爱上帝。他从没说过谁必须感情用事地爱他，”泰迪说，“如果**我**是上帝，我肯定不会要大家感情用事地爱我。那太不可靠了。”

“你爱你的父母，对吧？”

“是的，我爱——非常爱，”泰迪说，“但你是想让我用这个词来表示你想让它表示的那个意思——我看得出来。”

“好。那么**你**想用这个词来表示什么意思呢？”

泰迪认真地想了想。“你知道‘亲密’这个词的意思吧？”他问，把脸转向尼克尔森。

“我大概知道。”尼克尔森生硬地说。

“我对他们有一种非常强烈的亲密感。他们是我的父母，我是说，我们都是彼此和谐的一部分，一切的一切，”泰迪说，“他们活着的时候我希望他们过得开心，因为他们喜欢过得开心……但是他们并不以这种方式爱我和布波——那是我的妹妹。我是说他们似乎无法爱我们原本的样子。他们似乎无法爱我们，除非他们能不断地让我们稍稍有所改变。他们爱我们，也几乎同样地爱着他们之所以会爱我们的理由，更多的时候他们更爱后者。那不太好，那种爱的方式。”他再次转向尼克尔森，稍稍往前坐了些。“请问你知道时间吗？”他问，“我十点三十分有一堂游泳课。”

“你来得及。”尼克尔森说，并没有先看看自己的表。他把衣袖往上推了推。“现在才十点过十分。”他说。

“谢谢你，”泰迪说，又往后靠去，“我们可以再愉快地谈上十分钟。”

尼克尔森一条腿从甲板椅边上伸出去，身子往前靠，踩在他的烟头上。“据我所知，”他说，往后坐去，“你对吠檀多的轮回转世说坚信不疑。”

“那不是一种理论。那很大程度上是一个部分——”

“好了。”尼克尔森急匆匆地说。他微笑着，轻轻抬起双掌，反讽式的祈福动作。“我们暂且不在这一点上做争论。先让我把话说完。”他再次把伸得远远的粗腿交叉在一起，“我听说，你通过冥想获知某些信息，令你深信自己前世是一位印度的圣人，但多少是辜负了天恩——”

“我不是个圣人，”泰迪说，“我只是一个颇有些灵修成就的人。”

“好吧——不管是什么吧，”尼克尔森说，“但关键是你感觉在你的前世，你在最后的顿悟之前多少辜负了天恩。是这样吗？还是我——”

“是的，”泰迪说，“我遇到了一位女士，我可以说是停止了冥想。”他把胳膊从扶手上放下来，把手塞到大腿底下，仿佛是想取暖，“**不管怎么样**，我终究是要再次转世为人，回到世上来的——我是说我的灵修程度还没有高级到如果不遇见那位女士就可以死去，然后直接去见梵天，再不必重返世间。不过如果我没有遇见那位女士，我倒是不必非得投胎成**美国**人。我是说在美国做冥想，过精神性的生活是非常困难的。如果你那样做，别人会觉得你不正常。我父亲就多少觉得我不正常。而我的母亲——嗯，她觉得我无时无刻不想着上帝对我不好。她觉得这有损我的健康。”

尼克尔森盯着他看，审视着他。“我记得你在最后那盘带子上说你第一次有神秘经验是六岁时。是这样的吗？”

“六岁时我意识到一切都是上帝，我的头发都立起来了，诸如此类，”泰迪说，“那是一个星期天，我记得。我妹妹那时还是一个小婴儿，她正在喝她的奶，突然之间我看到**她**就是上帝，而**牛奶**也是上帝。我是说，她正在做的事就是把上帝倾倒进上帝里面去，不知你明不明白我的意思。”

尼克尔森什么也没说。

“不过我四岁时就能经常从有限的维度里走出来，”泰迪说，像是事后想起似的，“倒不是连续不断还是怎么样，但是比较经常。”

尼克尔森点点头。“你当时那样？”他说，“你当时能那样？”

“是的，”泰迪说，“那盘录音带上有……也可能是在我四月份录的那一盘上。我记不清了。”

尼克尔森又掏出香烟来了，但他并没有把眼睛从泰迪身上移开。“一个人怎么从有限的维度里走出来呢？”他问，短促地笑了一声，“我是说，就从最基本的说起吧，一块木头就是一块木头，比方说。它有长度、宽度——”

“它没有。你错就错在这里，”泰迪说，“谁都**以为**事物在某处停滞不前。事物并非如此。这就是我那时试图告诉皮特教授的。”他在椅子上稍稍转动，拿出一块很碍眼的手帕——揉成一团的灰色实体——擤了擤鼻子。“事物**像是**在某处停滞不前，那是因为大多数人只知道这样看待事物，”他说，“可是这不等于说事物就是这样的。”他收起手帕，看着尼克尔森。“请你把胳膊举起来一会儿，可以吗？”

“我的胳膊？为什么？”

“就照着做吧。只要一小会儿。”

尼克尔森把他的前臂举得比扶手高出一两英寸。“这一只吗？”他问。

泰迪点点头。“你管那叫什么？”他问。

“你是什么意思？这是我的胳膊。是一只**胳膊**。”

“你怎么知道它是呢？”泰迪问，“你知道它叫作一只胳膊，可是你怎么知道它就是呢？你有什么证据说明这就是一只胳膊？”

尼克尔森从他的烟盒里取出一根香烟，点燃了。“坦率地说，我觉得这有点儿最拙劣的诡辩术的味道，”他说，吐出一口烟，“它是一只胳膊，看在老天的分上，因为它是一只胳膊。首先，它必须有个名称，以便与其他事物相区分。我是说你不能仅仅——”

“你只不过是在讲逻辑罢了。”泰迪无动于衷地对他说。

“我只不过是在什么？”尼克尔森问，彬彬有礼得有点儿过了头。

“讲逻辑。你只不过是给了我一个符合常规的聪明回答，”泰迪说，“我刚才是想帮助你。你问我，我怎么从有限的维度里想走出来就走出来。我用的当然不是逻辑。逻辑是你首先必须摆脱的一样东西。”

尼克尔森用手指把舌头上的一丝烟草捡走。

“你知道亚当吧？”泰迪问他。

“我知道谁？”

“亚当。《圣经》里的。”

尼克尔森笑了。“没什么个人来往。”他生硬地说。

泰迪迟疑了一下。“别生我的气，”他说，“你问了我一个问题，我正——”

“我没有**生你的气**，看在老天的分上。”

“好吧，”泰迪说，他身子靠在椅背上，但脸转向尼克尔森，“你知道亚当在伊甸园里吃的那只苹果吧，《圣经》里提到的？”他问。“你知道那只苹果里有什么吗？逻辑。逻辑和智力之类的东西。苹果里全是这些东西。因此——这就是我的看法——如果你想看清事物的本来面目，你就得把它全吐出来。我是说如果你把它吐出来了，你要认识木头和别的东西就不会再有麻烦了。你就不会看到事物任何时候都停滞**不前**了。而且你会知道你的胳膊其实是什么，如果你感兴趣的话。你懂得我的意思吗？你跟得上我的思路吗？”

“我跟得上。”尼克尔森说，毫不含糊。

“问题在于，”泰迪说，“大多数人不想认识事物的本来面目。他们甚至都不想停止一再出生然后死亡。他们就是不停地想要新的身体，而不想停下来和上帝在一起，那里才是真正美妙的。”他思考了一会儿。“我从没见过这么一群爱吃苹果的家伙。”他说。他摇了摇头。

就在此时，一个在附近巡行的身穿白色制服的甲板侍者在泰迪和尼克尔森身前停了下来，问他们要不要早餐肉汤。尼克尔森根本没理他。泰迪说:“不用了，谢谢你。”于是那甲板侍者走开去了。

“如果你不想讨论下面这件事，不必勉强。”尼克尔森突然说，很是生硬。他弹了弹烟灰。“不过，这是真的吗，还是假的呢，你告诉整个莱德克检测小组——沃尔顿、皮特、拉森、塞缪尔斯，所有那群人——他们最终将在何时、何处以及如何死去？这是真的还是假的？你不想讨论的话可以不说，不过波士顿的谣言可是——”

“不，那不是真的，”泰迪加重语气说，“我告诉了他们在什么地方，以及什么**时候**，他们必须非常非常小心。我还告诉了他们一些事情，一些也许他们不妨**做做**的事情……可是我并没有说过任何**那样**的话。我并没有说任何事是无可避免的，在那个意义上。”他又摸出手帕来用。尼克尔森看着他，等着。“我压根儿没跟皮特教授说过任何那样的话，首先，他不是那伙人里的一个，他们乱开玩笑，问了我一大堆问题。我是说，我只是告诉皮特教授过了一月份他就别再教书了——我告诉他的就这些。”泰迪往后靠去，沉默了一会儿，“别的那些教授，他们实际上是硬逼我告诉他们那些事儿的。那是我们采访结束以后，录完音以后，时间很晚了，他们全都继续坐着抽烟，变得嬉皮笑脸的。”

“不过你就没有告诉沃尔顿，或者拉森，比方说，何时或者何地或者以何种方式死亡会最终来到？”尼克尔森追问道。

“**没有**。我没有说过，”泰迪斩钉截铁地说，“我原本不会告诉他们**任何**那样的事，可是他们没完没了地**聊**这种事。是沃尔顿教授开的头吧。他说他真的希望知道自己什么时候会死，因为这样他就知道什么工作该干什么工作不该干，以及怎样最有效地利用他的时间，等等等等。接着他们就全都这么说……所以我才跟他们说了一点点。”

尼克尔森什么也没有说。

“不过，我没告诉他们他们什么时候真的会死。那完全是谣言，”泰迪说，“我本来也**可以**说的，但是我知道他们内心并不真的想知道。我是说我知道虽然他们教宗教、哲学什么的，但是他们仍然非常害怕死。”泰迪坐着，或者不如说斜靠着，有一分钟什么都没说。“这太傻了，”他说，“死无非就是从你的身体里挣脱出来。我的天哪，这件事每个人都做了成千上万遍了。他们只是不记得了，这不代表他们就没做过。太傻了。”

“那也可能，那也可能。”尼克尔森说，“但是合乎逻辑的事实仍然是不管多么聪明地——”

“这太傻了，”泰迪又说，“比方说，再过大约五分钟我有一堂游泳课。我会下楼到游泳池那儿去，那里也许一点儿水都没有。说不定正好是他们换水的日子之类的。那么，可能发生什么呢，我也许会走到池子边，只是想看一看池底，比方说吧，而我的妹妹说不定会走过来就那样把我推下去。我可能脑壳破裂当场死去。”泰迪看着尼克尔森。“那完全可能会发生，”他说，“我妹妹只有六岁，她不是一个有过许多次前世的人，而且她也不太喜欢我。那很可能发生，好吧。那么，这里面又有多少悲剧成分呢？又有什么可害怕的呢，我是说？我只不过是做了我应该做的事，仅此而已，难道不是吗？”

尼克尔森轻轻地哼了一声。“从你的观点看也许不是什么悲剧，但是对于你的母亲和父亲，那肯定是一件挺惨的事，”他说，“这你考虑过吗？”

“是的，我当然想过，”泰迪说，“不过那仅仅是因为他们对于发生的每一件事都有个叫法，而且爱动感情。”他又把两只手掖到大腿底下去了。这会儿他把手抽出来，胳膊放在扶手上，看着尼克尔森。“你认识斯温吧？就是管理健身房的那人？”他问道。他等着，直到尼克尔森点了点头。“那么，要是斯温今天晚上梦见他的狗死了，他会一个晚上都睡不好觉，因为他非常喜欢那条狗。可是等他早上醒过来，一切都没事了。他会知道那只不过是一个梦。”

尼克尔森点点头。“那又到底说明什么呢？”

“说明如果他的狗真的死了，那也完全是同一回事儿。只不过他不知道罢了。我是说，在他自己死去之前他是不会醒过来的。”

尼克尔森看上去无动于衷的样子，他正用右手慢悠悠地多情地按摩着自己的后脖颈。他搁在扶手上的左手一动不动，指间夹着根新的没点燃的香烟，在明亮的阳光下显得出奇地苍白，仿佛没有生命似的。

泰迪突然站起身来。“我恐怕真的该走了。”他说。他又试探性地在延伸出来的椅子腿上坐下来，面对着尼克尔森，一边把T恤掖进裤子里。“我猜我大概只有一分半钟走去上游泳课，”他说，“一直要走到E区甲板呢。”

“我能不能问一句，你为什么告诉皮特教授他应该在一年的第一个月后就别再教书了？”尼克尔森问，有些直言不讳，“我认识鲍勃·皮特。所以我才问的。”

泰迪紧了紧他的鳄鱼皮带。“只是因为他是个比较注重灵修的人，如果他想在灵修方面有真正的进展，那他现在教的许多东西对他没有太大好处。对他刺激太大。是时候把所有东西从脑子里拿**出去**了，而不是**往里**装更多。如果他想的话，他可以在这一世就把这只苹果的大部分摆脱掉。他很会冥想。”泰迪站起身，“我还是走吧。我不想迟到太久。”

尼克尔森抬头看他，眼光停住不动——想再留他一会儿。“如果你能改变教育制度的话，你会做些什么？”他模棱两可地问道，“对这问题你考虑过吗？”

“我真的得走了。”泰迪说。

“就回答这一个问题，”尼克尔森说，“教育是我的挚爱，事实上——我就是教这个的。所以我才问。”

“嗯……我会怎么做我不太清楚，”泰迪说，“我知道我肯定不会按学校一般开始的那一套去开头。”他双臂交叉，沉思了片刻。“我想我会先把所有的孩子聚集起来，教他们如何冥想。我会试着教他们如何发现他们**是**谁，而不仅仅是他们的名字叫什么这一类的事儿……我想，在这之前，我还得先让他们把他们的父母以及所有别的人告诉过他们的一切都清空。我是说即使他们的父母仅仅告诉过他们大象很大，我也会让他们把这点点清空。一头大象只有跟别的什么东西在一起——一条狗或一位女士，比方说——那它才是大的。”泰迪又想了一会儿，“我甚至都不会告诉他们大象有一个象鼻。我也许会向他们**展示**一头大象，如果我手边正好有一头的话，我只会让他们走到大象跟前，脑子里对象一无所知，正如象对**他们**一无所知。对于草以及别的东西也都是这样。我甚至都不会告诉他们草是绿的。颜色不过就是名称。我是说如果你告诉他们草是绿的，那就会让他们开始期待草看上去是某种样子的——**你说的**那种样子——而不是别的样子，没准别的样子也挺好，说不定还更好些呢……我不知道。我会让他们把他们父母和所有人让他们咬了一口的苹果一五一十统统吐个干净。”

“你这样做，有没有培养出浑噩无知的一代人的危险呢？”

“为什么？他们不会比一头大象更浑噩无知，或者一只鸟，或者一棵树，”泰迪说，“不能仅仅因为某种事物**是**某个样子，而不是表现为某个样子，就说它是浑噩无知。”

“不是吗？”

“不是！”泰迪说，“何况，如果他们想学所有那些别的东西——名称、颜色、事物——他们尽可以学，只要他们想学，就是说后来等他们长大些之后。但我是要他们从看待事物的一切真正的方式**开始**，而不是别的所有吃苹果的人看待事物的方式——我是这个意思。”他靠近尼克尔森，向他伸出手。“我现在得走了。真的。我很高兴能和——”

“再等一秒钟——就再坐一分钟，”尼克尔森说，“有没有想过长大后从事什么研究工作？医学研究，或是这一类的工作？依我看，以你的头脑，也许你最后能——”

泰迪回答了他的问题，但是没有坐下来。“我倒考虑过一回，几年之前吧，”他说，“我跟几个医生谈过。”他摇了摇头。“我对那样的工作不太有兴趣。医生太紧贴事物的表面。他们总在谈细胞啊什么的。”

“哦？你不认为细胞结构有什么重要的？”

“有，我当然认为有。不过，医生们谈细胞就好像它们自身具有多么无限的重要性。就好像它们并不真的属于拥有它们的那个人似的。”泰迪一只手把前额上的头发往后捋了捋。“我生长我自己的身体，”他说，“没有任何人代替我做这件事。那么，既然我生长了它，我必然知道**如何**长成它。至少，是无意识地知道。在最近千百年里，我可能已经在某个时候丢失了如何生长它的**有意识**的知识，但是这知识仍然在**那里**，因为——显然——我用过这知识……需要依靠大量的冥想和清空，才能把整个东西找回来——我是说有意识的知识——不过如果你愿意的话，你是可以做到的。如果你足够开放自我的话。”他突然伸出手握住尼克尔森放在扶手上的手。他只彬彬有礼地握了一下，然后说：“再见。我必须走了。”这一回，尼克尔森没能留住他，他急匆匆地从过道之间穿了过去。

他走后，尼克尔森一动不动地坐了几分钟，他双手放在椅子扶手上，那根未点燃的烟仍然夹在左手手指间。最后，他抬起右手，摸了摸，仿佛是要检查他的领口是否仍然敞着。接着他点燃香烟，又坐着不动了。

他把烟一直抽到快燃完，然后突然把一只脚从椅子边上伸出去，踩在烟上，站起身，然后快步朝过道外走去。

他沿着船头的楼梯，挺轻快地下到散步甲板。他没在那儿停下来，继续往下走，而且走得很快，来到主甲板。接着到A区。然后是B区。然后是C区。然后是D区。

D区甲板是船头楼梯的尽头，尼克尔森站住片刻，显然不知再往哪儿走。不过，他看到一个像是能给他指方向的人。在通道的半路上，一位女乘务员坐在厨房通道的一张椅子上，边看杂志边抽着烟。尼克尔森走到她跟前，简短地问了几句，谢过她，继续往船头方向走了几步，推开一扇沉重的金属门，门上写着：**通往游泳池**。门后是一道狭窄的没铺地毯的扶梯。

他刚走了一半多的楼梯，这时听见一声极为刺耳的长长的尖叫声——分明是一个小女孩发出的。音响效果极好，仿佛是在四堵围墙之内回响似的。

注释

1. 宾果：一种无须技巧的多人赌博游戏。
2. 西摩全名西摩·格拉斯，英文为“Seymour Glass”，其发音同“see more glass”，意为“看见更多玻璃”。小女孩西比尔显然觉得这名字的谐音很有趣，紧接着的问句直译为中文是：“你看见更多的玻璃了吗？”
3. 《小黑人桑布》：苏格兰儿童文学作家海伦·班纳曼（1862—1946）的处女作，1899年出版后即成畅销儿童书。在班纳曼的这则寓言童话中，穿上了戏服的老虎和桑布与同样纵情欢乐的香蕉鱼在主题与象征意义上有确凿的相似性。有可能塞林格只是喜欢这个问题中富有童趣的随意性，也有可能是他在敏锐地暗示，西比尔能发现西摩的故事与《小黑人桑布》之间的关联——即使是无意的，说明她十分早熟。
4. 两个“狗不理”：这里西摩随口给西比尔的脚踝起了个绰号，原文是“two snobs”（两个势利鬼），和前文的“snub it”（不理它）为双关。
5. 贝拉·卢戈西（1882—1956）：二十世纪二三十年代著名匈牙利籍演员，出演了很多恐怖片，尤以饰演吸血鬼闻名。
6. “脚踝”在英语里是“ankle”，与“uncle”（叔叔）发音接近。威格利大叔，美国作家霍华德·加利斯（1873—1962）在1910—1940年间创作的儿童故事中的一位主角，是一只拄拐杖的老兔子。
7. 撒玛利亚好人：《圣经·新约·路加福音》第十章里耶稣在解释谁是我们应

该去爱的“邻居”时，讲述一个犹太人遭抢劫之后，帮助他的是一个撒玛利亚人，而不是他自己的族人。在英语中，“撒玛利亚好人”泛指热心帮助陌生人的善良之辈。

8. 原文“kike”是针对犹太人的极具侮辱性的美国俚语，意为“犹太佬”，其拼写发音与“kite”（风筝）非常接近，莱昂内尔显然听到了“kike”这个词，却并没有听懂，而误以为是“kite”。

9. D日：即1944年6月6日，第二次世界大战中盟军在法国诺曼底登陆大败德军的日子。

10. 原文是“intransically”，英文中并没有这个词，但是有“intrinsically”（固有地，本质地）。艾斯美是个早熟的年轻女孩，喜欢用大词、难词——尽管有时候用得也不是很对。她这里显然是把“intrinsically”误念作“intransically”，而“我”是能听出来的。所以翻译设计让艾斯美把“秉性”误念作“冰性”，以求尽量符合原作文本的精神。

11. 这句话原文是用法语说的，“Il faut que je parte aussi”。说法语是艾斯美另一项早熟的特质——一项相当优雅的特质。

12. 这里原著故事叙述者故意用了法语“de bon goût”，是“有教养、有品位”的意思。

13. 艾尔·格列柯（1541—1614）：西班牙画家。

14. “您先请，阿方索”出自《阿方索和加斯顿》，二十世纪初一个著名的美国漫画系列，作者是弗里德里克·欧珀。主要人物阿方索和加斯顿是两个礼貌成癖的法国人，总是互相重复“您先请”，以至于最后什么事都做不成。

15. 原著中这个美术函授班的名称用的是法语“Les Amis Des Vieux Maîtres”。

16. 奥诺勒·杜米埃（1808—1879）：法国画家。

17. “暴发户”原文用的是法语“nouveau riche”，描述这封信时作者直接用的法语词还包括：“gagné”（获得）、“ulcération cancéreuse”（由溃疡所致的癌症）、“résolution”（决定）、“très pressé”（非常紧急，第一时间），以及信的落款“Jean de Daumier–Smith”。

18. 傅满洲是英国小说家萨克斯·洛莫（1883—1959）创作的侦探故事集中的一个中国恶棍形象，以狡诈奸猾著称。

19. 原文用的是法语“Le pauvre Picasso”。

20. 原文用的是法语“M. Picasso, où allez vous?”。

21. 原文用的是法语“Oui!”。

22. 原文用的是法语“Non, non, madame—merci!”。

23. 原文用的是法语“Qui, monsieur!”。

24. “提坦”（Titan）是文艺复兴时期大画家提香（Titian）的误拼。提坦原意为巨人神，是古希腊神话中的人物。这一贻笑大方的误拼足见这位学生人文修养的程度之低。

25. 抹大拉的马利亚被公认是《圣经·新约》里提到的耶稣最重要的一位女门徒。《马太福音》《马可福音》和《约翰福音》均明确提到抹大拉的马利亚是耶稣复活的第一位目击人。西方某些文学作品把她描述成曾经做过妓女后忏悔皈依；在天主教的传统中，她也是堕落者虔诚悔改的形象。这是将抹大拉的马利亚同《路加福音》中提到的无名的“有罪女子”混为一体，并非基督教信仰的一部分。

26. 原文用的是法语“Non, non—merci, madame.”。

27. 阿西西的圣方济各（1182—1226）：意大利罗马天主教修士，方济各会及方济各女修会的创始人，以宣讲“清贫福音”著称。

28. 彼得·阿伯拉尔（1079—1142）：法国经院哲学家、逻辑学家及神学家。他与法国女隐修院院长埃洛伊兹（1098—1164）在年轻时有过一段传奇的悲剧恋情。

29. 原文用的是法语“sorties”。

30. 此句原文是“I'll exquisite day you”，将名词短语“exquisite day”（姣好的天气）活用作动词是个很特别的表达，一种假设是泰迪刚刚说了一句评价天气的话，使用了这个短语；而他父亲原本就已经很恼怒，这时候儿子形容好天气的诡异措辞更激怒了他，便活用此短语来威胁儿子。直译有很大难度，便基于这一假设而译作“给你点儿姣好的天气尝尝”。

31. “赠予之马”译自“gift horse”，出自英语俗语“Don’t look a gift horse in the mouth”（不要去检查一匹作为礼物赠予的马的嘴巴），其含义是检查赠予之马的嘴巴不外乎要看看马的年龄，而这样做显然是不礼貌的。

32. 根据《圣经·旧约》记载，吗哪是古以色列人经过荒野时所得的天赐食物。

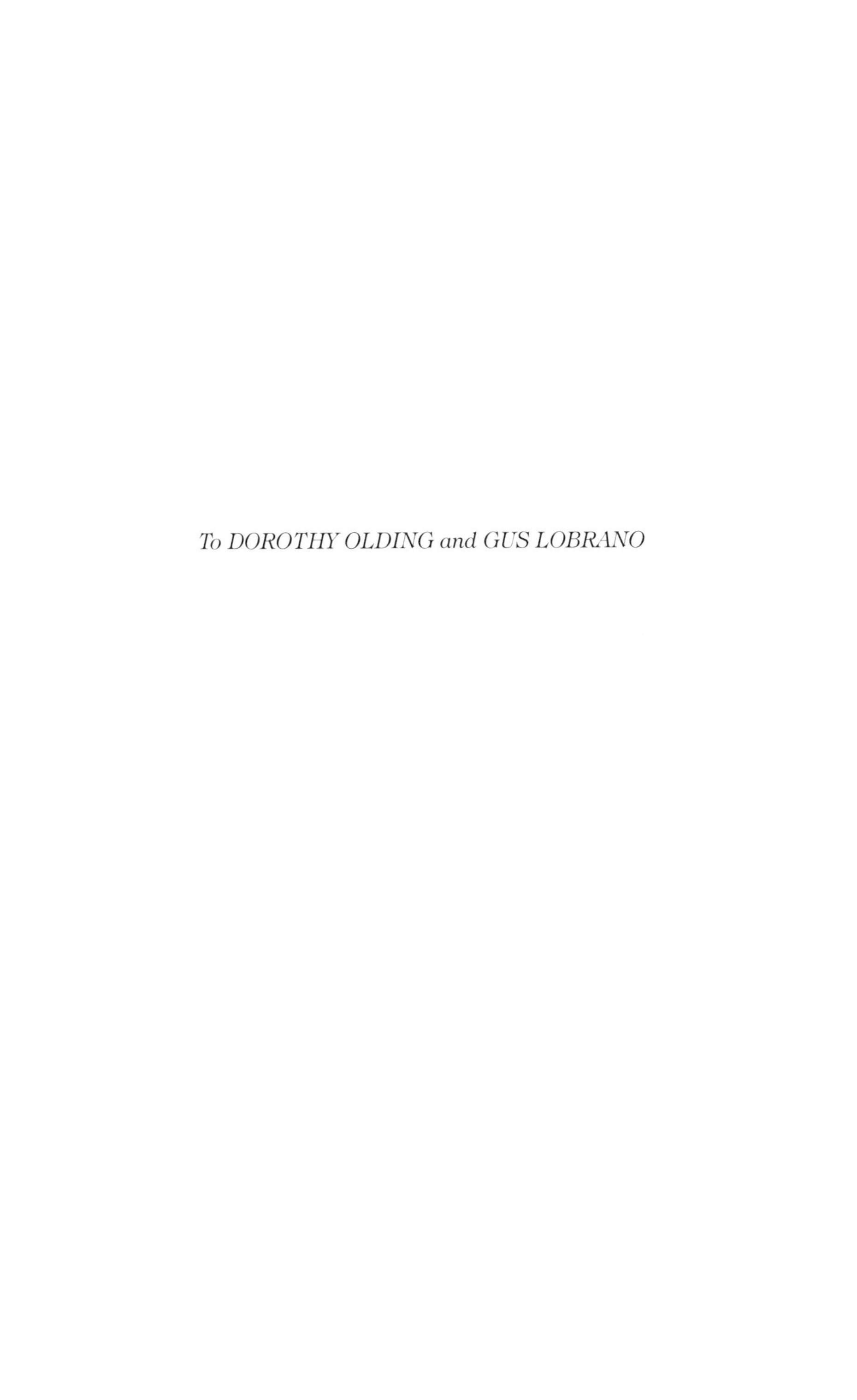

To DOROTHY OLDING and GUS LOBRANO

We know the sound of two hands clapping.

But what is the sound of one hand clapping?

—A ZEN KOAN

Contents

A Perfect Day for Bananafish

THERE WERE ninety-seven New York advertising men in the hotel, and, the way they were monopolizing the long-distance lines, the girl in 507 had to wait from noon till almost two-thirty to get her call through. She used the time, though. She read an article in a women's pocket-size magazine, called "Sex Is Fun—or Hell." She washed her comb and brush. She took the spot out of the skirt of her beige suit. She moved the button on her Saks blouse. She tweezed out two freshly surfaced hairs in her mole. When the operator finally rang her room, she was sitting on the window seat and had almost finished putting lacquer on the nails of her left hand.

She was a girl who for a ringing phone dropped exactly nothing. She looked as if her phone had been ringing continually ever since she had reached puberty.

With her little lacquer brush, while the phone was ringing, she went over the nail of her little finger, accentuating the line of the moon. She then replaced the cap on the bottle of lacquer and, standing up, passed her left—the wet—hand back and forth through the air. With her dry hand, she picked up a congested ashtray from the window seat and carried it with her over to the night table, on which the phone stood. She sat down on one of the made-up twin beds and—it was the fifth or sixth ring—picked up the phone.

"Hello," she said, keeping the fingers of her left hand outstretched and away from her white silk dressing gown, which was all that she was wearing, except mules—her rings were in the bathroom.

"I have your call to New York now, Mrs. Glass," the operator said.

"Thank you," said the girl, and made room on the night table for the ashtray.

A woman's voice came through. "Muriel? Is that you?"

The girl turned the receiver slightly away from her ear. "Yes, Mother. How are you?" she said.

"I've been worried to death about you. Why haven't you phoned? Are you all right?"

"I tried to get you last night and the night before. The phone here's been—"

"Are you all right, Muriel?"

The girl increased the angle between the receiver and her ear. "I'm fine. I'm hot. This is the hottest day they've had in Florida in—"

"Why haven't you called me? I've been worried to—"

"Mother, darling, don't yell at me. I can hear you beautifully," said the girl. "I called you twice last night. Once just after—"

"I *told* your father you'd probably call last night. But, no, he had to—Are you all right, Muriel? Tell me the truth."

"I'm fine. Stop asking me that, please."

"When did you get there?"

"I don't know. Wednesday morning, early."

"Who drove?"

"He did," said the girl. "And don't get excited. He drove very nicely.

I was amazed."

"*He* drove? Muriel, you gave me your word of—"

"Mother," the girl interrupted, "I just told you. He drove *very* nicely. Under fifty the whole way, as a matter of fact."

"Did he try any of that funny business with the trees?"

"I *said* he drove very nicely, Mother. Now, please. I asked him to stay close to the white line, and all, and he knew what I meant, and he did. He was even trying not to look at the trees—you could tell. Did Daddy get the car fixed, incidentally?"

"Not yet. They want four hundred dollars, just to—"

"Mother, Seymour *told* Daddy that he'd pay for it. There's no reason for—"

"Well, we'll see. How did he behave—in the car and all?"

"All right," said the girl.

"Did he keep calling you that awful—"

"No. He has something new now."

"What?"

"Oh, what's the *dif*ference, Mother?"

"Muriel, I want to *know*. Your father—"

"All right, all right. He calls me Miss Spiritual Tramp of 1948," the girl said, and giggled.

"It isn't funny, Muriel. It isn't funny at all. It's horrible. It's *sad*, actually. When I think how—"

"Mother," the girl interrupted, "listen to me. You remember that book he sent me from Germany? You know—those German poems. What'd I *do* with it? I've been racking my—"

"You have it."

"Are you *sure?* " said the girl.

"Certainly. That is, I have it. It's in Freddy's room. You left it here and I didn't have room for it in the—Why? Does he want it?"

"No. Only, he *asked* me about it, when we were driving down. He wanted to know if I'd read it."

"It was in German!"

"Yes, dear. That doesn't make any difference," said the girl, crossing her legs. "He said that the poems happen to be written by the *only great poet of the century*. He said I should've bought a translation or something. Or *learned the language*, if you please."

"Awful. Awful. It's *sad*, actually, is what it is. Your father said last night—"

"Just a second, Mother," the girl said. She went over to the window seat for her cigarettes, lit one, and returned to her seat on the bed. "Mother?" she said, exhaling smoke.

"Muriel. Now, listen to me."

"I'm listening."

"Your father talked to Dr. Sivetski."

"Oh?" said the girl.

"He told him *everything*. At least, he said he did—you know your father. The trees. That business with the window. Those horrible things he said to Granny about her plans for passing away. What he did with all those lovely pictures from Bermuda—*everything*."

"Well?" said the girl.

"Well. In the first place, he said it was a perfect *crime* the Army released him from the hospital—my word of honor. He very *definitely* told your father there's a chance—a very *great* chance, he said—that

Seymour may com*plete*ly lose control of himself. My word of honor."

"There's a psychiatrist here at the hotel," said the girl.

"*Who?* What's his name?"

"I don't know. Rieser or something. He's supposed to be very good."

"Never heard of him."

"Well, he's supposed to be very good, anyway."

"Muriel, don't be fresh, please. We're *very* worried about you. Your father wanted to wire you *last night* to come home, as a matter of f—"

"I'm not coming home right now, Mother. So relax."

"Muriel. My word of honor. Dr. Sivetski said Seymour may com*plete*ly lose contr—"

"I just *got* here, Mother. This is the first vacation I've had in years, and I'm not going to just *pack* everything and come home," said the girl. "I couldn't travel now anyway. I'm so sunburned I can hardly move."

"You're badly sunburned? Didn't you use that jar of Bronze I put in your bag? I put it right—"

"I used it. I'm burned anyway."

"That's terrible. Where are you burned?"

"All over, dear, all over."

"That's terrible."

"I'll live."

"Tell me, did you talk to this psychiatrist?"

"Well, sort of," said the girl.

"What'd he say? Where was Seymour when you talked to him?"

"In the Ocean Room, playing the piano. He's played the piano both nights we've been here."

"Well, what'd he say?"

"Oh, nothing much. He spoke to me first. I was sitting next to him at Bingo last night, and he asked me if that wasn't my husband playing the piano in the other room. I said yes, it was, and he asked me if Seymour's been sick or something. So I said—"

"Why'd he ask that?"

"*I* don't know, Mother. I guess because he's so pale and all," said the girl. "Anyway, after Bingo he and his wife asked me if I wouldn't like to join them for a drink. So I did. His wife was horrible. You remember that awful dinner dress we saw in Bonwit's window? The one you said you'd have to have a tiny, tiny—"

"The green?"

"She had it on. And all hips. She kept asking me if Seymour's related to that Suzanne Glass that has that place on Madison Avenue—the millinery."

"What'd he say, though? The doctor."

"Oh. Well, nothing much, really. I mean we were in the bar and all. It was terribly noisy."

"Yes, but did—did you tell him what he tried to do with Granny's chair?"

"*No*, Mother. I didn't go into details very much," said the girl. "I'll probably get a chance to talk to him again. He's in the bar *all* day long."

"Did he say he thought there was a chance he might get—you know—funny or anything? Do something to you!"

"Not exactly," said the girl. "He had to have more facts, Mother. They have to know about your childhood—all that stuff. I told you, we could hardly talk, it was so noisy in there."

"Well. How's your blue coat?"

"All right. I had some of the padding taken out."

"How *are* the clothes this year?"

"Terrible. But out of this world. You see sequins—everything," said the girl.

"How's your room?"

"All right. *Just* all right, though. We couldn't get the room we had before the war," said the girl. "The people are awful this year. You should see what sits next to us in the dining room. At the next table. They look as if they drove down in a truck."

"Well, it's that way all over. How's your ballerina?"

"It's too long. I *told* you it was too long."

"Muriel, I'm only going to ask you once more—are you really all right?"

"Yes, Mother," said the girl. "For the ninetieth time."

"And you don't want to come home?"

"*No*, Mother."

"Your father said last night that he'd be more than willing to pay for it if you'd go away someplace by yourself and think things over. You could take a lovely cruise. We both thought—"

"No, thanks," said the girl, and uncrossed her legs. "Mother, this call is costing a for—"

"When I think of how you waited for that boy *all* through the war—I mean when you think of all those crazy little wives who—"

"Mother," said the girl, "we'd better hang up. Seymour may come in any minute."

"Where is he?"

"On the beach."

"On the beach? By himself? Does he behave himself on the beach?"

"Mother," said the girl, "you talk about him as though he were a raving *maniac*—"

"I said nothing of the kind, Muriel."

"Well, you *sound* that way. I mean all he does is lie there. He won't take his bathrobe off."

"He won't take his bathrobe off? Why not?"

"*I* don't know. I guess because he's so pale."

"My goodness, he *needs* the sun. Can't you make him?"

"You know Seymour," said the girl, and crossed her legs again. "He says he doesn't want a lot of fools looking at his tattoo."

"He doesn't have any tattoo! Did he get one in the Army?"

"No, Mother. No, dear," said the girl, and stood up. "Listen, I'll call you tomorrow, maybe."

"Muriel. Now, listen to me."

"Yes, Mother," said the girl, putting her weight on her right leg.

"Call me the *instant* he does, or *says*, anything at all funny—you know what I mean. Do you hear me?"

"Mother, I'm not afraid of Seymour."

"Muriel, I want you to promise me."

"All right, I promise. Goodbye, Mother," said the girl. "My love to Daddy." She hung up.

"See more glass," said Sybil Carpenter, who was staying at the hotel with her mother. "Did you see more glass?"

"Pussycat, stop saying that. It's driving Mommy absolutely crazy. Hold still, please."

Mrs. Carpenter was putting sun-tan oil on Sybil's shoulders, spreading it down over the delicate, winglike blades of her back. Sybil was sitting insecurely on a huge, inflated beach ball, facing the ocean. She was wearing a canary-yellow two-piece bathing suit, one piece of which she would not actually be needing for another nine or ten years.

"It was really just an ordinary silk handkerchief—you could see when you got up close," said the woman in the beach chair beside Mrs. Carpenter's. "I wish I knew how she tied it. It was really darling."

"It sounds darling," Mrs. Carpenter agreed. "Sybil, *hold still*, pussy."

"Did you see more glass?" said Sybil.

Mrs. Carpenter sighed. "All right," she said. She replaced the cap on the sun-tan oil bottle. "Now run and play, pussy. Mommy's going up to the hotel and have a Martini with Mrs. Hubbel. I'll bring you the olive."

Set loose, Sybil immediately ran down to the flat part of the beach and began to walk in the direction of Fisherman's Pavilion. Stopping only to sink a foot in a soggy, collapsed castle, she was soon out of the area reserved for guests of the hotel.

She walked for about a quarter of a mile and then suddenly broke into an oblique run up the soft part of the beach. She stopped short when she reached the place where a young man was lying on his back.

"Are you going in the water, see more glass?" she said.

The young man started, his right hand going to the lapels of his terry-cloth robe. He turned over on his stomach, letting a sausaged towel fall away from his eyes, and squinted up at Sybil.

"Hey. Hello, Sybil."

"Are you going in the water?"

"I was waiting for *you*," said the young man. "What's new?"

"What?" said Sybil.

"What's new? What's on the program?"

"My daddy's coming tomorrow on a nairiplane," Sybil said, kicking sand.

"Not in my face, baby," the young man said, putting his hand on Sybil's ankle. "Well, it's about time he got here, your daddy. I've been expecting him hourly. Hourly."

"Where's the lady?" Sybil said.

"The lady?" The young man brushed some sand out of his thin hair. "That's hard to say, Sybil. She may be in any one of a thousand places. At the hairdresser's. Having her hair dyed mink. Or making dolls for poor children, in her room." Lying prone now, he made two fists, set one on top of the other, and rested his chin on the top one. "Ask me something else, Sybil," he said. "That's a fine bathing suit you have on. If there's one thing I like, it's a blue bathing suit."

Sybil stared at him, then looked down at her protruding stomach. "This is a *yellow*," she said. "This is a *yellow*."

"It is? Come a little closer."

Sybil took a step forward.

"You're absolutely right. What a fool I am."

"Are you going in the water?" Sybil said.

"I'm seriously considering it. I'm giving it plenty of thought, Sybil, you'll be glad to know."

Sybil prodded the rubber float that the young man sometimes used as a head-rest. "It needs *air*," she said.

"You're right. It needs more air than I'm willing to admit." He took away his fists and let his chin rest on the sand. "Sybil," he said, "you're looking fine. It's good to see you. Tell me about yourself." He reached in front of him and took both of Sybil's ankles in his hands. "I'm Capricorn," he said. "What are you?"

"Sharon Lipschutz said you let her sit on the piano seat with you," Sybil said.

"Sharon Lipschutz said that?"

Sybil nodded vigorously.

He let go of her ankles, drew in his hands, and laid the side of his face on his right forearm. "Well," he said, "you know how those things happen, Sybil. I was sitting there, playing. And you were nowhere in sight. And Sharon Lipschutz came over and sat down next to me. I couldn't push her off, could I?"

"Yes."

"Oh, no. No. I couldn't do that," said the young man. "I'll tell you what I did do, though."

"What?"

"I pretended she was you."

Sybil immediately stooped and began to dig in the sand. "Let's go in the water," she said.

"All right," said the young man. "I think I can work it in."

"Next time, push her off," Sybil said.

"Push who off?"

"Sharon Lipschutz."

"Ah, Sharon Lipschutz," said the young man. "How that name comes up. Mixing memory and desire." He suddenly got to his feet. He looked at the ocean. "Sybil," he said, "I'll tell you what we'll do. We'll see if we can catch a banana-fish."

"A what?"

"A bananafish," he said, and undid the belt of his robe. He took off the robe. His shoulders were white and narrow, and his trunks were royal blue. He folded the robe, first lengthwise, then in thirds. He unrolled the towel he had used over his eyes, spread it out on the sand, and then laid the folded robe on top of it. He bent over, picked up the float, and secured it under his right arm. Then, with his left hand, he took Sybil's hand.

The two started to walk down to the ocean.

"I imagine you've seen quite a few bananafish in your day," the young man said.

Sybil shook her head.

"You haven't? Where do you *live*, anyway?"

"I don't know," said Sybil.

"Sure you know. You must know. Sharon Lipschutz knows where *she* lives and *she's* only *three and a half*."

Sybil stopped walking and yanked her hand away from him. She picked up an ordinary beach shell and looked at it with elaborate interest. She threw it down. "Whirly Wood, Connecticut," she said, and resumed walking, stomach foremost.

"Whirly Wood, Connecticut," said the young man. "Is that anywhere near Whirly Wood, Connecticut, by any chance?"

Sybil looked at him. "That's where I *live*," she said impatiently. "I *live* in Whirly Wood, Connecticut." She ran a few steps ahead of him, caught up her left foot in her left hand, and hopped two or three times.

"You have no idea how clear that makes everything," the young man said.

Sybil released her foot. "Did you read 'Little Black Sambo'?" she said.

"It's very funny you ask me that," he said. "It so happens I just finished reading it last night." He reached down and took back Sybil's hand. "What did you think of it?" he asked her.

"Did the tigers run all around that tree?"

"I thought they'd never stop. I never saw so many tigers."

"There were only six," Sybil said.

"*Only* six!" said the young man. "Do you call that *only*?"

"Do you like wax?" Sybil asked.

"Do I like what?" asked the young man.

"Wax."

"Very much. Don't you?"

Sybil nodded. "Do you like olives?" she asked.

"Olives—yes. Olives and wax. I never go anyplace without 'em."

"Do you like Sharon Lipschutz?" Sybil asked.

"Yes. Yes, I do," said the young man. "What I like par*tic*ularly about her is that she never does anything mean to little dogs in the lobby of the hotel. That little toy bull that belongs to that lady from Canada, for instance. You probably won't believe this, but *some* little girls like to poke that little dog with balloon sticks. Sharon doesn't. She's never mean or unkind. That's why I like her so much."

Sybil was silent.

"I like to chew candles," she said finally.

"Who doesn't?" said the young man, getting his feet wet. "Wow! It's cold." He dropped the rubber float on its back. "No, wait just a second, Sybil. Wait'll we get out a little bit."

They waded out till the water was up to Sybil's waist. Then the young man picked her up and laid her down on her stomach on the float.

"Don't you ever wear a bathing cap or anything?" he asked.

"Don't let go," Sybil ordered. "You hold me, now."

"Miss Carpenter. Please. I know my business," the young man said. "You just keep your eyes open for any bananafish. This is a *perfect* day for bananafish."

"I don't see any," Sybil said.

"That's understandable. Their habits are very peculiar. *Very* peculiar." He kept pushing the float. The water was not quite up to his chest. "They lead a very tragic life," he said. "You know what they do, Sybil?"

She shook her head.

"Well, they swim into a hole where there's a lot of bananas. They're very ordinary-looking fish when they swim *in*. But once they get in, they behave like pigs. Why, I've known some banana-fish to swim into a banana hole and eat as many as seventy-eight bananas." He edged the float and its passenger a foot closer to the horizon. "Naturally, after that they're so fat they can't get out of the hole again. Can't fit through the door."

"Not too far out," Sybil said. "What happens to them?"

"What happens to who?"

"The bananafish."

"Oh, you mean after they eat so many bananas they can't get out of the banana hole?"

"Yes," said Sybil.

"Well, I hate to tell you, Sybil. They die."

"Why?" asked Sybil.

"Well, they get banana fever. It's a terrible disease."

"Here comes a *wave*," Sybil said nervously.

"We'll ignore it. We'll snub it," said the young man. "Two snobs." He took Sybil's ankles in his hands and pressed down and forward. The float nosed over the top of the wave. The water soaked Sybil's blond hair, but her scream was full of pleasure.

With her hand, when the float was level again, she wiped away a flat, wet band of hair from her eyes, and reported, "I just saw one."

"Saw what, my love?"

"A bananafish."

"My God, no!" said the young man. "Did he have any bananas in his mouth?"

"Yes," said Sybil. "Six."

The young man suddenly picked up one of Sybil's wet feet, which were drooping over the end of the float, and kissed the arch.

"Hey!" said the owner of the foot, turning around.

"Hey, yourself! We're going in now. You had enough?"

"No!"

"Sorry," he said, and pushed the float toward shore until Sybil got off it. He carried it the rest of the way.

"Goodbye," said Sybil, and ran without regret in the direction of the hotel.

The young man put on his robe, closed the lapels tight, and jammed his towel into his pocket. He picked up the slimy wet, cumbersome float and put it under his arm. He plodded alone through the soft, hot sand toward the hotel.

On the sub-main floor of the hotel, which the management directed bathers to use, a woman with zinc salve on her nose got into the elevator with the young man.

"I see you're looking at my feet," he said to her when the car was in motion.

"I beg your pardon?" said the woman.

"I said I see you're looking at my feet."

"I *beg* your pardon. I happened to be looking at the floor," said the woman, and faced the doors of the car.

"If you want to look at my feet, say so," said the young man. "But don't be a God-damned sneak about it."

"Let me out here, please," the woman said quickly to the girl operating the car.

The car doors opened and the woman got out without looking back.

"I have two normal feet and I can't see the slightest God-damned reason why anybody should stare at them," said the young man. "Five, please." He took his room key out of his robe pocket.

He got off at the fifth floor, walked down the hall, and let himself into 507. The room smelled of new calfskin luggage and nail-lacquer remover.

He glanced at the girl lying asleep on one of the twin beds. Then he went over to one of the pieces of luggage, opened it, and from under a pile of shorts and undershirts he took out an Ortgies calibre 7.65

automatic. He released the magazine, looked at it, then reinserted it. He cocked the piece. Then he went over and sat down on the unoccupied twin bed, looked at the girl, aimed the pistol, and fired a bullet through his right temple.

Uncle Wiggily in Connecticut

IT WAS ALMOST THREE O'CLOCK when Mary Jane finally found Eloise's house. She explained to Eloise, who had come out to the driveway to meet her, that everything had been absolutely *perfect*, that she had remembered the way *exactly*, until she had turned off the Merrick Parkway. Eloise said, "*Merritt* Parkway, baby," and reminded Mary Jane that she had found the house twice before, but Mary Jane just wailed something ambiguous, something about her box of Kleenex, and rushed back to her convertible. Eloise turned up the collar of her camel's-hair coat, put her back to the wind, and waited. Mary Jane was back in a minute using a leaf of Kleenex and still looking upset, even fouled. Eloise said cheerfully that the whole damn lunch was burned—sweetbreads, everything—but Mary Jane said she'd eaten anyway, on the road. As the two walked toward the house, Eloise asked Mary Jane how it happened she had the day off. Mary Jane said she didn't have the *whole* day off; it was just that Mr. Weyinburg had a hernia and was home in Larchmont, and she had to bring him his mail and take a couple of letters every afternoon. She asked Eloise, "Just exactly what *is* a hernia, anyway?" Eloise, dropping her cigarette on the soiled snow underfoot, said she didn't *actually* know but that Mary Jane didn't have to worry much about getting one. Mary Jane said, "Oh," and the two girls entered the house.

Twenty minutes later, they were finishing their first highball in the living room and were talking in the manner peculiar, probably limited, to former college roommates. They had an even stronger bond between them; neither of them had graduated. Eloise had left college in the middle of her sophomore year, in 1942, a week after she had been caught with a soldier in a closed elevator on the third floor of her residence hall. Mary Jane had left—same year, same class, almost the same month—to marry an aviation cadet stationed in Jacksonville, Florida, a lean, air-minded boy from Dill, Mississippi, who had spent two of the three months Mary Jane had been married to him in jail for stabbing an M. P.

"No," Eloise was saying. "It was actually *red*." She was stretched out on the couch, her thin but very pretty legs crossed at the ankles.

"I heard it was blond," Mary Jane repeated. She was seated in the blue straight chair. "Wuddayacallit swore up and down it was blond."

"Uh-uh. Definitely." Eloise yawned. "I was almost in the *room* with her when she dyed it. What's the matter? Aren't there any cigarettes in there?"

"It's all right. I have a whole pack," Mary Jane said. "Somewhere." She searched through her handbag.

"That dopey maid," Eloise said without moving from the couch. "I dropped two brand-new cartons in front of her nose about an hour ago. She'll be in, any minute, to ask me what to do with them. Where the hell was I?"

"Thieringer," Mary Jane prompted, lighting one of her own cigarettes.

"Oh, yeah. I remember exactly. She dyed it the *night* before she married that Frank Henke. You remember him at all?"

"Just sort of. Little ole private? Terribly unattractive?"

"Unattractive. God! He looked like an unwashed Bela Lugosi."

Mary Jane threw back her head and roared. "Marvellous," she said, coming back into drinking position.

"Gimme your glass," Eloise said, swinging her stockinged feet to the floor and standing up. "Honestly, that *dope*. I did everything but get Lew to make love to her to get her to come out here with us. Now I'm sorry I—Where'd you get that thing?"

"*This?* " said Mary Jane, touching a cameo brooch at her throat. "I had it at school, for goodness sake. It was Mother's."

"God," Eloise said, with the empty glasses in her hands. "I don't have one damn thing holy to wear. If Lew's mother ever dies—ha, ha—she'll probably leave me some old monogrammed ice-pick or something."

"How're you getting along with her these days, anyway?"

"Don't be funny," Eloise said on her way to the kitchen.

"This is positively the last one for me!" Mary Jane called after her.

"Like hell it is. *Who* called *who*? And who came two hours late? You're gonna stick around till I'm sick of you. The hell with your lousy career."

Mary Jane threw back her head and roared again, but Eloise had already gone into the kitchen.

With little or no wherewithal for being left alone in a room, Mary Jane stood up and walked over to the window. She drew aside the curtain and leaned her wrist on one of the crosspieces between panes, but, feeling grit, she removed it, rubbed it clean with her other hand, and stood up more erectly. Outside, the filthy slush was visibly turning to ice. Mary Jane let go the curtain and wandered back to the blue chair, passing two heavily stocked bookcases without glancing at any of the titles. Seated, she opened her handbag and used the mirror to look at her teeth. She closed her lips and ran her tongue hard over her upper front teeth, then took another look.

"It's getting so *icy* out," she said, turning. "God, that was quick. Didn't you put any soda in them?"

Eloise, with a fresh drink in each hand, stopped short. She extended both index fingers, gun-muzzle style, and said, "Don't nobody move. I got the whole damn place surrounded."

Mary Jane laughed and put away her mirror.

Eloise came forward with the drinks. She placed Mary Jane's insecurely in its coaster but kept her own in hand. She stretched out on the couch again. "Wuddaya think she's doing out there?" she said. "She's sitting on her big, black butt reading 'The Robe.' I dropped the ice trays taking them out. She actually looked up annoyed."

"This is my last. And I mean it," Mary Jane said, picking up her drink. "Oh, listen! You know who I saw last week? On the main floor of Lord & Taylor's?"

"Mm-hm," said Eloise, adjusting a pillow under her head. "Akim Tamiroff."

"*Who?*" said Mary Jane. "Who's he?"

"Akim Tamiroff. He's in the movies. He always says, 'You make beeg joke—hah? ' I love him. ... There isn't one damn pillow in this house that I can stand. Who'd you see?"

"Jackson. She was—"

"Which one?"

"I don't know. The one that was in our Psych class, that always—"

"Both of them were in our Psych class."

"Well. The one with the terrific—"

"Marcia Louise. I ran into her once, too. She talk your ear off?"

"God, yes. But you know what she told me, though? Dr. Whiting's dead. She said she had a letter from Barbara Hill saying Whiting got cancer last summer and died and all. She only weighed sixty-two pounds. When she died. Isn't that terrible?"

"No."

"Eloise, you're getting hard as nails."

"Mm. What else'd she say?"

"Oh, she just got back from Europe. Her husband was stationed in Germany or something, and she was with him. They had a forty-seven-room house, she said, just with one other couple, and about ten servants. Her own horse, and the groom they had, used to be Hitler's own private riding master or something. Oh, and she started to tell me how she almost got raped by a colored soldier. *Right* on the main floor of Lord & Taylor's she started to tell me—you know Jackson. She said he was her husband's chauffeur, and he was driving her to market or something one morning. She said she was so scared she didn't even—"

"Wait just a second." Eloise raised her head and her voice. "Is that you, Ramona?"

"Yes," a small child's voice answered.

"Close the front door after you, please," Eloise called.

"Is that Ramona? Oh, I'm dying to see her. Do you realize I haven't seen her since she had her—"

"Ramona," Eloise shouted, with her eyes shut, "go out in the kitchen and let Grace take your galoshes off."

"All right," said Ramona. "C'mon, Jimmy."

"Oh, I'm dying to see her," Mary Jane said.

"Oh, *God!* Look what I did. I'm *ter*ribly sorry, El."

"Leave it. *Leave* it," said Eloise. "I hate this damn rug anyway. I'll get you another."

"No, look, I have more than half left!" Mary Jane held up her glass.

"Sure?" said Eloise. "Gimme a cigarette."

Mary Jane extended her pack of cigarettes, saying, "Oh, I'm dying to see her. Who does she look like now?"

Eloise struck a light. "Akim Tamiroff."

"No, seriously."

"Lew. She looks like Lew. When his mother comes over, the three of them look like triplets." Without sitting up, Eloise reached for a stack of ashtrays on the far side of the cigarette table. She successfully lifted off the top one and set it down on her stomach. "What I need is a cocker spaniel or something," she said. "Somebody that looks like me."

"How're her eyes now?" Mary Jane asked. "I mean they're not any worse or anything, are they?"

"God! Not that I know of."

"Can she see at all without her glasses? I mean if she gets up in the night to go to the john or something?"

"She won't tell anybody. She's lousy with secrets."

Mary Jane turned around in her chair. "Well, hel*lo*, Ramona!" she said. "Oh, what a *pretty* dress!" She set down her drink. "I'll bet you don't even remember me, Ramona."

"Certainly she does. Who's the lady, Ramona?"

"Mary Jane," said Ramona, and scratched herself.

"Marvellous!" said Mary Jane. "Ramona, will you give me a little kiss?"

"Stop that," Eloise said to Ramona.

Ramona stopped scratching herself.

"Will you give me a little kiss, Ramona?" Mary Jane asked again.

"I don't like to kiss people."

Eloise snorted, and asked, "Where's Jimmy?"

"He's here."

"Who's Jimmy?" Mary Jane asked Eloise.

"Oh, God! Her beau. Goes where she goes. Does what she does. All very hoopla."

"*Really?*" said Mary Jane enthusiastically. She leaned forward. "Do you have a beau, Ramona?"

Ramona's eyes, behind thick, counter-myopia lenses, did not reflect even the smallest part of Mary Jane's enthusiasm.

"Mary Jane asked you a question, Ramona," Eloise said.

Ramona inserted a finger into her small, broad nose.

"Stop that," Eloise said. "Mary Jane asked you if you have a beau."

"Yes," said Ramona, busy with her nose.

"Ramona," Eloise said. "Cut that out. But immediately."

Ramona put her hand down.

"Well, I think that's just wonderful," Mary Jane said. "What's his name? Will you tell me his name, Ramona? Or is it a big secret?"

"Jimmy," Ramona said.

"Jimmy? Oh, I love the name Jimmy! Jimmy what, Ramona?"

"Jimmy Jimmereeno," said Ramona.

"Stand still," said Eloise.

"Well! That's quite a name. Where is Jimmy? Will you tell me, Ramona?"

"Here," said Ramona.

Mary Jane looked around, then looked back at Ramona, smiling as provocatively as possible. "Here where, honey?"

"*Here*," said Ramona. "I'm holding his *hand*."

"I don't get it," Mary Jane said to Eloise, who was finishing her drink.

"Don't look at *me*," said Eloise.

Mary Jane looked back at Ramona. "Oh, *I* see. Jimmy's just a make-believe little boy. Marvellous." Mary Jane leaned forward cordially. "How do you *do*, Jimmy?" she said.

"He won't talk to you," said Eloise. "Ramona, tell Mary Jane about Jimmy."

"Tell her *what?*"

"Stand up, please. ... Tell Mary Jane how Jimmy looks."

"He has green eyes and black hair."

"What else?"

"No mommy and no daddy."

"What else?"

"No freckles."

"What else?"

"A sword."

"What else?"

"I don't know," said Ramona, and began to scratch herself again.

"He sounds *beau*tiful!" Mary Jane said, and leaned even farther forward in her chair. "Ramona. Tell me. Did Jimmy take off *his* galoshes, too, when you came in?"

"He has boots," Ramona said.

"Marvellous," Mary Jane said to Eloise.

"You just think so. I get it all day long. Jimmy eats with her. Takes a bath with her. Sleeps with her. She sleeps way over to one side of the bed, so's not to roll over and hurt him."

Looking absorbed and delighted with this information, Mary Jane took in her lower lip, then released it to ask, "Where'd he get that name, though?"

"Jimmy Jimmereeno? God knows."

"Probably from some little boy in the neighborhood."

Eloise, yawning, shook her head. "There are no little boys in the neighborhood. No children at all. They call me Fertile Fanny behind my—"

"Mommy," Ramona said, "can I go out and play?"

Eloise looked at her. "You just came *in*," she said.

"Jimmy wants to go out again."

"Why, may I ask?"

"He left his sword outside."

"Oh, him and his goddam sword," Eloise said. "Well. Go ahead. Put your galoshes back on."

"Can I have this?" Ramona said, taking a burned match out of the ashtray.

"*May* I have this. Yes. Stay out of the street, please."

"Goodbye, Ramona!" Mary Jane said musically.

"Bye," said Ramona. "C'mon, Jimmy."

Eloise lunged suddenly to her feet. "Gimme your glass," she said.

"No, really, El. I'm supposed to be in *Larchmont*. I mean Mr. Weyinburg's *so* sweet, I hate to—"

"Call up and say you were killed. Let go of that damn glass."

"No, honestly, El. I mean it's getting so *terribly* icy. I have hardly any anti-freeze in the car. I mean if I don't—"

"Let it freeze. Go phone. Say you're dead," said Eloise. "Gimme that."

"Well ... Where's the phone?"

"It went," said Eloise, carrying the empty glasses and walking toward the dining room, "—this-a-way." She stopped short on the floor board between the living room and the dining room and executed a grind and a bump. Mary Jane giggled.

"I mean you didn't really *know* Walt," said Eloise at a quarter of five, lying on her back on the floor, a drink balanced upright on her small-breasted chest. "He was the only boy I ever knew that could make me laugh. I mean *really* laugh." She looked over at Mary Jane. "You remember that night—our last year—when that crazy Louise Hermanson busted in the room wearing that black brassière she bought in Chicago?"

Mary Jane giggled. She was lying on her stomach on the couch, her chin on the armrest, facing Eloise. Her drink was on the floor, within reach.

"Well, he could make me laugh *that* way," Eloise said. "He could do it when he talked to me. He could do it over the phone. He could even do it in a letter. And the best thing about it was that he didn't even try to be funny—he just *was* funny." She turned her head slightly toward Mary Jane. "Hey, how 'bout throwing me a cigarette?"

"I can't reach 'em," Mary Jane said.

"Nuts to you." Eloise looked up at the ceiling again. "Once," she said, "I fell down. I used to wait for him at the bus stop, right outside the PX, and he showed up late once, just as the bus was pulling out. We started to run for it, and I fell and twisted my ankle. He said, 'Poor Uncle Wiggily.' He meant my ankle. Poor old Uncle Wiggily, he called it. ... God, he was nice."

"Doesn't Lew have a sense of humor?" Mary Jane said.

"What?"

"Doesn't Lew have a sense of humor?"

"Oh, God! Who knows? Yes. I guess so. He laughs at cartoons and stuff." Eloise raised her head, lifted her drink from her chest, and drank from it.

"Well," Mary Jane said. "That isn't everything. I mean that isn't everything."

"What isn't?"

"Oh ... you know. Laughing and stuff."

"Who says it isn't?" Eloise said. "Listen, if you're not gonna be a nun or something, you might as well laugh."

Mary Jane giggled. "You're *ter*rible," she said.

"Ah, God, he was nice," Eloise said. "He was either funny or sweet. Not that damn little-boy sweet, either. It was a special kind of sweet. You know what he did once?"

"Uh-uh," Mary Jane said.

"We were on the train going from Trenton to New York—it was just right after he was drafted. It was cold in the car and I had my coat sort of over us. I remember I had Joyce Morrow's cardigan on underneath—you remember that darling blue cardigan she had?"

Mary Jane nodded, but Eloise didn't look over to get the nod.

"Well, he sort of had his hand on my stomach. You know. Anyway, all of a sudden he said my stomach was so beautiful he wished some officer would come up and order him to stick his other hand through the window. He said he wanted to do what was fair. Then he took his hand away and told the conductor to throw his shoulders back. He told him if there was one thing he couldn't stand it was a man who didn't look proud of his uniform. The conductor just told him to go back to sleep." Eloise reflected a moment, then said, "It wasn't always what he said, but how he said it. You know."

"Have you ever told Lew about him—I mean, at all?"

"Oh," Eloise said, "I started to, once. But the first thing he asked me was what his rank was."

"What was his rank?"

"Ha!" said Eloise.

"No, I just meant—"

Eloise laughed suddenly, from her diaphragm. "You know what he said once? He said he felt he was advancing in the Army, but in a different direction from everybody else. He said that when he'd get his first promotion, instead of getting stripes he'd have his sleeves taken away from him. He said when he'd get to be a general, he'd be stark naked. All he'd be wearing would be a little infantry button in his navel." Eloise looked over at Mary Jane, who wasn't laughing. "Don't you think that's funny?"

"Yes. Only, why don't you tell Lew about him sometime, though?"

"Why? Because he's too damn unintelligent, that's why," Eloise said. "Besides. Listen to me, career girl. If you ever get married again, don't tell your husband *any*thing. Do you hear me?"

"Why?" said Mary Jane.

"Because I say so, that's why," said Eloise. "They wanna think you spent your whole life vomiting every time a boy came near you. I'm not kidding, either. Oh, you can tell them stuff. But never honestly. I mean never *honestly*. If you tell 'em you once knew a handsome boy, you gotta say in the same breath that he was *too* handsome. And if you tell 'em you knew a witty boy, you gotta tell 'em he was kind of a smart aleck, though, or a wise guy. If you *don't*, they hit you over the head with the poor boy every time they get a chance." Eloise paused to drink from her glass and to think. "Oh," she said, "they'll listen very *maturely* and all that. They'll even look intelligent as hell. But don't let it fool you. Believe me. You'll go through *hell* if you ever give 'em any credit for intelligence. Take my word."

Mary Jane, looking depressed, raised her chin from the armrest of the couch. For a change, she supported her chin on her forearm. She thought over Eloise's advice. "You can't call Lew not intelligent," she said aloud.

"*Who* can't?"

"I mean isn't he intelligent?" Mary Jane said innocently.

"Oh," said Eloise, "what's the use of talking? Let's drop it. I'll just depress you. Shut me up."

"Well, wudga marry him for, then?" Mary Jane said.

"Oh, God! I don't know. He told me he loved Jane Austen. He told me her books meant a great deal to him. That's exactly what he said. I found out after we were married that he hadn't even read *one* of her books. You know who his favorite author is?"

Mary Jane shook her head.

"L. Manning Vines. Ever hear of him?"

"Uh-uh."

"Neither did I. Neither did anybody else. He wrote a book about four men that starved to death in Alaska. Lew doesn't remember the name of it, but it's the most beautifully *written* book he's ever read. *Christ!* He isn't even honest enough to come right out and say he liked it because it was about four guys that starved to death in an igloo or something. He has to say it was beautifully *written*."

"You're too critical," Mary Jane said. "I mean you're too critical. Maybe it *was* a good—"

"Take my word for it, it couldn't've been," Eloise said. She thought for a moment, then added, "At least, you have a job. I mean at least you—"

"But listen, though," said Mary Jane. "Do you think you'll ever tell him Walt was killed, even? I mean he wouldn't be jealous, would he, if he knew Walt was—you know. Killed and everything."

"Oh, lover! You poor, innocent little career girl," said Eloise. "He'd be worse. He'd be a *ghoul*. Listen. All he knows is that I went around with somebody named Walt—some *wisecracking* G.I. The last thing I'd do would be to tell him he was killed. But the last thing. And if I did—which I wouldn't—but if I *did*, I'd tell him he was killed in action."

Mary Jane pushed her chin farther forward over the edge of her forearm.

"El..." she said.

"Uh?"

"Why won't you tell me how he was killed? I *swear* I won't tell anybody. Honestly. Please."

"No."

"Please. Honestly. I won't tell anybody."

Eloise finished her drink and replaced the empty glass upright on her chest. "You'd tell Akim Tamiroff," she said.

"No, I wouldn't! I mean I wouldn't tell any—"

"Oh," said Eloise, "his regiment was resting someplace. It was between battles or something, this friend of his said that wrote me. Walt and some other boy were putting this little Japanese stove in a package. Some colonel wanted to send it home. Or they were taking it *out* of the package to rewrap it—I don't know exactly. Anyway, it was all full of gasoline and junk and it exploded in their faces. The other boy just lost an eye." Eloise began to cry. She put her hand around the empty glass on her chest to steady it.

Mary Jane slid off the couch and, on her knees, took three steps over to Eloise and began to stroke her forehead. "Don't cry, El. Don't cry."

"Who's crying?" Eloise said.

"I know, but don't. I mean it isn't worth it or anything."

The front door opened.

"That's Ramona back," Eloise said nasally. "Do me a favor. Go out in the kitchen and tell whosis to give her her dinner early. Willya?"

"All right, if you promise not to cry, though."

"I promise. Go on. I don't feel like going out to that damn kitchen right this minute."

Mary Jane stood up, losing and recovering her balance, and left the room.

She was back in less than two minutes, with Ramona running ahead of her. Ramona ran as flatfooted as possible, trying to get the maximum noise out of her open galoshes.

"She wouldn't let me take her galoshes off," Mary Jane said.

Eloise, still lying on her back on the floor, was using her handkerchief. She spoke into it, addressing Ramona. "Go out and tell Grace to take your galoshes off. You know you're not supposed to come into the—"

"She's in the lavatory," Ramona said.

Eloise put away her handkerchief and hoisted herself to a sitting position. "Gimme your foot," she said. "Sit down, first, please. ... Not *there—here*. God!"

On her knees, looking under the table for her cigarettes, Mary Jane said, "Hey. Guess what happened to Jimmy."

"No idea. Other foot. *Other* foot."

"He got runned over," said Mary Jane. "Isn't that tragic?"

"I saw Skipper with a bone," Ramona told Eloise.

"What happened to Jimmy?" Eloise said to her.

"He got runned over and killed. I saw Skipper with a bone, and he wouldn't—"

"Gimme your forehead a second," Eloise said. She reached out and felt Ramona's forehead. "You feel a little feverish. Go tell Grace you're to have your dinner upstairs. Then you're to go straight to bed. I'll be up later. Go on, now, please. Take these *with* you."

Ramona slowly giant-stepped her way out of the room.

"Throw me one," Eloise said to Mary Jane. "Let's have another drink."

Mary Jane carried a cigarette over to Eloise. "Isn't that something? About Jimmy? What an imagination!"

"Mm. You go get the drinks, huh? And bring the bottle ... I don't wanna go out there. The whole damn place smells like orange juice."

At five minutes past seven, the phone rang. Eloise got up from the window seat and felt in the dark for her shoes. She couldn't find them. In her stocking feet, she walked steadily, almost languidly, toward the phone. The ringing didn't disturb Mary Jane, who was asleep on the couch, face down.

"Hello," Eloise said into the phone, without having turned the overhead light on. "Look, I can't meet you. Mary Jane's here. She's got her car parked right in front of me and she can't find the key. I can't get out. We spent about twenty minutes looking for it in the wuddayacallit—the snow and stuff. Maybe you can get a lift with Dick and Mildred." She listened. "Oh. Well, that's tough, kid. Why don't you boys form a platoon and march home? You can say that hut-hope-hoop-hoop business. You can be the big shot." She listened again. "I'm not funny," she said. "Really, I'm not. It's just my face." She hung up.

She walked, less steadily, back into the living room. At the window seat, she poured what was left in the bottle of Scotch into her glass. It made about a finger. She drank it off, shivered, and sat down.

When Grace turned on the light in the dining room, Eloise jumped. Without getting up, she called in to Grace, "You better not serve until eight, Grace. Mr. Wengler'll be a little late."

Grace appeared in the dining-room light but didn't come forward. "The lady go?" she said.

"She's resting."

"Oh," said Grace. "Miz Wengler, I wondered if it'd be all right if my husband passed the evenin' here. I got plentya room in my room, and he don't have to be back in New York till tomorrow mornin', and it's so *bad* out."

"Your husband? Where is he?"

"Well, right now," Grace said, "he's in the kitchen."

"Well, I'm afraid he can't spend the night here, Grace."

"Ma'am?"

"I say I'm afraid he can't spend the night here. I'm not running a hotel."

Grace stood for a moment, then said, "Yes, Ma'am," and went out to the kitchen

Eloise left the living room and climbed the stairs, which were lighted very faintly by the overglow from the dining room. One of Ramona's galoshes was lying on the landing. Eloise picked it up and threw it, with as much force as possible, over the side of the banister; it struck the foyer floor with a violent thump.

She snapped on the light in Ramona's room and held onto the switch, as if for support. She stood still for a moment looking at Ramona. Then she let go of the light switch and went quickly over to the bed.

"Ramona. Wake up. Wake *up*."

Ramona was sleeping far over on one side of the bed, her right buttock off the edge. Her glasses were on a little Donald Duck night table, folded neatly and laid stems down.

"*Ramona!*"

The child awoke with a sharp intake of breath. Her eyes opened wide, but she narrowed them almost at once. "Mommy?"

"I thought you told me Jimmy Jimmereeno was run over and killed."

"What?"

"You heard me," Eloise said. "Why are you sleeping way over here?"

"Because," said Ramona.

"Because why? Ramona, I don't feel like—"

"Because I don't want to hurt Mickey."

"*Who?*"

"Mickey," said Ramona, rubbing her nose. "Mickey Mickeranno."

Eloise raised her voice to a shriek. "You get in the center of that bed. *Go on*."

Ramona, extremely frightened, just looked up at Eloise.

"All right." Eloise grabbed Ramona's ankles and half lifted and half pulled her over to the middle of the bed. Ramona neither struggled nor cried; she let herself be moved without actually submitting to it.

"Now go to sleep," Eloise said, breathing heavily. "Close your eyes. ... You heard me, *close* them."

Ramona closed her eyes.

Eloise went over to the light switch and flicked it off. But she stood for a long time in the doorway. Then, suddenly, she rushed, in the dark, over to the night table, banging her knee against the foot of the bed, but too full of purpose to feel pain. She picked up Ramona's glasses and, holding them in both hands, pressed them against her cheek. Tears rolled down her face, wetting the lenses. "Poor Uncle Wiggily," she said over and over again. Finally, she put the glasses back on the night table, lenses down.

She stooped over, losing her balance, and began to tuck in the blankets of Ramona's bed. Ramona was awake. She was crying and had been crying. Eloise kissed her wetly on the mouth and wiped the hair out of her eyes and then left the room.

She went downstairs, staggering now very badly, and wakened Mary Jane.

"*Wuzzat?* Who? *Huh?*" said Mary Jane, sitting bolt upright on the couch.

"Mary Jane. Listen. Please," Eloise said, sobbing. "You remember our freshman year, and I had that brown-and-yellow dress I bought in Boise, and Miriam Ball told me nobody wore those kind of dresses in New York, and I cried all night?" Eloise shook Mary Jane's arm. "I was a nice girl," she pleaded, "wasn't I?"

Just Before the War with the Eskimos

FIVE STRAIGHT SATURDAY MORNINGS, Ginnie Mannox had played tennis at the East Side Courts with Selena Graff, a classmate at Miss Basehoar's. Ginnie openly considered Selena the biggest drip at Miss Basehoar's—a school ostensibly abounding with fair-sized drips—but at the same time she had never known anyone like Selena for bringing fresh cans of tennis balls. Selena's father made them or something. (At dinner one night, for the edification of the entire Mannox family, Ginnie had conjured up a vision of dinner over at the Graffs'; it involved a perfect servant coming around to everyone's left with, instead of a glass of tomato juice, a can of tennis balls.) But this business of dropping Selena off at her house after tennis and then getting stuck—every single time—for the whole cab fare was getting on Ginnie's nerves. After all, taking the taxi home from the courts instead of the bus had been Selena's idea. On the fifth Saturday, however, as the cab started north in York Avenue, Ginnie suddenly spoke up.

"Hey, Selena..."

"What?" asked Selena, who was busy feeling the floor of the cab with her hand. "I can't find the cover to my racket!" she moaned.

Despite the warm May weather, both girls were wearing topcoats over their shorts.

"You put it in your pocket," Ginnie said. "Hey, listen—"

"Oh, God! You've saved my life!"

"Listen," said Ginnie, who wanted no part of Selena's gratitude.

"What?"

Ginnie decided to come right out with it. The cab was nearly at Selena's street. "I don't feel like getting stuck for the whole cab fare again today," she said. "I'm no millionaire, ya know."

Selena looked first amazed, then hurt. "Don't I always pay half?" she asked innocently.

"No," said Ginnie flatly. "You paid half the *first* Saturday. Way in the beginning of last month. And since then not even once. I don't wanna be ratty, but I'm actually ex*ist*ing on four-fifty a week. And out of that I have to—"

"I always bring the tennis balls, don't I?" Selena asked unpleasantly.

Sometimes Ginnie felt like killing Selena. "Your father *makes* them or something," she said. "They don't cost *you* anything. I have to pay for every single little—"

"All right, all right," Selena said, loudly and with finality enough to give herself the upper hand. Looking bored, she went through the pockets of her coat. "I only have thirty-five cents," she said coldly. "Is that enough?"

"No. I'm sorry, but you owe me a dollar sixty-five. I've been keeping track of every—"

"I'll have to go upstairs and get it from my mother. Can't it wait till *Monday?* I could bring it to *gym* with me if it'd make you happy."

Selena's attitude defied clemency.

"No," Ginnie said. "I have to go to the movies tonight. I need it."

In hostile silence, the girls stared out of opposite windows until the cab pulled up in front of Selena's apartment house. Then Selena, who was seated nearest the curb, let herself out. Just barely leaving the cab door open, she walked briskly and obliviously, like visiting Hollywood royalty, into the building. Ginnie, her face burning, paid the fare. She then collected her tennis things—racket, hand towel, and sun hat—and followed Selena. At fifteen, Ginnie was about five feet nine in her 9-B tennis shoes, and as she entered the lobby, her self-conscious, rubber-soled awkwardness lent her a dangerous amateur quality. It made Selena prefer to watch the indicator dial over the elevator.

"That makes a dollar ninety you owe me," Ginnie said, striding up to the elevator.

Selena turned. "It may just interest you to know," she said, "that my mother is very ill."

"What's the matter with her?"

"She virtually has pneumonia, and if you think I'm going to enjoy disturbing her just for money ..." Selena delivered the incomplete sentence with all possible aplomb.

Ginnie was, in fact, slightly put off by this information, whatever its degree of truth, but not to the point of sentimentality. "I didn't give it to her," she said, and followed Selena into the elevator.

When Selena had rung her apartment bell, the girls were admitted—or rather, the door was drawn in and left ajar—by a colored maid with whom Selena didn't seem to be on speaking terms. Ginnie dropped her tennis things on a chair in the foyer and followed Selena. In the living room, Selena turned and said, "Do you mind waiting here? I *may* have to wake Mother up and everything."

"O.K.," Ginnie said, and plopped down on the sofa.

"I never in my life would've thought you could be so small about anything," said Selena, who was just angry enough to use the word "small" but not quite brave enough to emphasize it.

"Now you know," said Ginnie, and opened a copy of *Vogue* in front of her face. She kept it in this position till Selena had left the room, then put it back on top of the radio. She looked around the room, mentally rearranging furniture, throwing out table lamps, removing artificial flowers. In her opinion, it was an altogether hideous room—expensive but cheesy.

Suddenly, a male voice shouted from another part of the apartment, "*Eric? That you?*"

Ginnie guessed it was Selena's brother, whom she had never seen. She crossed her long legs, arranged the hem of her polo coat over her knees, and waited.

A young man wearing glasses and pajamas and no slippers lunged into the room with his mouth open. "Oh. I thought it was Eric, for Chrissake," he said. Without stopping, and with extremely poor posture, he continued across the room, cradling something close to his narrow chest. He sat down on the vacant end of the sofa. "I just cut my goddam finger," he said rather wildly. He looked at Ginnie as if he had expected her to be sitting there. "Ever cut your finger? Right down to the bone and all?" he asked. There was a real appeal in his noisy voice, as if Ginnie, by her answer, could save him from some particularly isolating form of pioneering.

Ginnie stared at him. "Well, not right down to the *bone*," she said, "but I've cut myself." He was the funniest-looking boy, or man—it was hard to tell which he was—she had ever seen. His hair was bed-dishevelled. He had a couple of days' growth of sparse, blond beard. And he looked—well, goofy. "How did you cut it?" she asked.

He was staring down, with his slack mouth ajar, at his injured finger. "What?" he said.

"How did you cut it?"

"Goddam if *I* know," he said, his inflection implying that the answer to that question was hopelessly obscure. "I was lookin' for something in the goddam wastebasket and it was fulla razor blades."

"You Selena's brother?" Ginnie asked.

"Yeah. Christ, I'm bleedin' to death. Stick around. I may need a goddam transfusion."

"Did you put anything on it?"

Selena's brother carried his wound slightly forward from his chest and unveiled it for Ginnie's benefit. "Just some goddam toilet paper," he said. "Stopsa bleeding. Like when you cut yourself shaving." He looked at Ginnie again. "Who are you?" he asked. "Friend of the jerk's?"

"We're in the same class."

"Yeah? What's your name?"

"Virginia Mannox."

"You Ginnie?" he said, squinting at her through his glasses. "You Ginnie Mannox?"

"Yes," said Ginnie, uncrossing her legs.

Selena's brother turned back to his finger, obviously for him the true and only focal point in the room. "I know your sister," he said dispassionately. "Goddam snob."

Ginnie arched her back. "*Who* is?"

"You heard me."

"She is *not* a snob!"

"The hell she's not," said Selena's brother.

"She is *not!*"

"The hell she's not. She's the queen. Queen of the goddam snobs."

Ginnie watched him lift up and peer under the thick folds of toilet paper on his finger.

"You don't even *know* my sister."

"Hell I don't."

"What's her name? What's her first name?" Ginnie demanded.

"Joan. ... Joan the Snob."

Ginnie was silent. "What's she look like?" she asked suddenly.

No answer.

"What's she look like?" Ginnie repeated.

"If she was half as good-looking as she *thinks* she is, she'd be goddam lucky," Selena's brother said.

This had the stature of an interesting answer, in Ginnie's secret opinion. "I never heard her mention *you*," she said.

"That worries me. That worries hell outa me."

"Anyway, she's engaged," Ginnie said, watching him. "She's gonna be married next month."

"Who to?" he asked, looking up.

Ginnie took full advantage of his having looked up. "Nobody *you* know."

He resumed picking at his own first-aid work. "I pity him," he said.

Ginnie snorted.

"It's still bleedin' like mad. Ya think I oughta put something on it? What's good to put on it? Mercurochrome any good?"

"Iodine's better," Ginnie said. Then, feeling her answer was too civil under the circumstances, she added, "Mercurochrome's no good at *all* for that."

"Why not? What's the matter with it?"

"It just isn't any *good* for that stuff, that's all. Ya need iodine."

He looked at Ginnie. "It stings a lot, though, doesn't it?" he asked. "Doesn't it sting a helluva lot?"

"It *stings*," Ginnie said, "but it won't kill you or anything."

Apparently without resenting Ginnie's tone, Selena's brother turned back to his finger. "I don't like it when it stings," he said.

"*No*body does."

He nodded in agreement. "Yeah," he said.

Ginnie watched him for a minute. "Stop touching it," she said suddenly.

As though responding to an electric shock, Selena's brother pulled back his uninjured hand. He sat up a trifle straighter—or rather, slumped a trifle less. He looked at some object on the other side of the room. An almost dreamy expression came over his disorderly features. He inserted the nail of his uninjured index finger into the crevice between two front teeth and, removing a food particle, turned to Ginnie. "Jeat jet?" he asked.

"What?"

"Jeat lunch yet?"

Ginnie shook her head. "I'll eat when I get home," she said. "My mother always has lunch ready for me when I get home."

"I got a half a chicken sandwich in my room. Ya want it? I didn't touch it or anything."

"No, thank you. Really."

"You just played tennis, for Chrissake. Aren'tcha hungry?"

"It isn't that," said Ginnie, crossing her legs. "It's just that my mother always has lunch ready when I get home. She goes insane if I'm not hungry, I mean."

Selena's brother seemed to accept this explanation. At least, he nodded and looked away. But he turned back suddenly. "How 'bout a glassa milk?" he said.

"No, thanks. ... Thank you, though."

Absently, he bent over and scratched his bare ankle. "What's the name of this guy she's marrying?" he asked.

"Joan, you mean?" said Ginnie. "Dick Heffner."

Selena's brother went on scratching his ankle.

"He's a lieutenant commander in the Navy," Ginnie said.

"Big deal."

Ginnie giggled. She watched him scratch his ankle till it was red. When he began to scratch off a minor skin eruption on his calf with his fingernail, she stopped watching.

"Where do you know Joan from?" she asked. "I never saw you at the house or anything."

"Never been at your goddam house."

Ginnie waited, but nothing led away from this statement. "Where'd you meet her, then?" she asked.

"Party," he said.

"At a party? When?"

"*I* don't know. Christmas, '42." From his breast pajama pocket he two-fingered out a cigarette that looked as though it had been slept on. "How 'bout throwing me those matches?" he said. Ginnie handed him a box of matches from the table beside her. He lit his cigarette without straightening out its curvature, then replaced the used match in the box. Tilting his head back, he slowly released an enormous quantity of smoke from his mouth and drew it up through his nostrils. He continued to smoke in this "French-inhale" style. Very probably, it was not part of the sofa vaudeville of a showoff but, rather, the private, exposed achievement of a young man who, at one time or another, might have tried shaving himself left-handed.

"Why's Joan a snob?" Ginnie asked.

"Why? Because she is. How the hell do I know why?"

"Yes, but I mean why do you say she is?"

He turned to her wearily. "Listen. I wrote her eight goddam letters. *Eight*. She didn't answer *one* of 'em."

Ginnie hesitated. "Well, maybe she was busy."

"Yeah. Busy. Busy as a little goddam beaver."

"Do you have to *swear* so much?" Ginnie asked.

"Goddam right I do."

Ginnie giggled. "How long did you know her, anyway?" she asked.

"Long enough."

"Well, I mean did you ever phone her up or anything? I mean didn't you ever phone her up or anything?"

"Naa."

"Well, my gosh. If you never phoned her up or any—"

"I couldn't, for Chrissake!"

"Why not?" said Ginnie.

"Wasn't *in* New York."

"Oh! Where were you?"

"Me? Ohio."

"Oh, were you in college?"

"Nope. Quit."

"Oh, were you in the Army?"

"Nope." With his cigarette hand, Selena's brother tapped the left side of his chest. "Ticker," he said.

"Your heart, ya mean?" Ginnie said. "What's the matter with it?"

"*I* don't know what the hell's the matter with it. I had rheumatic fever when I was a kid. Goddam pain in the—"

"Well, aren't you supposed to stop smoking? I mean aren't you supposed to not smoke and all? The doctor told my—"

"Aha, they tellya a lotta stuff," he said.

Ginnie briefly held her fire. Very briefly. "What were you doing in Ohio?" she asked.

"Me? Working in a goddam airplane factory."

"You were?" said Ginnie. "Did you like it?"

" 'Did you like it?' " he mimicked. "I loved it. I just *adore* airplanes. They're so *cute*."

Ginnie was much too involved now to feel affronted. "How long did you work there? In the airplane factory."

"*I* don't know, for Chrissake. Thirty-seven months." He stood up and walked over to the window. He looked down at the street, scratching his spine with his thumb. "Look at 'em," he said. "Goddam fools."

"Who?" said Ginnie.

"*I* don't know. Anybody."

"Your finger'll start bleeding more if you hold it *down* that way," Ginnie said.

He heard her. He put his left foot up on the window seat and rested his injured hand on the horizontal thigh. He continued to look down at the street. "They're all goin' over to the goddam draft board," he said. "We're gonna fight the Eskimos next. Know that?"

"The who?" said Ginnie.

"The *Eskimos*. ... Open your ears, for Chrissake."

"Why the Eskimos?"

"*I* don't know why. How the hell should *I* know why? This time all the old guys're gonna go. Guys around sixty. Nobody can go unless they're around sixty," he said. "Just give 'em shorter hours is all. ... Big deal."

"*You* wouldn't have to go, anyway," Ginnie said, without meaning anything but the truth, yet knowing before the statement was completely out that she was saying the wrong thing.

"I know," he said quickly, and took his foot down from the window seat. He raised the window slightly and snapped his cigarette streetward. Then he turned, finished at the window. "Hey. Do me a favor. When this guy comes, willya tell him I'll be ready in a coupla seconds? I just gotta shave is all. O.K.?"

Ginnie nodded.

"Ya want me to hurry Selena up or anything? She know you're here?"

"Oh, she knows I'm here," Ginnie said. "I'm in no hurry. Thank you."

Selena's brother nodded. Then he took a last, long look at his injured finger, as if to see whether it was in condition to make the trip back to his room.

"Why don't you put a Band-Aid on it? Don't you have any Band-Aid or anything?"

"Naa," he said. "Well. Take it easy." He wandered out of the room. In a few seconds, he was back, bringing the sandwich half.

"Eat this," he said. "It's good."

"Really, I'm not at all—"

"*Take* it, for Chrissake. I didn't poison it or anything."

Ginnie accepted the sandwich half. "Well, thank you very much," she said.

"It's chicken," he said, standing over her, watching her. "Bought it last night in a goddam delicatessen."

"It looks very good."

"Well, *eat* it, then."

Ginnie took a bite.

"Good, huh?"

Ginnie swallowed with difficulty. "Very," she said.

Selena's brother nodded. He looked absently around the room, scratching the pit of his chest. "Well, I guess I better get dressed. ... Jesus! There's the bell. Take it easy, now!" He was gone.

Left alone, Ginnie looked around, without getting up, for a good place to throw out or hide the sandwich. She heard someone coming through the foyer. She put the sandwich into her polo-coat pocket.

A young man in his early thirties, neither short nor tall, came into the room. His regular features, his short haircut, the cut of his suit, the pattern of his foulard necktie gave out no really final information.

He might have been on the staff, or trying to get on the staff, of a news magazine. He might have just been in a play that closed in Philadelphia. He might have been with a law firm.

"Hello," he said, cordially, to Ginnie.

"Hello."

"Seen Franklin?" he asked.

"He's shaving. He told me to tell you to wait for him. He'll be right out."

"*Shaving*. Good heavens." The young man looked at his wristwatch. He then sat down in a red damask chair, crossed his legs, and put his hands to his face. As if he were generally weary, or had just undergone some form of eyestrain, he rubbed his closed eyes with the tips of his extended fingers. "This has been the most horrible morning of my entire life," he said, removing his hands from his face. He spoke exclusively from the larynx, as if he were altogether too tired to put any diaphragm breath into his words.

"What happened?" Ginnie asked, looking at him.

"Oh. ... It's too long a story. I never bore people I haven't known for at least a thousand years." He stared vaguely, discontentedly, in the direction of the windows. "But I shall never again consider myself even the *remot*est judge of human nature. You may quote me wildly on that."

"What happened?" Ginnie repeated.

"Oh, God. This person who's been sharing my apartment for months and months and months—I don't even want to talk about him. ... This *writer*," he added with satisfaction, probably remembering a favorite anathema from a Hemingway novel.

"What'd he do?"

"*Frankly*, I'd just as soon not go into details," said the young man. He took a cigarette from his own pack, ignoring a transparent humidor on the table, and lit it with his own lighter. His hands were large. They looked neither strong nor competent nor sensitive. Yet he used them as if they had some not easily controllable aesthetic drive of their own. "I've made up my mind that I'm not even going to think about it. But I'm just so furious," he said. "I mean here's this awful little person from Al*toona*, Pennsylvania—or *one* of those places. Apparently *starving* to death. I'm kind and *decent* enough—I'm the *orig*inal Good Samaritan—to *take* him into my apartment, this absolutely micro*scop*ic little apartment that I can hardly move around in myself. I introduce him to *all* my friends. Let him clutter up the *whole* apartment with his horrible manuscript papers, and cigarette butts, and *radishes*, and whatnot. *In*troduce him to every theatrical producer in New York. *Haul* his filthy shirts back and forth from the laundry. And on top of it *all*—" The young man broke off. "And the result of all my kindness and *de*cency," he went on, "is that he walks out of the house at five or six in the morning– without so much as leaving a *note* behind—taking with him anything and everything he can lay his filthy, dirty hands on." He paused to drag on his cigarette, and exhaled the smoke in a thin, sibilant stream from his mouth. "I don't want to talk about it. I really don't." He looked over at Ginnie. "I love your coat," he said, already out of his chair. He crossed over and took the lapel of Ginnie's polo coat between his fingers. "It's lovely. It's the first really *good* camel's hair I've seen since the war. May I ask where you got it?"

"My mother brought it back from Nassau."

The young man nodded thoughtfully and backed off toward his

chair. "It's one of the few places where you can get really *good* camel's hair." He sat down. "Was she there long?"

"What?" said Ginnie.

"Was your mother there long? The reason I ask is *my* mother was down in December. And part of January. *Us*ually I go down with her, but this has been such a messy year I simply couldn't get away."

"She was down in February," Ginnie said.

"Grand. Where did she stay? Do you know?"

"With my aunt."

He nodded. "May I ask your name? You're a friend of Franklin's sister, I take it?"

"We're in the same class," Ginnie said, answering only his second question.

"You're not the famous *Maxine* that Selena talks about, are you?"

"No," Ginnie said.

The young man suddenly began brushing the cuffs of his trousers with the flat of his hand. "I am *dog hairs* from head to foot," he said. "Mother went to Washington over the weekend and parked her beast in *my* apartment. It's really quite sweet. But such nasty habits. Do you have a dog?"

"No."

"Actually, I think it's cruel to keep them in the city." He stopped brushing, sat back, and looked at his wristwatch again. "I have *never* known that boy to be on time. We're going to see Cocteau's 'Beauty and the Beast' and it's the *one* film where you really *should* get there on time. I mean if you don't, the whole *charm* of it is gone. Have you seen it?"

"No."

"Oh, you must! I've seen it eight times. It's absolutely pure genius," he said. "I've been *trying* to get Franklin to see it for months." He shook his head hopelessly. "His taste. During the war, we both worked at the same horrible place, and that boy would in*sist* on dragging me to the most impossible pictures in the world. We saw gangster pictures, Western pictures, *musicals*—"

"Did you work in the airplane factory, too?" Ginnie asked.

"God, yes. For years and years and years. Let's not talk about it, please."

"You have a bad heart, too?"

"Heavens, no. Knock wood." He rapped the arm of his chair twice. "I have the constitution of—"

As Selena entered the room, Ginnie stood up quickly and went to meet her halfway. Selena had changed from her shorts to a dress, a fact that ordinarily would have annoyed Ginnie.

"I'm sorry to've kept you waiting," Selena said insincerely, "but I had to wait for Mother to wake up. ... Hello, Eric."

"Hello, hello!"

"I don't want the money anyway," Ginnie said, keeping her voice down so that she was heard only by Selena.

"What?"

"I've been thinking. I mean you bring the tennis balls and all, all the time. I forgot about that."

"But you said that because I didn't have to pay for them—"

"Walk me to the door," Ginnie said, leading the way, without saying goodbye to Eric.

"But I thought you said you were going to the movies tonight and you needed the money and all!" Selena said in the foyer.

"I'm too tired," Ginnie said. She bent over and picked up her tennis paraphernalia. "Listen. I'll give you a ring after dinner. Are you doing anything special tonight? Maybe I can come over."

Selena stared and said, "O.K."

Ginnie opened the front door and walked to the elevator. She rang the bell. "I met your brother," she said.

"You did? Isn't he a character?"

"What's he do, anyway?" Ginnie asked casually. "Does he work or something?"

"He just quit. Daddy wants him to go back to college, but he won't go."

"Why won't he?"

"*I* don't know. He says he's too old and all."

"How old is he?"

"*I* don't know. Twenty-four."

The elevator doors opened. "I'll call you later!" Ginnie said.

Outside the building, she started to walk west to Lexington to catch the bus. Between Third and Lexington, she reached into her coat pocket for her purse and found the sandwich half. She took it out and started to bring her arm down, to drop the sandwich into the street, but instead she put it back into her pocket. A few years before, it had taken her three days to dispose of the Easter chick she had found dead on the sawdust in the bottom of her wastebasket.

The Laughing Man

IN 1928, when I was nine, I belonged, with maximum *esprit de corps*, to an organization known as the Comanche Club. Every schoolday afternoon at three o'clock, twenty-five of us Comanches were picked up by our Chief outside the boys' exit of P. S. 165, on 109th Street near Amsterdam Avenue. We then pushed and punched our way into the Chief's reconverted commercial bus, and he drove us (according to his financial arrangement with our parents) over to Central Park. The rest of the afternoon, weather permitting, we played football or soccer or baseball, depending (very loosely) on the season. Rainy afternoons, the Chief invariably took us either to the Museum of Natural History or to the Metropolitan Museum of Art.

Saturdays and most national holidays, the Chief picked us up early in the morning at our various apartment houses and, in his condemned-looking bus, drove us out of Manhattan into the comparatively wide open spaces of Van Cortlandt Park or the Palisades. If we had straight athletics on our minds, we went to Van Cortlandt, where the playing fields were regulation size and where the opposing team didn't include a baby carriage or an irate old lady with a cane. If our Comanche hearts were set on camping, we went over to the Palisades and roughed it. (I remember getting lost one Saturday somewhere on that tricky stretch of terrain between the Linit sign and the site of the western end of the George Washington Bridge. I kept my head, though. I just sat down in the majestic shadow of a giant billboard and, however tearfully, opened my lunchbox for business, semi-confident that the Chief would find me. The Chief always found us.)

In his hours of liberation from the Comanches, the Chief was John Gedsudski, of Staten Island. He was an extremely shy, gentle young man of twenty-two or -three, a law student at N.Y.U., and altogether a very memorable person. I won't attempt to assemble his many achievements and virtues here. Just in passing, he was an Eagle Scout, an almost-All-America tackle of 1926, and it was known that he had been most cordially invited to try out for the New York Giants' baseball team. He was an impartial and unexcitable umpire at all our bedlam sporting events, a master fire builder and extinguisher, and an expert, uncontemptuous first-aid man. Every one of us, from the smallest hoodlum to the biggest, loved and respected him.

The Chief's physical appearance in 1928 is still clear in my mind. If wishes were inches, all of us Comanches would have had him a giant in no time. The way things go, though, he was a stocky five three or four—no more than that. His hair was blue-black, his hair-line extremely low, his nose was large and fleshy, and his torso was just about as long as his legs were. In his leather wind-breaker, his shoulders were powerful, but narrow and sloping. At the time, however, it seemed to me that in the Chief all the most photogenic features of Buck Jones, Ken Maynard, and Tom Mix had been smoothly amalgamated.

Every afternoon, when it got dark enough for a losing team to have an excuse for missing a number of infield popups or end-zone passes, we Comanches relied heavily and selfishly on the Chief's talent for storytelling. By that hour, we were usually an overheated, irritable bunch, and we fought each other—either with our fists or our shrill voices—for the seats in the bus nearest the Chief. (The bus had two parallel rows of straw seats. The left row had three extra seats—the best in the bus—that extended as far forward as the driver's profile.) The Chief climbed into the bus only after we had settled down. Then he straddled his driver's seat backward and, in his reedy but modulated tenor voice, gave us the new installment of "The Laughing Man." Once he started narrating, our interest never flagged. "The Laughing Man" was just the right story for a Comanche. It may even have had classic dimensions. It was a story that tended to sprawl all over the place, and yet it remained essentially portable. You could always take it home with you and reflect on it while sitting, say, in the out-going water in the bathtub.

The only son of a wealthy missionary couple, the Laughing Man was kidnapped in infancy by Chinese bandits. When the wealthy missionary couple refused (from a religious conviction) to pay the ransom for their son, the bandits, signally piqued, placed the little fellow's head in a carpenter's vise and gave the appropriate lever several turns to the right. The subject of this unique experience grew into manhood with a hairless, pecan-shaped head and a face that featured, instead of a mouth, an enormous oval cavity below the nose. The nose itself consisted of two flesh-sealed nostrils. In consequence, when the Laughing Man breathed, the hideous, mirthless gap below his nose dilated and contracted like (as *I* see it) some sort of monstrous vacuole.

(The Chief demonstrated, rather than explained, the Laughing Man's respiration method.) Strangers fainted dead away at the sight of the Laughing Man's horrible face. Acquaintances shunned him. Curiously enough, though, the bandits let him hang around their headquarters—as long as he kept his face covered with a pale-red gossamer mask made out of poppy petals. The mask not only spared the bandits the sight of their foster son's face, it also kept them sensible of his whereabouts; under the circumstances, he reeked of opium.

Every morning, in his extreme loneliness, the Laughing Man stole off (he was as graceful on his feet as a cat) to the dense forest surrounding the bandits' hideout. There he befriended any number and species of animals: dogs, white mice, eagles, lions, boa constrictors, wolves. Moreover, he removed his mask and spoke to them, softly, melodiously, in their own tongues. They did not think him ugly.

(It took the Chief a couple of months to get that far into the story. From there on in, he got more and more high-handed with his installments, entirely to the satisfaction of the Comanches.)

The Laughing Man was one for keeping an ear to the ground, and in no time at all he had picked up the bandits' most valuable trade secrets. He didn't think much of them, though, and briskly set up his own, more effective system. On a rather small scale at first, he began to free-lance around the Chinese countryside, robbing, highjacking, murdering when absolutely necessary. Soon his ingenious criminal methods, coupled with his singular love of fair play, found him a warm place in the nation's heart. Strangely enough, his foster parents (the bandits who had originally turned his head toward crime) were about the last to get wind of his achievements. When they did, they were insanely jealous.

They all single-filed past the Laughing Man's bed one night, thinking they had successfully doped him into a deep sleep, and stabbed at the figure under the covers with their machetes. The victim turned out to be the bandit chief's mother—an unpleasant, haggling sort of person. The event only whetted the bandits' taste for the Laughing Man's blood, and finally he was obliged to lock up the whole bunch of them in a deep but pleasantly decorated mausoleum. They escaped from time to time and gave him a certain amount of annoyance, but he refused to kill them. (There was a compassionate side to the Laughing Man's character that just about drove me crazy.)

Soon the Laughing Man was regularly crossing the Chinese border into Paris, France, where he enjoyed flaunting his high but modest genius in the face of Marcel Dufarge, the internationally famous detective and witty consumptive. Dufarge and his daughter (an exquisite girl, though something of a transvestite) became the Laughing Man's bitterest enemies. Time and again, they tried leading the Laughing Man up the garden path. For sheer sport, the Laughing Man usually went halfway with them, then vanished, often leaving no even faintly credible indication of his escape method. Just now and then he posted an incisive little farewell note in the Paris sewerage system, and it was delivered promptly to Dufarge's boot. The Dufarges spent an enormous amount of time sloshing around in the Paris sewers.

Soon the Laughing Man had amassed the largest personal fortune in the world. Most of it he contributed anonymously to the monks of a local monastery—humble ascetics who had dedicated their lives to raising German police dogs. What was left of his fortune, the Laughing Man converted into diamonds, which he lowered casually, in emerald vaults, into the Black Sea. His personal wants were few. He subsisted exclusively on rice and eagles' blood, in a tiny cottage with an underground gymnasium and shooting range, on the stormy coast of Tibet. Four blindly loyal confederates lived with him: a glib timber wolf named Black Wing, a lovable dwarf named Omba, a giant Mongolian named Hong, whose tongue had been burned out by white men, and a gorgeous Eurasian girl, who, out of unrequited love for the Laughing Man and deep concern for his personal safety, sometimes had a pretty sticky attitude toward crime. The Laughing Man issued his orders to the crew through a black silk screen. Not even Omba, the lovable dwarf, was permitted to see his face.

I'm not saying I will, but I could go on for hours escorting the reader—forcibly, if necessary—back and forth across the Paris-Chinese border. I happen to regard the Laughing Man as some kind of super-distinguished ancestor of mine—a sort of Robert E. Lee, say, with the ascribed virtues held under water or blood. And this illusion is only a moderate one compared to the one I had in 1928, when I regarded myself not only as the Laughing Man's direct descendant but as his only legitimate living one. I was not even my parents' son in 1928 but a devilishly smooth impostor, awaiting their slightest blunder as an excuse to move in—preferably without violence, but not necessarily—to assert my true identity. As a precaution against breaking my bogus mother's heart, I planned to take her into my underworld employ in some undefined but appropriately regal capacity. But the *main* thing I had to do in 1928 was watch my step. Play along with the farce. Brush my teeth. Comb my hair. At all costs, stifle my natural hideous laughter.

Actually, I was not the only legitimate living descendant of the

Laughing Man. There were twenty-five Comanches in the Club, or twenty-five legitimate living descendants of the Laughing Man—all of us circulating ominously, and incognito, throughout the city, sizing up elevator operators as potential arch-enemies, whispering side-of-the-mouth but fluent orders into the ears of cocker spaniels, drawing beads, with index fingers, on the foreheads of arithmetic teachers. And always waiting, waiting for a decent chance to strike terror and admiration in the nearest mediocre heart.

One afternoon in February, just after Comanche baseball season had opened, I observed a new fixture in the Chief's bus. Above the rear-view mirror over the windshield, there was a small, framed photograph of a girl dressed in academic cap and gown. It seemed to me that a girl's picture clashed with the general men-only décor of the bus, and I bluntly asked the Chief who she was. He hedged at first, but finally admitted that she was a girl. I asked him what her name was. He answered unforthrightly, "Mary Hudson." I asked him if she was in the movies or something. He said no, that she used to go to Wellesley College. He added, on some slow-processed afterthought, that Wellesley College was a very high-class college. I asked him what he had her picture in the *bus* for, though. He shrugged slightly, as much as to imply, it seemed to me, that the picture had more or less been planted on him.

During the next couple of weeks, the picture—however forcibly or accidentally it had been planted on the Chief—was not removed from the bus. It didn't go out with the Baby Ruth wrappers and the fallen licorice whips. However, we Comanches got used to it. It gradually took on the unarresting personality of a speedometer.

But one day as we were on our way to the Park, the Chief pulled the bus over to a curb on Fifth Avenue in the Sixties, a good half mile past our baseball field. Some twenty back-seat drivers at once demanded an explanation, but the Chief gave none. Instead, he simply got into his story-telling position and swung prematurely into a fresh installment of "The Laughing Man." He had scarcely begun, however, when someone tapped on the bus door. The Chief's reflexes were geared high that day. He literally flung himself around in his seat, yanked the operating handle of the door, and a girl in a beaver coat climbed into the bus.

Offhand, I can remember seeing just three girls in my life who struck me as having unclassifiably great beauty at first sight. One was a thin girl in a black bathing suit who was having a lot of trouble putting up an orange umbrella at Jones Beach, circa 1936. The second was a girl aboard a Caribbean cruise ship in 1939, who threw her cigarette lighter at a porpoise. And the third was the Chief's girl, Mary Hudson.

"Am I very late?" she asked the Chief, smiling at him.

She might just as well have asked if she was ugly.

"No!" the Chief said. A trifle wildly, he looked at the Comanches near his seat and signalled the row to give way. Mary Hudson sat down between me and a boy named Edgar something, whose uncle's best friend was a bootlegger. We gave her all the room in the world. Then the bus started off with a peculiar, amateur-like lurch. The Comanches, to the last man, were silent.

On the way back to our regular parking place, Mary Hudson leaned forward in her seat and gave the Chief an enthusiastic account of the trains she had missed and the train she hadn't missed; she lived in

Douglaston, Long Island. The Chief was very nervous. He didn't just fail to contribute any talk of his own; he could hardly listen to hers. The gearshift knob came off in his hand, I remember.

When we got out of the bus, Mary Hudson stuck right with us. I'm sure that by the time we reached the baseball field there was on every Comanche's face a some-girls-just-don't-know-when-to-go-home look. And to really top things off, when another Comanche and I were flipping a coin to decide which team would take the field first, Mary Hudson wistfully expressed a desire to join the game. The response to this couldn't have been more clean-cut. Where before we Comanches had simply stared at her femaleness, we now glared at it. She smiled back at us. It was a shade disconcerting. Then the Chief took over, revealing what had formerly been a well-concealed flair for incompetence. He took Mary Hudson aside, just out of earshot of the Comanches, and seemed to address her solemnly, rationally. At length, Mary Hudson interrupted him, and her voice was perfectly audible to the Comanches. "But I *do*," she said. "I do, too, want to play!" The Chief nodded and tried again. He pointed in the direction of the infield, which was soggy and pitted. He picked up a regulation bat and demonstrated its weight. "I don't care," Mary Hudson said distinctly, "I came all the way to New York—to the dentist and everything—and I'm gonna play." The Chief nodded again but gave up. He walked cautiously over to home plate, where the Braves and the Warriors, the two Comanche teams, were waiting, and looked at me. I was captain of the Warriors. He mentioned the name of my regular center fielder, who was home sick, and suggested that Mary Hudson take his place. I said I didn't need a center fielder. The Chief asked me what the hell did I mean I didn't need a center fielder. I was shocked. It was the first time I had heard the Chief swear. What's more, I could feel Mary Hudson smiling at me. For poise, I picked up a stone and threw it at a tree.

We took the field first. No business went out to center field the first inning. From my position on first base, I glanced behind me now and then. Each time I did, Mary Hudson waved gaily to me. She was wearing a catcher's mitt, her own adamant choice. It was a horrible sight.

Mary Hudson batted ninth on the Warriors' lineup. When I informed her of this arrangement, she made a little face and said, "Well, hurry *up*, then." And as a matter of fact we did seem to hurry up. She got to bat in the first inning. She took off her beaver coat—and her catcher's mitt—for the occasion and advanced to the plate in a dark-brown dress. When I gave her a bat, she asked me why it was so *heavy*. The Chief left his umpire's position behind the pitcher and came forward anxiously. He told Mary Hudson to rest the end of her bat on her right shoulder. "I am," she said. He told her not to choke the bat too tightly. "I'm not," she said. He told her to keep her eye right on the ball. "I will," she said. "Get outa the *way*." She swung mightily at the first ball pitched to her and hit it over the left fielder's head. It was good for an ordinary double, but Mary Hudson got to third on it—standing up.

When my astonishment had worn off, and then my awe, and then my delight, I looked over at the Chief. He didn't so much seem to be standing behind the pitcher as floating over him. He was a completely happy man. Over on third base, Mary Hudson waved to me. I waved back. I couldn't have stopped myself, even if I'd wanted to. Her stickwork aside, she happened to be a girl who knew how to wave to somebody from third base.

The rest of the game, she got on base every time she came to bat. For some reason, she seemed to hate *first* base; there was no holding her there. At least three times, she stole second.

Her fielding couldn't have been worse, but we were piling up too many runs to take serious notice of it. I think it would have improved if she'd gone after flies with almost anything except a catcher's mitt. She wouldn't take it off, though. She said it was cute.

The next month or so, she played baseball with the Comanches a couple of times a week (whenever she had an appointment with her dentist, apparently). Some afternoons she met the bus on time, some afternoons she was late. Sometimes she talked a blue streak in the bus, sometimes she just sat and smoked her Herbert Tareyton cigarettes (cork-tipped). When you sat next to her in the bus, she smelled of a wonderful perfume.

One wintry day in April, after making his usual three o'clock pickup at 109th and Amsterdam, the Chief turned the loaded bus east at 110th Street and cruised routinely down Fifth Avenue. But his hair was combed wet, he had on his overcoat instead of his leather windbreaker, and I reasonably surmised that Mary Hudson was scheduled to join us. When we zipped past our usual entrance to the Park, I was sure of it. The Chief parked the bus on the corner in the Sixties appropriate to the occasion. Then, to kill time painlessly for the Comanches, he straddled his seat backward and released a new installment of "The Laughing Man." I remember the installment to the last detail, and I must outline it briefly.

A flux of circumstances delivered the Laughing Man's best friend, his timber wolf, Black Wing, into a physical and intellectual trap set by the Dufarges. The Dufarges, aware of the Laughing Man's high sense of loyalty, offered him Black Wing's freedom in exchange for his own. In the best faith in the world, the Laughing Man agreed to these terms. (Some of the minor mechanics of his genius were often subject to mysterious little breakdowns.) It was arranged for the Laughing Man to meet the Dufarges at midnight in a designated section of the dense forest surrounding Paris, and there, by moonlight, Black Wing would be set free. However, the Dufarges had no intention of liberating Black Wing, whom they feared and loathed. On the night of the transaction, they leashed a stand-in timber wolf for Black Wing, first dyeing its left hind foot snow white, to look like Black Wing's.

But there were two things the Dufarges hadn't counted on: the Laughing Man's sentimentality and his command of the timber-wolf language. As soon as he had allowed Dufarge's daughter to tie him with barbed wire to a tree, the Laughing Man felt called upon to raise his beautiful, melodious voice in a few words of farewell to his supposed old friend. The stand-in, a few moonlit yards away, was impressed by the stranger's command of the language and listened politely for a moment to the last-minute advice, personal and professional, that the Laughing Man was giving out. At length, though, the stand-in grew impatient and began shifting his weight from paw to paw. Abruptly, and rather unpleasantly, he interrupted the Laughing Man with the information that, in the first place, his name wasn't Dark Wing or Black Wing or Gray Legs or any of that business, it was Armand, and, in the second place, he'd never been to China in his life and hadn't the slightest intention of going there.

Properly infuriated, the Laughing Man pushed off his mask with his tongue and confronted the Dufarges with his naked face by moonlight. Mlle. Dufarge responded by passing out cold. Her father was luckier. By chance, he was having one of his coughing spells at the moment and thereby missed the lethal unveiling. When his coughing spell was over and he saw his daughter stretched out supine on the moonlit ground, Dufarge put two and two together. Shielding his eyes with his hand, he fired the full clip in his automatic toward the sound of the Laughing Man's heavy, sibilant breathing.

The installment ended there.

The Chief took his dollar Ingersoll out of his watch pocket, looked at it, then swung around in his seat and started up the motor. I checked my own watch. It was almost four-thirty. As the bus moved forward, I asked the Chief if he wasn't going to wait for Mary Hudson. He didn't answer me, and before I could repeat my question, he tilted back his head and addressed all of us: "Let's have a little quiet in this damn bus." Whatever else it may have been, the order was basically unsensible. The bus had been, and was, very quiet. Almost everybody was thinking about the spot the Laughing Man had been left in. We were long past *worrying* about him—we had too much confidence in him for that—but we were never past accepting his most perilous moments quietly.

In the third or fourth inning of our ball game that afternoon, I spotted Mary Hudson from first base. She was sitting on a bench about a hundred yards to my left, sandwiched between two nursemaids with baby carriages. She had on her beaver coat, she was smoking a cigarette, and she seemed to be looking in the direction of our game. I got excited about my discovery and yelled the information over to the Chief, behind the pitcher. He hurried over to me, not quite running. "Where?" he asked me. I pointed again. He stared for a moment in the right direction, then said he'd be back in a minute and left the field. He left it slowly, opening his overcoat and putting his hands in the hip pockets of his trousers. I sat down on first base and watched. By the time the Chief reached Mary Hudson, his overcoat was buttoned again and his hands were down at his sides.

He stood over her for about five minutes, apparently talking to her. Then Mary Hudson stood up, and the two of them walked toward the baseball field. They didn't talk as they walked, or look at each other. When they reached the field, the Chief took his position behind the pitcher. I yelled over to him. "Isn't she gonna play?" He told me to cover my sack. I covered my sack and watched Mary Hudson. She walked slowly behind the plate, with her hands in the pockets of her beaver coat, and finally sat down on a misplaced players' bench just beyond third base. She lit another cigarette and crossed her legs.

When the Warriors were at bat, I went over to her bench and asked her if she felt like playing left field. She shook her head. I asked her if she had a cold. She shook her head again. I told her I didn't have anybody in left field. I told her I had a guy playing center field *and* left field. There was no response at all to this information. I tossed my first-baseman's mitt up in the air and tried to have it land on my head, but it fell in a mud puddle. I wiped it off on my trousers and asked Mary Hudson if she wanted to come up to my house for dinner sometime.

I told her the Chief came up a lot. "Leave me alone," she said. "Just please leave me alone." I stared at her, then walked off in the direction of the Warriors' bench, taking a tangerine out of my pocket and tossing it up in the air. About midway along the third-base foul line, I turned around and started to walk backwards, looking at Mary Hudson and holding onto my tangerine. I had no idea what was going on between the Chief and Mary Hudson (and still haven't, in any but a fairly low, intuitive sense), but nonetheless, I couldn't have been more certain that Mary Hudson had permanently dropped out of the Comanche lineup. It was the kind of whole certainty, however independent of the sum of its facts, that can make walking backwards more than normally hazardous, and I bumped smack into a baby carriage.

After another inning, the light got bad for fielding. The game was called, and we started picking up all the equipment. The last good look I had at Mary Hudson, she was over near third base crying. The Chief had hold of the sleeve of her beaver coat, but she got away from him. She ran off the field onto the cement path and kept running till I couldn't see her any more. The Chief didn't go after her. He just stood watching her disappear. Then he turned around and walked down to home plate and picked up our two bats; we always left the bats for him to carry. I went over to him and asked if he and Mary Hudson had had a fight. He told me to tuck my shirt in.

Just as always, we Comanches ran the last few hundred feet to the place where the bus was parked, yelling, shoving, trying out strangleholds on each other, but all of us alive to the fact that it was again time for "The Laughing Man." Racing across Fifth Avenue, somebody dropped his extra or discarded sweater, and I tripped over it and went sprawling. I finished the charge to the bus, but the best seats were taken by that time and I had to sit down in the middle of the bus. Annoyed at the arrangement, I gave the boy sitting on my right a poke in the ribs with my elbow, then faced around and watched the Chief cross over Fifth. It was not yet dark out, but a five-fifteen dimness had set in. The Chief crossed the street with his coat collar up, the bats under his left arm, and his concentration on the street. His black hair, which had been combed wet earlier in the day, was dry now and blowing. I remember wishing the Chief had gloves.

The bus, as usual, was quiet when he climbed in—as proportionately quiet, at any rate, as a theatre with dimming house lights. Conversations were finished in a hurried whisper or shut off completely. Nonetheless, the first thing the Chief said to us was "All right, let's cut out the noise, or no story." In an instant, an unconditional silence filled the bus, cutting off from the Chief any alternative but to take up his narrating position. When he had done so, he took out a handkerchief and methodically blew his nose, one nostril at a time. We watched him with patience and even a certain amount of spectator's interest. When he had finished with his handkerchief, he folded it neatly in quarters and replaced it in his pocket. He then gave us the new installment of "The Laughing Man." From start to finish, it lasted no longer than five minutes.

Four of Dufarge's bullets struck the Laughing Man, two of them through the heart. When Dufarge, who was still shielding his eyes against the sight of the Laughing Man's face, heard a queer exhalation of agony from the direction of the target, he was overjoyed. His black heart beating wildly, he rushed over to his unconscious daughter and brought her to. The pair of them, beside themselves with delight and coward's courage, now dared to look up at the Laughing Man. His head was bowed as in death, his chin resting on his bloody chest. Slowly, greedily, father and daughter came forward to inspect their spoils. Quite a surprise was in store for them. The Laughing Man, far from dead, was busy contracting his stomach muscles in a secret manner. As the Dufarges came into range, he suddenly raised his face, gave a terrible laugh, and neatly, even fastidiously, regurgitated all four bullets. The impact of this feat on the Dufarges was so acute that their hearts literally burst, and they dropped dead at the Laughing Man's feet. (If the installment was going to be a short one *any*way, it could have ended there; the Comanches could have managed to rationalize the sudden death of the Dufarges. But it didn't end there.) Day after day, the Laughing Man continued to stand lashed to the tree with barbed wire, the Dufarges decomposing at his feet. Bleeding profusely and cut off from his supply of eagles' blood, he had never been closer to death. One day, however, in a hoarse but eloquent voice, he appealed for help to the animals of the forest. He summoned them to fetch Omba, the lovable dwarf. And they did. But it was a long trip back and forth across the Paris-Chinese border, and by the time Omba arrived on the scene with a medical kit and a fresh supply of eagles' blood, the Laughing Man was in a coma. Omba's very first act of mercy was to retrieve his master's mask, which had blown up against Mlle. Dufarge's vermin-infested torso. He placed it respectfully over the hideous features, then proceeded to dress the wounds.

When the Laughing Man's small eyes finally opened, Omba eagerly raised the vial of eagles' blood up to the mask. But the Laughing Man didn't drink from it. Instead, he weakly pronounced his beloved Black Wing's name. Omba bowed his own slightly distorted head and revealed to his master that the Dufarges had killed Black Wing. A peculiar and heart-rending gasp of final sorrow came from the Laughing Man. He reached out wanly for the vial of eagles' blood and crushed it in his hand. What little blood he had left trickled thinly down his wrist. He ordered Omba to look away, and, sobbing, Omba obeyed him. The Laughing Man's last act, before turning his face to the bloodstained ground, was to pull off his mask.

The story ended there, of course. (Never to be revived.) The Chief started up the bus. Across the aisle from me, Billy Walsh, who was the youngest of all the Comanches, burst into tears. None of us told him to shut up. As for me, I remember my knees were shaking.

A few minutes later, when I stepped out of the Chief's bus, the first thing I chanced to see was a piece of red tissue paper flapping in the wind against the base of a lamppost. It looked like someone's poppy-petal mask. I arrived home with my teeth chattering uncontrollably and was told to go right straight to bed.

Down at the Dinghy

IT WAS a little after four o'clock on an Indian Summer afternoon. Some fifteen or twenty times since noon, Sandra, the maid, had come away from the lake-front window in the kitchen with her mouth set tight. This time as she came away, she absently untied and re-tied her apron strings, taking up what little slack her enormous waistline allowed. Then she went back to the enamel table and lowered her freshly uniformed body into the seat opposite Mrs. Snell. Mrs. Snell having finished the cleaning and ironing was having her customary cup of tea before walking down the road to the bus stop. Mrs. Snell had her hat on. It was the same interesting, black felt headpiece she had worn, not just all summer, but for the past three summers—through record heat waves, through change of life, over scores of ironing boards, over the helms of dozens of vacuum cleaners. The Hattie Carnegie label was still inside it, faded but (it might be said) unbowed.

"I'm not gonna worry about it," Sandra announced, for the fifth or sixth time, addressing herself as much as Mrs. Snell. "I made up my mind I'm not gonna worry about it. What *for?*"

"That's right," said Mrs. Snell. "*I* wouldn't. I really wouldn't. Reach me my bag, dear."

A leather handbag, extremely worn, but with a label inside it as impressive as the one inside Mrs. Snell's hat, lay on the pantry. Sandra was able to reach it without standing up. She handed it across the table to Mrs. Snell, who opened it and took out a pack of mentholated cigarettes and a folder of Stork Club matches.

Mrs. Snell lit a cigarette, then brought her teacup to her lips, but immediately set it down in its saucer. "If this don't hurry up and cool off, I'm gonna miss my bus." She looked over at Sandra, who was staring, oppressedly, in the general direction of the copper sauce-pans lined against the wall. "Stop *worryin'* about it," Mrs. Snell ordered. "What good's it gonna do to worry about it. Either he tells her or he don't. That's all. What good's *worryin'* gonna do?"

"I'm not *worryin'* about it," Sandra responded. "The last thing I'm gonna do is *worry* about it. Only, it drives ya loony, the way that kid goes pussyfootin' all around the house. Ya can't *hear* him, ya know. I mean nobody can *hear* him, ya know. Just the other day I was shellin' beans—right at this here table—and I almost stepped on his *hand*. He was sittin' right under the table."

"Well. I wouldn't worry about it."

"I mean ya gotta weigh every word ya say around him," Sandra said. "It drives ya loony."

"I *still* can't drink this," Mrs. Snell said. "... That's terrible. When ya gotta weigh every word ya say and all."

"It drives ya loony! I mean it. Half the time I'm half loony." Sandra brushed some imaginary crumbs off her lap, and snorted. "A four-year-old kid!"

"He's kind of a good-lookin' kid," said Mrs. Snell. "Them big brown eyes and all."

Sandra snorted again. "He's gonna have a nose just like the father." She raised her cup and drank from it without any difficulty. "*I* don't know what they wanna stay up here all October for," she said malcontentedly, lowering her cup. "I mean none of 'em even go anywheres *near* the water now. *She* don't go in, *he* don't go in, the *kid* don't go in. *No*body goes in now. They don't even take that crazy boat out no more. I don't know what they threw good money away on it for."

"I don't know how you can drink yours. I can't even drink mine."

Sandra stared rancorously at the opposite wall. "I'll be so gladda get backa the city. I'm not foolin'. I hate this crazy place." She gave Mrs. Snell a hostile glance. "It's all right for *you*, you live here all year round. You got your social life here and all. You don't care."

"I'm gonna drink this if it kills me," Mrs. Snell said, looking at the clock over the electric stove.

"What would *you* do if you were in my shoes?" Sandra asked abruptly. "I mean what would you do? Tella truth."

This was the sort of question Mrs. Snell slipped into as if it were an ermine coat. She at once let go her teacup. "Well, in the *first* place," she said, "I wouldn't *worry* about it. What *I'd* do, I'd look around for another—"

"I'm not *worried* about it," Sandra interrupted.

"I know that, but what *I'd* do, I'd just get me—"

The swinging door opened from the dining room and Boo Boo Tannenbaum, the lady of the house, came into the kitchen. She was a small, almost hipless girl of twenty-five, with styleless, colorless, brittle hair pushed back behind her ears, which were very large. She was dressed in knee-length jeans, a black turtleneck pullover, and socks and loafers. Her joke of a name aside, her general un-prettiness aside, she was—in terms of permanently memorable, immoderately perceptive, small-area faces—a stunning and final girl. She went directly to the refrigerator and opened it. As she peered inside, with her legs apart and her hands on her knees, she whistled, unmelodically, through her teeth, keeping time with a little uninhibited, pendulum action of her rear end. Sandra and Mrs. Snell were silent. Mrs. Snell put out her cigarette, unhurriedly.

"Sandra..."

"Yes, ma'am?" Sandra looked alertly past Mrs. Snell's hat.

"Aren't there any more pickles? I want to bring him a pickle."

"He et 'em," Sandra reported intelligently. "He et 'em before he went to bed last night. There was only two left."

"Oh. Well, I'll get some when I go to the station. I thought maybe I could lure him out of that boat." Boo Boo shut the refrigerator door and walked over to look out of the lake-front window. "Do we need anything else?" she asked, from the window.

"Just bread."

"I left your check on the hall table, Mrs. Snell. Thank you."

"O.K.," said Mrs. Snell. "I hear Lionel's supposeta be runnin' away." She gave a short laugh.

"Certainly looks that way," Boo Boo said, and slid her hands into her hip pockets.

"At least he don't run very *far* away," Mrs. Snell said, giving another short laugh.

At the window, Boo Boo changed her position slightly, so that her back wasn't directly to the two women at the table. "No," she said, and pushed back some hair behind her ear. She added, purely informatively: "He's been hitting the road regularly since he was two. But never very hard. I think the farthest he ever got—in the city, at least—was to the Mall in Central Park. Just a couple of blocks from home. The least far—or nearest—he ever got was to the front door of our building. He stuck around to say goodby to his father."

Both women at the table laughed.

"The Mall's where they all go skatin' in New York," Sandra said very sociably to Mrs. Snell. "The kids and all."

"Oh!" said Mrs. Snell.

"He was only three. It was just last year," Boo Boo said, taking out a pack of cigarettes and a folder of matches from a side pocket in her jeans. She lit a cigarette, while the two women spiritedly watched her. "Big excitement. We had the whole police force out looking for him."

"They find him?" said Mrs. Snell.

"Sure they found him!" said Sandra with contempt. "Wuddaya *think*?"

"They found him at a quarter past eleven at night, in the middle of—my God, February, I think. Not a child in the park. Just muggers, I guess, and an assortment of roaming degenerates. He was sitting on the floor of the bandstand, rolling a marble back and forth along a crack. Half-frozen to death and looking—"

"Holy Mackerel!" said Mrs. Snell. "How come he did it? I mean what was he runnin' away about?"

Boo Boo blew a single, faulty smoke-ring at a pane of glass. "Some child in the park that afternoon had come up to him with the dreamy misinformation, 'You stink, kid.' At least, that's why we think he did it. I don't know, Mrs. Snell. It's all slightly over my head."

"How long's he been doin' it?" asked Mrs. Snell. "I mean how long's he been doin' it?"

"Well, at the age of two-and-a-half," Boo Boo said biographically, "he sought refuge under a sink in the basement of our apartment house. Down in the laundry. Naomi somebody—a close friend of his—told him she had a worm in her thermos bottle. At least, that's all we could get out of him." Boo Boo sighed, and came away from the window with a long ash on her cigarette. She started for the screen door. "I'll have another go at it," she said, by way of goodby to both women.

They laughed.

"Mildred," Sandra, still laughing, addressed Mrs. Snell, "you're gonna miss your bus if ya don't get a move on."

Boo Boo closed the screen door behind her.

She stood on the slight downgrade of her front lawn, with the low, glaring, late afternoon sun at her back. About two hundred yards ahead of her, her son Lionel was sitting in the stern seat of his father's dinghy. Tied, and stripped of its main and jib sails, the dinghy floated at a perfect right angle away from the far end of the pier. Fifty feet or so beyond it, a lost or abandoned water ski floated bottom up, but there were no pleasure boats to be seen on the lake; just a stern-end view of the county launch on its way over to Leech's Landing. Boo Boo found it queerly difficult to keep Lionel in steady focus. The sun, though not especially hot, was nonetheless so brilliant that it made any fairly distant image—a boy, a boat—seem almost as wavering and refractional as a stick in water. After a couple of minutes, Boo Boo let the image go. She peeled down her cigarette Army style, and then started toward the pier.

It was October, and the pier boards no longer could hit her in the face with reflected heat. She walked along whistling "Kentucky Babe" through her teeth. When she reached the end of the pier, she squatted, her knees audible, at the right edge, and looked down at Lionel. He was less than an oar's length away from her. He didn't look up.

"Ahoy," Boo Boo said. "Friend. Pirate. Dirty dog. I'm back."

Still not looking up, Lionel abruptly seemed called upon to demonstrate his sailing ability. He swung the dead tiller all the way to the right, then immediately yanked it back in to his side. He kept his eyes exclusively on the deck of the boat.

"It is I," Boo Boo said. "Vice-Admiral Tannenbaum. Née Glass. Come to inspect the stermaphors."

There was a response.

"You aren't an admiral. You're a *lady*," Lionel said. His sentences usually had at least one break of faulty breath control, so that, often, his emphasized words, instead of rising, sank. Boo Boo not only listened to his voice, she seemed to watch it.

"Who told you that? Who told you I wasn't an admiral?"

Lionel answered, but inaudibly.

"*Who?*" said Boo Boo.

"Daddy."

Still in a squatting position, Boo Boo put her left hand through the V of her legs, touching the pier boards in order to keep her balance. "Your daddy's a nice fella," she said, "but he's probably the biggest landlubber

I know. It's perfectly true that when I'm in port I'm a lady—*that's* true. But my true calling is first, last, and always the bounding—"

"You aren't an admiral," Lionel said.

"I beg your pardon?"

"You aren't an admiral. You're a lady all the time."

There was a short silence. Lionel filled it by changing the course of his craft again—his hold on the tiller was a two-armed one. He was wearing khaki-colored shorts and a clean, white T-shirt with a dye picture, across the chest, of Jerome the Ostrich playing the violin. He was quite tanned, and his hair, which was almost exactly like his mother's in color and quality, was a little sun-bleached on top.

"*Many* people think I'm not an admiral," Boo Boo said, watching him. "Just because I don't shoot my mouth off about it." Keeping her balance, she took a cigarette and matches out of the side pocket of her jeans. "I'm almost never tempted to discuss my rank with people. Especially with little boys who don't even look at me when I talk to them. I'd be drummed out of the bloomin' service." Without lighting her cigarette, she suddenly got to her feet, stood unreasonably erect, made an oval out of the thumb and index finger of her right hand, drew the oval to her mouth, and—kazoo style—sounded something like a bugle call. Lionel instantly looked up. In all probability, he was aware that the call was bogus, but nonetheless he seemed deeply aroused; his mouth fell open. Boo Boo sounded the call—a peculiar amalgamation of "Taps" and "Reveille"—three times, without any pauses. Then, ceremoniously, she saluted the opposite shoreline. When she finally reassumed her squat on the pier edge, she seemed to do so with maximum regret, as if she had just been profoundly moved by one of the virtues of naval tradition closed to the public and small boys. She gazed out at the petty horizon of the lake for a moment, then seemed to remember that she was not absolutely alone. She glanced—venerably—down at Lionel, whose mouth was still open. "That was a secret bugle call that only admirals are allowed to hear." She lit her cigarette, and blew out the match with a theatrically thin, long stream of smoke. "If anybody knew I let you hear that call—" She shook her head. She again fixed the sextant of her eye on the horizon.

"Do it again."

"Impossible."

"Why?"

Boo Boo shrugged. "Too many low-grade officers around, for one thing." She changed her position, taking up a cross-legged, Indian squat. She pulled up her socks. "I'll tell you what I'll do, though," she said, matter-of-factly. "If you'll tell me why you're running away, I'll blow every secret bugle call for you I know. All right?"

Lionel immediately looked down at the deck again. "No," he said.

"Why not?"

"Because."

"Because why?"

"Because I don't want to," said Lionel, and jerked the tiller for emphasis.

Boo Boo shielded the right side of her face from the glare of the sun. "You told me you were all through running away," she said. "We talked about it, and you told me you were all through. You promised me."

Lionel gave a reply, but it didn't carry.

"What?" said Boo Boo.

"I didn't promise."

"Ah, yes, you did. You most certainly did."

Lionel resumed steering his boat. "If you're an admiral," he said, "where's your *fleet*?"

"My fleet. I'm glad you asked me that," Boo Boo said, and started to lower herself into the dinghy.

"Get off!" Lionel ordered, but without giving over to shrillness, and keeping his eyes down. "Nobody can come in."

"They can't?" Boo Boo's foot was already touching the bow of the boat. She obediently drew it back up to pier level. "Nobody at all?" She got back into her Indian squat. "Why not?"

Lionel's answer was complete, but, again, not loud enough.

"What?" said Boo Boo.

"Because they're not allowed."

Boo Boo, keeping her eyes steadily on the boy, said nothing for a full minute.

"I'm sorry to hear it," she said, finally. "I'd just love to come down in your boat. I'm so lonesome for you. I miss you so much. I've been all alone in the house all day without anybody to talk to."

Lionel didn't swing the tiller. He examined the grain of wood in its handle. "You can talk to Sandra," he said.

"Sandra's busy," Boo Boo said. "Anyway, I don't want to talk to Sandra, I want to talk to you. I wanna come down in your boat and talk to you."

"You can talk from there."

"What?"

"You can talk from *there*."

"No, I can't. It's too big a distance. I have to get up close."

Lionel swung the tiller. "Nobody can come in," he said.

"What?"

"Nobody can come *in*."

"Well, will you tell me from there why you're running away?" Boo Boo asked. "After you promised me you were all through?"

A pair of underwater goggles lay on the deck of the dinghy, near the stern seat. For answer, Lionel secured the headstrap of the goggles between the big and second toes of his right foot, and, with a deft, brief, leg action, flipped the goggles overboard. They sank at once.

"That's nice. That's constructive," said Boo Boo. "Those belong to your Uncle Webb. Oh, he'll be so delighted." She dragged on her cigarette. "They once belonged to your Uncle Seymour."

"I don't care."

"I see that. I see you don't," Boo Boo said. Her cigarette was angled peculiarly between her fingers; it burned dangerously close to one of her knuckle grooves. Suddenly feeling the heat, she let the cigarette drop to the surface of the lake. Then she took out something from one of her side pockets. It was a package, about the size of a deck of cards, wrapped in white paper and tied with green ribbon. "This is a key chain," she said, feeling the boy's eyes look up at her. "Just like Daddy's. But with a lot more keys on it than Daddy's has. This one has ten keys."

Lionel leaned forward in his seat, letting go the tiller. He held out his hands in catching position. "Throw it?" he said. "Please?"

"Let's keep our seats a minute, Sunshine. I have a little thinking to do. I *should* throw this key chain in the lake."

Lionel stared up at her with his mouth open. He closed his mouth. "It's mine," he said on a diminishing note of justice.

Boo Boo, looking down at him, shrugged. "I don't care."

Lionel slowly sat back in his seat, watching his mother, and reached behind him for the tiller. His eyes reflected pure perception, as his mother had known they would.

"Here." Boo Boo tossed the package down to him. It landed squarely on his lap.

He looked at it in his lap, picked it off, looked at it in his hand, and flicked it—sidearm—into the lake. He then immediately looked up at Boo Boo, his eyes filled not with defiance but tears. In another instant, his mouth was distorted into a horizontal figure-8, and he was crying mightily.

Boo Boo got to her feet, gingerly, like someone whose foot has gone to sleep in theatre, and lowered herself into the dinghy. In a moment, she was in the stern seat, with the pilot on her lap, and she was rocking him and kissing the back of his neck and giving out certain information: "Sailors don't *cry*, baby. Sailors *never* cry. Only when their ships go down. Or when they're shipwrecked, on rafts and all, with nothing to drink except—"

"Sandra—told Mrs. Smell—that Daddy's a big—sloppy—kike."

Just perceptibly, Boo Boo flinched, but she lifted the boy off her lap and stood him in front of her and pushed back his hair from his forehead. "She did, huh?" she said.

Lionel worked his head up and down, emphatically. He came in closer, still crying, to stand between his mother's legs.

"Well, that isn't *too* terrible," Boo Boo said, holding him between the two vises of her arms and legs. "That isn't the *worst* that could happen." She gently bit the rim of the boy's ear. "Do you know what a kike is, baby?"

Lionel was either unwilling or unable to speak up at once. At any rate, he waited till the hiccupping aftermath of his tears had subsided a little. Then his answer was delivered, muffled but intelligible, into the warmth of Boo Boo's neck. "It's one of those things that go up in the *air*," he said. "With *string* you hold."

The better to look at him, Boo Boo pushed her son slightly away from her. Then she put a wild hand inside the seat of his trousers, startling the boy considerably, but almost immediately withdrew it and decorously tucked in his shirt for him. "Tell you what we'll do," she said. "We'll drive to town and get some pickles, and some bread, and we'll eat the pickles in the car, and then we'll go to the station and get Daddy, and then we'll bring Daddy home and make him take us for a ride in the boat. You'll have to help him carry the sails down. Okay?"

"Okay," said Lionel.

They didn't walk back to the house; they raced. Lionel won.

For Esmé—with Love and Squalor

JUST RECENTLY, by air mail, I received an invitation to a wedding that will take place in England on April 18th. It happens to be a wedding I'd give a lot to be able to get to, and when the invitation first arrived, I thought it might just be possible for me to make the trip abroad, by plane, expenses be hanged. However, I've since discussed the matter rather extensively with my wife, a breathtakingly levelheaded girl, and we've decided against it—for one thing, I'd completely forgotten that my mother-in-law is looking forward to spending the last two weeks in April with us. I really don't get to see Mother Grencher terribly often, and she's not getting any younger. She's fifty-eight. (As she'd be the first to admit.)

All the same, though, wher*ev*er I happen to be, I don't think I'm the type that doesn't even lift a finger to prevent a wedding from flatting. Accordingly, I've gone ahead and jotted down a few revealing notes on the bride as I knew her almost six years ago. If my notes should cause the groom, whom I haven't met, an uneasy moment or two, so much the better. Nobody's aiming to please, here. More, really, to edify, to instruct.

In April of 1944, I was among some sixty American enlisted men who took a rather specialized pre-Invasion training course, directed by

British Intelligence, in Devon, England. And as I look back, it seems to me that we were fairly unique, the sixty of us, in that there wasn't one good mixer in the bunch. We were all essentially letter-writing types, and when we spoke to each other out of the line of duty, it was usually to ask somebody if he had any ink he wasn't using. When we weren't writing letters or attending classes, each of us went pretty much his own way. Mine usually led me, on clear days, in scenic circles around the countryside. Rainy days, I generally sat in a dry place and read a book, often just an axe length away from a ping-pong table.

The training course lasted three weeks, ending on a Saturday, a very rainy one. At seven that last night, our whole group was scheduled to entrain for London, where, as rumor had it, we were to be assigned to infantry and airborne divisions mustered for the D Day landings. By three in the afternoon, I'd packed all my belongings into my barrack bag, including a canvas gas-mask container full of books I'd brought over from the Other Side. (The gas mask itself I'd slipped through a porthole of the *Mauretania* some weeks earlier, fully aware that if the enemy ever *did* use gas I'd never get the damn thing on in time.) I remember standing at an end window of our Quonset hut for a very long time, looking out at the slanting, dreary rain, my trigger finger itching imperceptibly, if at all. I could hear behind my back the uncomradely scratching of many fountain pens on many sheets of V-mail paper. Abruptly, with nothing special in mind, I came away from the window and put on my raincoat, cashmere muffler, galoshes, woollen gloves, and overseas cap (the last of which, I'm still told, I wore at an angle all my own—slightly down over both ears.) Then, after synchronizing my wristwatch with the clock in the latrine, I walked down the long, wet cobblestone hill into town. I ignored the flashes of lightning all around me. They either had your number on them or they didn't.

In the center of town, which was probably the wettest part of town, I stopped in front of a church to read the bulletin board, mostly because the featured numerals, white on black, had caught my attention but partly because, after three years in the Army, I'd become addicted to reading bulletin boards. At three-fifteen, the board stated, there would be children's-choir practice. I looked at my wristwatch, then back at the board. A sheet of paper was tacked up, listing the names of the children expected to attend practice. I stood in the rain and read all the names, then entered the church.

A dozen or so adults were among the pews, several of them bearing pairs of small-size rubbers, soles up, in their laps. I passed along and sat down in the front row. On the rostrum, seated in three compact rows of auditorium chairs, were about twenty children, mostly girls, ranging in age from about seven to thirteen. At the moment, their choir coach, an enormous woman in tweeds, was advising them to open their mouths wider when they sang. Had anyone, she asked, ever heard of a little dickeybird that *dared* to sing his charming song without first opening his little beak wide, wide, wide? Apparently nobody ever had. She was given a steady, opaque look. She went on to say that she wanted *all* her children to absorb the *meaning* of the words they sang, not just *mouth* them, like silly-billy parrots. She then blew a note on her pitch pipe, and the children, like so many underage weight-lifters, raised their hymn-books.

They sang without instrumental accompaniment—or, more accurately in their case, without any interference. Their voices were melodious and unsentimental, almost to the point where a somewhat more denominational man than myself might, without straining, have experienced levitation. A couple of the very youngest children dragged the tempo a trifle, but in a way that only the composer's mother could have found fault with. I had never heard the hymn, but I kept hoping it was one with a dozen or more verses. Listening, I scanned all the children's faces but watched one in particular, that of the child nearest me, on the end seat in the first row. She was about thirteen, with straight ash-blond hair of ear-lobe length, an exquisite forehead, and blasé eyes that, I thought, might very possibly have counted the house. Her voice was distinctly separate from the other children's voices, and not just because she was seated nearest me. It had the best upper register, the sweetest-sounding, the surest, and it automatically led the way. The young lady, however, seemed slightly bored with her own singing ability, or perhaps just with the time and place; twice, between verses, I saw her yawn. It was a ladylike yawn, a closed-mouth yawn, but you couldn't miss it; her nostril wings gave her away.

The instant the hymn ended, the choir coach began to give her lengthy opinion of people who can't keep their feet still and their lips sealed tight during the minister's sermon. I gathered that the singing part of the rehearsal was over, and before the coach's dissonant speaking voice could entirely break the spell the children's singing had cast, I got up and left the church.

It was raining even harder. I walked down the street and looked through the window of the Red Cross recreation room, but soldiers were standing two and three deep at the coffee counter, and, even through the glass, I could hear ping-pong balls bouncing in another room. I crossed the street and entered a civilian tearoom, which was empty except for a middle-aged waitress, who looked as if she would have preferred a customer with a dry raincoat. I used a coat tree as delicately as possible, and then sat down at a table and ordered tea and cinnamon toast. It was the first time all day that I'd spoken to anyone. I then looked through all my pockets, including my raincoat, and finally found a couple of stale letters to reread, one from my wife, telling me how the service at Schrafft's Eighty-eighth Street had fallen off, and one from my mother-in-law, asking me to please send her some cashmere yarn first chance I got away from "camp."

While I was still on my first cup of tea, the young lady I had been watching and listening to in the choir came into the tearoom. Her hair was soaking wet, and the rims of both ears were showing. She was with a very small boy, unmistakably her brother, whose cap she removed by lifting it off his head with two fingers, as if it were a laboratory specimen. Bringing up the rear was an efficient-looking woman in a limp felt hat—presumably their governess. The choir member, taking off her coat as she walked across the floor, made the table selection—a good one, from my point of view, as it was just eight or ten feet directly in front of me. She and the governess sat down. The small boy, who was about five, wasn't ready to sit down yet. He slid out of and discarded his reefer; then, with the deadpan expression of a born heller, he methodically went about annoying his governess by pushing in and pulling out his chair several times, watching her face. The governess, keeping her voice down, gave him two or three orders to sit down and, in effect, stop the monkey business, but it was only when his sister spoke to him that he came around and applied the small of his back to his chair seat. He immediately picked up his napkin and put it on his head. His sister removed it, opened it, and spread it out on his lap.

About the time their tea was brought, the choir member caught me staring over at her party. She stared back at me, with those house-counting eyes of hers, then, abruptly, gave me a small, qualified smile. It was oddly radiant, as certain small, qualified smiles sometimes are. I smiled back, much less radiantly, keeping my upper lip down over a coal-black G.I. temporary filling showing between two of my front teeth. The next thing I knew, the young lady was standing, with enviable poise, beside my table. She was wearing a tartan dress—a Campbell tartan, I believe. It seemed to me to be a wonderful dress for a very young girl to be wearing on a rainy, rainy day. "I thought Americans despised tea," she said.

It wasn't the observation of a smart aleck but that of a truth-lover or a statistics-lover. I replied that some of us never drank anything *but* tea. I asked her if she'd care to join me.

"Thank you," she said. "Perhaps for just a fraction of a moment."

I got up and drew a chair for her, the one opposite me, and she sat down on the forward quarter of it, keeping her spine easily and beautifully straight. I went back—almost hurried back—to my own chair, more than willing to hold up my end of a conversation. When I was seated, I couldn't think of anything to say, though. I smiled again, still keeping my coal-black filling under concealment. I remarked that it was certainly a terrible day out.

"Yes; quite," said my guest, in the clear, unmistakable voice of a small-talk detester. She placed her fingers flat on the table edge, like someone at a séance, then, almost instantly, closed her hands—her nails were bitten down to the quick. She was wearing a wristwatch, a military-looking one that looked rather like a navigator's chronograph. Its face was much too large for her slender wrist. "You were at choir practice," she said matter-of-factly. "I saw you."

I said I certainly had been, and that I had heard her voice singing separately from the others. I said I thought she had a very fine voice.

She nodded. "I know. I'm going to be a professional singer."

"Really? Opera?"

"Heavens, no. I'm going to sing jazz on the radio and make heaps of money. Then, when I'm thirty, I shall retire and live on a ranch in Ohio." She touched the top of her soaking-wet head with the flat of her hand. "Do you know Ohio?" she asked.

I said I'd been through it on the train a few times but that I didn't really know it. I offered her a piece of cinnamon toast.

"No, thank you," she said. "I eat like a bird, actually."

I bit into a piece of toast myself, and commented that there's some mighty rough country around Ohio.

"I know. An American I met told me. You're the eleventh American I've met."

Her governess was now urgently signalling her to return to her own table—in effect, to stop bothering the man. My guest, however, calmly moved her chair an inch or two so that her back broke all possible further communication with the home table. "You go to that secret Intelligence school on the hill, don't you?" she inquired coolly.

As security-minded as the next one, I replied that I was visiting Devonshire for my health.

"*Real*ly," she said, "I wasn't quite born yesterday, you know."

I said I'd bet she hadn't been, at that. I drank my tea for a moment. I was getting a trifle posture-conscious and I sat up somewhat straighter in my seat.

"You seem quite intelligent for an American," my guest mused.

I told her that was a pretty snobbish thing to say, if you thought about it at all, and that I hoped it was unworthy of her.

She blushed—automatically conferring on me the social poise I'd been missing. "Well. Most of the Americans *I've* seen act like animals. They're forever punching one another about, and insulting everyone, and—You know what one of them did?"

I shook my head.

"One of them threw an empty whiskey bottle through my aunt's window. *For*tunately, the window was open. But does that sound very intelligent to you?"

It didn't especially, but I didn't say so. I said that many soldiers, all over the world, were a long way from home, and that few of them had had many real advantages in life. I said I'd thought that most people could figure that out for themselves.

"Possibly," said my guest, without conviction. She raised her hand to her wet head again, picked at a few limp filaments of blond hair, trying to cover her exposed ear rims. "My hair is soaking wet," she said. "I look a fright." She looked over at me. "I have quite wavy hair when it's dry."

"I can see that, I can see you have."

"Not actually curly, but quite wavy," she said. "Are you married?"

I said I was.

She nodded. "Are you very deeply in love with your wife? Or am I being too personal?"

I said that when she was, I'd speak up.

She put her hands and wrists farther forward on the table, and I remember wanting to do something about that enormous-faced wristwatch she was wearing—perhaps suggest that she try wearing it around her waist.

"Usually, I'm not terribly gregarious," she said, and looked over at me to see if I knew the meaning of the word. I didn't give her a sign, though, one way or the other. "I purely came over because I thought you looked extremely lonely. You have an extremely sensitive face."

I said she was right, that I *had* been feeling lonely, and that I was very glad she'd come over.

"I'm training myself to be more compassionate. My aunt says I'm a terribly cold person," she said and felt the top of her head again. "I live with my aunt. She's an extremely kind person. Since the death of my mother, she's done everything within her power to make Charles and me feel adjusted."

"I'm glad."

"Mother was an extremely intelligent person. Quite sensuous, in many ways." She looked at me with a kind of fresh acuteness. "Do you find me terribly cold?"

I told her absolutely not—very much to the contrary, in fact. I told her my name and asked for hers.

She hesitated. "My first name is Esmé. I don't think I shall tell you my full name, for the moment. I have a title and you may just be impressed by titles. Americans are, you know."

I said I didn't think I would be, but that it might be a good idea, at that, to hold onto the title for a while.

Just then, I felt someone's warm breath on the back of my neck. I turned around and just missed brushing noses with Esmé's small brother. Ignoring me, he addressed his sister in a piercing treble: "Miss Megley said you must come and finish your tea!" His message delivered, he retired to the chair between his sister and me, on my right. I regarded him with high interest. He was looking very splendid in brown Shetland shorts, a navy-blue jersey, white shirt, and striped necktie. He gazed back at me with immense green eyes. "Why do people in films kiss sideways?" he demanded.

"Sideways?" I said. It was a problem that had baffled me in my childhood. I said I guessed it was because actors' noses are too big for kissing anyone head on.

"His name is Charles," Esmé said. "He's extremely brilliant for his age."

"He certainly has green eyes. Haven't you, Charles?"

Charles gave me the fishy look my question deserved, then wriggled downward and forward in his chair till all of his body was under the table except his head, which he left, wrestler's-bridge style, on the chair seat. "They're orange," he said in a strained voice, addressing the ceiling. He picked up a corner of the tablecloth and put it over his handsome, deadpan little face.

"Sometimes he's brilliant and sometimes he's not," Esmé said. "Charles, do sit up!"

Charles stayed right where he was. He seemed to be holding his breath.

"He misses our father very much. He was s-l-a-i-n in North Africa."

I expressed regret to hear it.

Esmé nodded. "Father adored him." She bit reflectively at the cuticle of her thumb. "He looks very much like my mother—Charles, I mean. I look exactly like my father." She went on biting at her cuticle. "My mother was quite a passionate woman. She was an extrovert. Father was an introvert. They were quite well mated, though, in a superficial way. To be quite candid, Father really needed more of an intellectual companion than Mother was. He was an extremely gifted genius."

I waited, receptively, for further information, but none came. I looked down at Charles, who was now resting the side of his face on his chair seat. When he saw that I was looking at him, he closed his eyes, sleepily, angelically, then stuck out his tongue—an appendage of startling length—and gave out what in *my* country would have been a glorious tribute to a myopic baseball umpire. It fairly shook the tearoom.

"Stop that," Esmé said, clearly unshaken. "He saw an American do it in a fish-and-chips queue, and now he does it whenever he's bored. Just stop it, now, or I shall send you directly to Miss Megley."

Charles opened his enormous eyes, as sign that he'd heard his sister's threat, but otherwise didn't look especially alerted. He closed his eyes again, and continued to rest the side of his face on the chair seat.

I mentioned that maybe he ought to save it—meaning the Bronx cheer—till he started using his title regularly. That is, if he had a title, too.

Esmé gave me a long, faintly clinical look. "You have a dry sense of humor, haven't you?" she said—wistfully. "Father said I have no sense of humor at all. He said I was unequipped to meet life because I have no sense of humor."

Watching her, I lit a cigarette and said I didn't think a sense of humor was of any use in a real pinch.

"Father said it was."

This was a statement of faith, not a contradiction, and I quickly switched horses. I nodded and said her father had probably taken the long view, while I was taking the short (whatever *that* meant).

"Charles misses him exceedingly," Esmé said, after a moment. "He was an exceedingly lovable man. He was extremely handsome, too. Not that one's appearance matters greatly, but he was. He had terribly penetrating eyes, for a man who was intransically kind."

I nodded. I said I imagined her father had had quite an extraordinary vocabulary.

"Oh, yes; quite," said Esmé. "He was an archivist—amateur, of course."

At that point, I felt an importunate tap, almost a punch, on my upper arm, from Charles' direction. I turned to him. He was sitting in a fairly normal position in his chair now, except that he had one knee tucked under him. "What did one wall say to the other wall?" he asked shrilly. "It's a riddle!"

I rolled my eyes reflectively ceilingward and repeated the question aloud. Then I looked at Charles with a stumped expression and said I gave up.

"Meet you at the corner!" came the punch line, at top volume.

It went over biggest with Charles himself. It struck him as

unbearably funny. In fact, Esmé had to come around and pound him on the back, as if treating him for a coughing spell. "Now, stop that," she said. She went back to her own seat. "He tells that same riddle to everyone he meets and has a fit every single time. Usually he drools when he laughs. Now, just stop, please."

"It's one of the best riddles I've heard, though," I said, watching Charles, who was very gradually coming out of it. In response to this compliment, he sank considerably lower in his chair and again masked his face up to the eyes with a corner of the tablecloth. He then looked at me with his exposed eyes, which were full of slowly subsiding mirth and the pride of someone who knows a really good riddle or two.

"May I inquire how you were employed before entering the Army?" Esmé asked me.

I said I hadn't been employed at all, that I'd only been out of college a year but that I liked to think of myself as a professional short-story writer.

She nodded politely. "Published?" she asked.

It was a familiar but always touchy question, and one that I didn't answer just one, two, three. I started to explain how most editors in America were a bunch—

"My father wrote beautifully," Esmé interrupted. "I'm saving a number of his letters for posterity."

I said that sounded like a very good idea. I happened to be looking at her enormous-faced, chronographic-looking wristwatch again. I asked if it had belonged to her father.

She looked down at her wrist solemnly. "Yes, it did," she said. "He gave it to me just before Charles and I were evacuated." Self-consciously, she took her hands off the table, saying, "Purely as a momento, of course." She guided the conversation in a different direction. "I'd be extremely flattered if you'd write a story exclusively for me sometime. I'm an avid reader."

I told her I certainly would, if I could. I said that I wasn't terribly prolific.

"It doesn't have to be terribly prolific! Just so that it isn't childish and silly." She reflected. "I prefer stories about squalor."

"About what?" I said, leaning forward.

"Squalor. I'm extremely interested in squalor."

I was about to press her for more details, but I felt Charles pinching me, hard, on my arm. I turned to him, wincing slightly. He was standing right next to me. "What did one wall say to the other wall?" he asked, not unfamiliarly.

"You asked him that," Esmé said. "Now, stop it."

Ignoring his sister, and stepping up on one of my feet, Charles repeated the key question. I noticed that his necktie knot wasn't adjusted properly. I slid it up into place, then, looking him straight in the eye, suggested, "Meetcha at the corner?"

The instant I'd said it, I wished I hadn't. Charles' mouth fell open. I felt as if I'd struck it open. He stepped down off my foot and, with white-hot dignity, walked over to his own table, without looking back.

"He's furious," Esmé said. "He has a violent temper. My mother had a propensity to spoil him. My father was the only one who didn't spoil him."

I kept looking over at Charles, who had sat down and started to drink his tea, using both hands on the cup. I hoped he'd turn around, but he didn't.

Esmé stood up. "*Il faut que je parte aussi*," she said, with a sigh. "Do you know French?"

I got up from my own chair, with mixed feelings of regret and confusion. Esmé and I shook hands; her hand, as I'd suspected, was a nervous hand, damp at the palm. I told her, in English, how very much I'd enjoyed her company.

She nodded. "I thought you might," she said. "I'm quite communicative for my age." She gave her hair another experimental touch. "I'm dreadfully sorry about my hair," she said. "I've probably been hideous to look at."

"Not at all! As a matter of fact, I think a lot of the wave is coming back already."

She quickly touched her hair again. "Do you think you'll be coming here again in the immediate future?" she asked. "We come here every Saturday, after choir practice."

I answered that I'd like nothing better but that, unfortunately, I was pretty sure I wouldn't be able to make it again.

"In other words, you can't discuss troop movements," said Esmé. She made no move to leave the vicinity of the table. In fact, she crossed one foot over the other and, looking down, aligned the toes of her shoes. It was a pretty little execution, for she was wearing white socks and her ankles and feet were lovely. She looked up at me abruptly. "Would you like me to write to you?" she asked, with a certain amount of color in her face. "I write extremely articulate letters for a person my—"

"I'd love it." I took out pencil and paper and wrote down my name, rank, serial number, and A.P.O. number.

"I shall write to you first," she said, accepting it, "so that you don't feel *comp*romised in any way." She put the address into a pocket of her dress. "Goodbye," she said, and walked back to her table.

I ordered another pot of tea and sat watching the two of them till they, and the harassed Miss Megley, got up to leave. Charles led the way out, limping tragically, like a man with one leg several inches shorter than the other. He didn't look over at me. Miss Megley went next, then Esmé, who waved to me. I waved back, half getting up from my chair. It was a strangely emotional moment for me.

Less than a minute later, Esmé came back into the tearoom, dragging Charles behind her by the sleeve of his reefer. "Charles would like to kiss you goodbye," she said.

I immediately put down my cup, and said that was very nice, but was she *sure*?

"Yes," she said, a trifle grimly. She let go Charles' sleeve and gave him a rather vigorous push in my direction. He came forward, his face livid, and gave me a loud, wet smacker just below the right ear. Following this ordeal, he started to make a beeline for the door and a less sentimental way of life, but I caught the half belt at the back of his reefer, held on to it, and asked him, "What did one wall say to the other wall?"

His face lit up. "Meet you at the corner!" he shrieked, and raced out of the room, possibly in hysterics.

Esmé was standing with crossed ankles again. "You're quite sure you won't forget to write that story for me?" she asked. "It doesn't have to be ex*clus*ively for me. It can—"

I said there was absolutely no chance that I'd forget. I told her that I'd never written a story *for* anybody, but that it seemed like exactly the right time to get down to it.

She nodded. "Make it extremely squalid and moving," she suggested. "Are you at all acquainted with squalor?"

I said not exactly but that I was getting better acquainted with it, in one form or another, all the time, and that I'd do my best to come up to her specifications. We shook hands.

"Isn't it a pity that we didn't meet under less extenuating circumstances?"

I said it was, I said it certainly was.

"Goodbye," Esmé said. "I hope you return from the war with all your faculties intact."

I thanked her, and said a few other words, and then watched her leave the tearoom. She left it slowly, reflectively, testing the ends of her hair for dryness.

This is the squalid, or moving, part of the story, and the scene changes. The people change, too. I'm still around, but from here on in, for reasons I'm not at liberty to disclose, I've disguised myself so cunningly that even the cleverest reader will fail to recognize me.

It was about ten-thirty at night in Gaufurt, Bavaria, several weeks after V-E Day. Staff Sergeant X was in his room on the second floor of the civilian home in which he and nine other American soldiers had been quartered, even before the armistice. He was seated on a folding wooden chair at a small, messy-looking writing table, with a paperback overseas novel open before him, which he was having great trouble reading. The trouble lay with him, not the novel. Although the men who lived on the first floor usually had first grab at the books sent each month by Special Services, X usually seemed to be left with the book he might have selected himself. But he was a young man who had not come through the war with all his faculties intact, and for more than an hour he had been triple-reading paragraphs, and now he was doing it to the sentences. He suddenly closed the book, without marking his place. With his hand, he shielded his eyes for a moment against the harsh, watty glare from the naked bulb over the table.

He took a cigarette from a pack on the table and lit it with fingers that bumped gently and incessantly against one another. He sat back a trifle in his chair and smoked without any sense of taste. He had been chain-smoking for weeks. His gums bled at the slightest pressure of the tip of his tongue, and he seldom stopped experimenting; it was a little game he played, sometimes by the hour. He sat for a moment smoking and experimenting. Then, abruptly, familiarly, and, as usual, with no warning, he thought he felt his mind dislodge itself and teeter, like insecure luggage on an overhead rack. He quickly did what he had been doing for weeks to set things right: he pressed his hands hard against his temples. He held on tight for a moment. His hair needed cutting, and it was dirty. He had washed it three or four times during his two weeks' stay at the hospital in Frankfort on the Main, but it had got dirty again on the long, dusty jeep ride back to Gaufurt. Corporal Z, who had called for him at the hospital, still drove a jeep combat-style, with the windshield down on the hood, armistice or no armistice. There were thousands of new troops in Germany. By driving with his windshield down, combat-style, Corporal Z hoped to show that he was not one of them, that not by a long shot was he some new son of a bitch in the E.T.O.

When he let go of his head, X began to stare at the surface of the writing table, which was a catchall for at least two dozen unopened letters and at least five or six unopened packages, all addressed to him. He reached behind the debris and picked out a book that stood against the wall. It was a book by Goebbels, entitled "Die Zeit Ohne Beispiel." It belonged to the thirty-eight-year-old, unmarried daughter of the family that, up to a few weeks earlier, had been living in the house. She had been a low official in the Nazi Party, but high enough, by Army Regulations standards, to fall into an automatic-arrest category. X himself had arrested her. Now, for the third time since he had returned from the hospital that day, he opened the woman's book and read the brief inscription on the flyleaf. Written in ink, in German, in a small, hopelessly sincere handwriting, were the words "Dear God, life is hell." Nothing led up to or away from it. Alone on the page, and in the sickly stillness of the room, the words appeared to have the stature of an uncontestable, even classic indictment. X stared at the page for several minutes, trying, against heavy odds, not to be taken in. Then, with far more zeal than he had done anything in weeks, he picked up a pencil stub and wrote down under the inscription, in English, "Fathers and teachers, I ponder 'What is hell? ' I maintain that it is the suffering of being unable to love." He started to write Dostoevski's name under the inscription, but saw—with fright that ran through his whole body—that what he had written was almost entirely illegible. He shut the book.

He quickly picked up something else from the table, a letter from his older brother in Albany. It had been on his table even before he had checked into the hospital. He opened the envelope, loosely resolved to read the letter straight through, but read only the top half of the first page. He stopped after the words "Now that the g.d. war is over and you probably have a lot of time over there, how about sending the kids a couple of bayonets or swastikas ..." After he'd torn it up, he looked down at the pieces as they lay in the wastebasket. He saw that he had overlooked an enclosed snapshot. He could make out somebody's feet standing on a lawn somewhere.

He put his arms on the table and rested his head on them. He ached from head to foot, all zones of pain seemingly interdependent. He was rather like a Christmas tree whose lights, wired in series, must all go out if even one bulb is defective.

The door banged open, without having been rapped on. X raised his head, turned it, and saw Corporal Z standing in the door. Corporal Z had been X's jeep partner and constant companion from D Day straight through five campaigns of the war. He lived on the first floor and he usually came up to see X when he had a few rumors or gripes to unload. He was a huge, photogenic young man of twenty-four. During the war, a national magazine had photographed him in Hürtgen Forest; he had posed, more than just obligingly, with a Thanksgiving turkey in each hand. "Ya writin' letters?" he asked X. "It's spooky in here, for Chrissake." He preferred always to enter a room that had the overhead light on.

X turned around in his chair and asked him to come in, and to be careful not to step on the dog.

"The what?"

"Alvin. He's right under your feet, Clay. How 'bout turning on the goddam light?"

Clay found the overhead-light switch, flicked it on, then stepped across the puny, servant's-size room and sat down on the edge of the bed, facing his host. His brick-red hair, just combed, was dripping with the amount of water he required for satisfactory grooming. A comb with a fountain-pen clip protruded, familiarly, from the right-hand pocket of his olive-drab shirt. Over the left-hand pocket he was wearing the Combat Infantrymen's Badge (which, technically, he wasn't authorized to wear), the European Theatre ribbon, with five bronze battle stars in it (instead of a lone silver one, which was the equivalent of five bronze ones), and the pre-Pearl Harbor service ribbon. He sighed heavily and said, "Christ almighty." It meant nothing; it was Army. He took a pack of cigarettes from his shirt pocket, tapped one out, then put away the pack and rebuttoned the pocket flap. Smoking, he looked vacuously around the room. His look finally settled on the radio. "Hey," he said. "They got this terrific show comin' on the radio in a coupla minutes. Bob Hope, and everybody."

X, opening a fresh pack of cigarettes, said he had just turned the radio off.

Undarkened, Clay watched X trying to get a cigarette lit. "Jesus," he said, with spectator's enthusiasm, "you oughta see your goddam hands. Boy, have you got the shakes. Ya know that?"

X got his cigarette lit, nodded, and said Clay had a real eye for detail.

"No kidding, hey. I goddam near fainted when I saw you at the hospital. You looked like a goddam *corpse*. How much weight ya lose? How many pounds? Ya know?"

"I don't know. How was your mail when I was gone? You heard from Loretta?"

Loretta was Clay's girl. They intended to get married at their earliest convenience. She wrote to him fairly regularly, from a paradise of triple exclamation points and inaccurate observations. All through the war, Clay had read all Loretta's letters aloud to X, however intimate they were—in fact, the more intimate, the better. It was his custom, after each reading, to ask X to plot out or pad out the letter of reply, or to insert a few impressive words in French or German.

"Yeah, I had a letter from her yesterday. Down in my room. Show it to ya later," Clay said, listlessly. He sat up straight on the edge of the bed, held his breath, and issued a long, resonant belch. Looking just semi-pleased with the achievement, he relaxed again. "Her goddam brother's gettin' outa the Navy on account of his hip," he said. "He's got this hip, the bastard." He sat up again and tried for another belch, but with below-par results. A jot of alertness came into his face. "Hey. Before I forget. We gotta get up at five tomorrow and drive to Hamburg or someplace. Pick up Eisenhower jackets for the whole detachment."

X, regarding him hostilely, stated that he didn't want an Eisenhower jacket.

Clay looked surprised, almost a trifle hurt. "Oh, they're good! They look good. How come?"

"No reason. Why do we have to get up at five? The war's over, for God's sake."

"I don't know—we gotta get back before lunch. They got some new forms in we gotta fill out before lunch. ... I asked Bulling how come we couldn't fill 'em out tonight—he's *got* the goddam forms right on his desk. He don't want to open the envelopes yet, the son of a bitch."

The two sat quiet for a moment, hating Bulling.

Clay suddenly looked at X with new—higher—interest than before. "Hey," he said. "Did you know the goddam side of your face is jumping all over the place?"

X said he knew all about it, and covered his tic with his hand.

Clay stared at him for a moment, then said, rather vividly, as if he were the bearer of exceptionally good news, "I wrote Loretta you had a nervous breakdown."

"Oh?"

"Yeah. She's interested as hell in all that stuff. She's majoring in psychology." Clay stretched himself out on the bed, shoes included. "You know what she said? She says nobody gets a nervous breakdown just from the war and all. She says you probably were unstable like, your whole goddam life."

X bridged his hand over his eyes—the light over the bed seemed to be blinding him—and said that Loretta's insight into things was always a joy.

Clay glanced over at him. "Listen, ya bastard," he said. "She knows a goddam sight more psychology than *you* do."

"Do you think you can bring yourself to take your stinking feet off my bed?" X asked.

Clay left his feet where they were for a few don't-tell-me-where-to-put-my-feet seconds, then swung them around to the floor and sat up. "I'm goin' downstairs anyway. They got the radio on in Walker's room."

He didn't get up from the bed, though. "Hey. I was just tellin' that new son of a bitch, Bernstein, downstairs. Remember that time I and you drove into Valognes, and we got shelled for about two goddam hours, and that goddam cat I shot that jumped up on the hood of the jeep when we were layin' in that hole? Remember?"

"Yes—don't start that business with that cat again, Clay, God damn it. I don't want to hear about it."

"No, all I mean is I wrote Loretta about it. She and the whole psychology class discussed it. In class and all. The goddam professor and everybody."

"That's fine. I don't want to hear about it, Clay."

"No, you know the reason I took a pot shot at it, Loretta says? She says I was temporarily insane. No kidding. From the shelling and all."

X threaded his fingers, once, through his dirty hair, then shielded his eyes against the light again. "You weren't insane. You were simply doing your duty. You killed that pussycat in as manly a way as anybody could've, under the circumstances."

Clay looked at him suspiciously. "What the hell are you talkin' about?"

"That cat was a spy. You *had* to take a pot shot at it. It was a very clever German midget dressed up in a cheap fur coat. So there was absolutely nothing brutal, or cruel, or dirty, or even—"

"God damn it!" Clay said, his lips thinned. "Can't you ever be *sincere*?"

X suddenly felt sick, and he swung around in his chair and grabbed the wastebasket—just in time.

When he had straightened up and turned toward his guest again, he found him standing, embarrassed, halfway between the bed and the door. X started to apologize, but changed his mind and reached for his cigarettes.

"C'mon down and listen to Hope on the radio, hey," Clay said, keeping his distance but trying to be friendly over it. "It'll do ya good. I mean it."

"You go ahead, Clay. ... I'll look at my stamp collection."

"Yeah? You got a stamp collection? I didn't know you—"

"I'm only kidding."

Clay took a couple of slow steps toward the door. "I may drive over to Ehstadt later," he said. "They got a dance. It'll probably last till around two. Wanna go?"

"No, thanks. ... I may practice a few steps in the room."

"O.K. G'night! Take it easy, now, for Chrissake." The door slammed shut, then instantly opened again. "Hey. O.K. if I leave a letter to Loretta under your door? I got some German stuff in it. Willya fix it up for me?"

"Yes. Leave me alone now, God damn it."

"Sure," said Clay. "You know what my mother wrote me? She wrote me she's glad you and I were together and all the whole war. In the same jeep and all. She says my letters are a helluva lot more intelligent since we been goin' around together."

X looked up and over at him, and said, with great effort, "Thanks. Tell her thanks for me."

"I will. G'night!" The door slammed shut, this time for good.

X sat looking at the door for a long while, then turned his chair around toward the writing table and picked up his portable typewriter from the floor. He made space for it on the messy table surface, pushing aside the collapsed pile of unopened letters and packages. He thought if he wrote a letter to an old friend of his in New York there might be some quick, however slight, therapy in it for him. But he couldn't insert his notepaper into the roller properly, his fingers were shaking so violently now. He put his hands down at his sides for a minute, then tried again, but finally crumpled the notepaper in his hand.

He was aware that he ought to get the wastebasket out of the room, but instead of doing anything about it, he put his arms on the typewriter and rested his head again, closing his eyes.

A few throbbing minutes later, when he opened his eyes, he found himself squinting at a small, unopened package wrapped in green paper. It had probably slipped off the pile when he had made space for the typewriter. He saw that it had been readdressed several times. He could make out, on just one side of the package, at least three of his old A.P.O. numbers.

He opened the package without any interest, without even looking at the return address. He opened it by burning the string with a lighted match. He was more interested in watching the string burn all the way down than in opening the package, but he opened it, finally.

Inside the box, a note, written in ink, lay on top of a small object wrapped in tissue paper. He picked out the note and read it.

17, ——ROAD,

——, DEVON

JUNE 7, 1944

DEAR SERGEANT X,

I hope you will forgive me for having taken 38 days to begin our correspondence but, I have been extremely busy as my aunt has undergone streptococcus of the throat and nearly perished and I have been justifiably saddled with one responsibility after another. However I have thought of you frequently and of the extremely pleasant afternoon we spent in each other's company on April 30, 1944 between 3:45 and 4:15 P.M. in case it slipped your mind.

We are all tremendously excited and overawed about D Day and only hope that it will bring about the swift termination of the war and a method of existence that is ridiculous to say the least. Charles and I are both quite concerned about you; we hope you were not among those who made the first initial assault upon the Cotentin Peninsula. Were you? Please reply as speedily as possible. My warmest regards to your wife.

Sincerely yours,

ESMÉ

P.S. I am taking the liberty of enclosing my wristwatch which you may keep in your possession for the duration of the conflict. I did not observe whether you were wearing one during our brief association, but this one is extremely water-proof and shock-proof as well as having many other virtues among which one can tell at what velocity one is walking if one wishes. I am quite certain that you will use it to greater advantage in these difficult days than I ever can and that you will accept it as a lucky talisman.

Charles, whom I am teaching to read and write and whom I am finding an extremely intelligent novice, wishes to add a few words.

Please write as soon as you have the time and inclination.

HELLO HELLO HELLO HELLO HELLO

HELLO HELLO HELLO HELLO HELLO

LOVE AND KISSES CHALES

It was a long time before X could set the note aside, let alone lift Esmé's father's wristwatch out of the box. When he did finally lift it out, he saw that its crystal had been broken in transit. He wondered if the watch was otherwise undamaged, but he hadn't the courage to wind it and find out. He just sat with it in his hand for another long period. Then, suddenly, almost ecstatically, he felt sleepy.

You take a really sleepy man, Esmé, and he *al*ways stands a chance of again becoming a man with all his fac—with all his f-a-c-u-l-t-i-e-s intact.

Pretty Mouth and Green My Eyes

WHEN the phone rang, the gray-haired man asked the girl, with quite some little deference, if she would rather for any reason he didn't answer it. The girl heard him as if from a distance, and turned her face toward him, one eye—on the side of the light—closed tight, her open eye very, however disingenuously, large, and so blue as to appear almost violet. The gray-haired man asked her to hurry up, and she raised up on her right forearm just quickly enough so that the movement didn't quite look perfunctory. She cleared her hair back from her forehead with her left hand and said, "God. I don't know. I mean what do you think?" The gray-haired man said he didn't see that it made a helluva lot of difference one way or the other, and slipped his left hand under the girl's supporting arm, above the elbow, working his fingers up, making room for them between the warm surfaces of her upper arm and chest wall. He reached for the phone with his right hand. To reach it without groping, he had to raise himself somewhat higher, which caused the back of his head to graze a corner of the lampshade. In that instant, the light was particularly, if rather vividly, flattering to his gray, mostly white, hair. Though in disarrangement at that moment, it had obviously been freshly cut—or, rather, freshly maintained. The neckline and temples had been trimmed conventionally close, but the sides and top had been left rather more than just longish, and were, in fact, a trifle "distinguished-looking." "Hello?" he said resonantly into the phone. The girl stayed propped up on her forearm and watched him. Her eyes, more just open than alert or speculative, reflected chiefly their own size and color.

A man's voice—stone dead, yet somehow rudely, almost obscenely quickened for the occasion—came through at the other end: "Lee? I wake you?"

The gray-haired man glanced briefly left, at the girl. "Who's that?" he asked. "Arthur?"

"Yeah—I wake you?"

"No, no. I'm in bed, reading. Anything wrong?"

"You sure I didn't wake you? Honest to God?"

"No, no—absolutely," the gray-haired man said. "As a matter of fact, I've been averaging about four lousy hours—"

"The reason I called, Lee, did you happen to notice when Joanie was leaving? Did you happen to notice if she left with the Ellenbogens, by any chance?"

The gray-haired man looked left again, but high this time, away from the girl, who was now watching him rather like a young, blue-eyed Irish policeman. "No, I didn't, Arthur," he said, his eyes on the far, dim end of the room, where the wall met the ceiling. "Didn't she leave with you?"

"No. Christ, no. You didn't see her leave at all, then?"

"Well, no, as a matter of fact, I didn't, Arthur," the gray-haired man said. "Actually, as a matter of fact, I didn't see a bloody thing all evening. The minute I got in the door, I got myself involved in one long

Jesus of a session with that French poop, Viennese poop—whatever the hell he was. Every bloody one of these foreign guys keeps an eye open for a little free legal advice. Why? What's up? Joanie lost?"

"Oh, Christ. Who knows? I don't know. You know her when she gets all tanked up and rarin' to go. *I* don't know. She *may* have just—"

"You call the Ellenbogens?" the gray-haired man asked.

"Yeah. They're not home yet. I don't know. Christ, I'm not even sure she *left* with them. I know one thing. I know one goddam thing. I'm through beating my brains out. I mean it. I really mean it this time. I'm through. Five years. Christ."

"All right, try to take it a little easy, now, Arthur," the gray-haired man said. "In the first place, if I know the Ellenbogens, they probably all hopped in a cab and went down to the Village for a couple of hours. All three of 'em'll probably barge—"

"I have a feeling she went to work on some bastard in the kitchen. I just have a feeling. She always starts necking some bastard in the kitchen when she gets tanked up. I'm through. I swear to God I mean it this time. Five goddam—"

"Where are you now, Arthur?" the gray-haired man asked. "Home?"

"Yeah. Home. Home sweet home. Christ."

"Well, just try to take it a little—What are ya—drunk, or what?"

"I don't know. How the hell do I know?"

"All right, now, listen. Relax. Just relax," the gray-haired man said. "You know the Ellenbogens, for Chrissake. What probably happened, they probably missed their last train. All three of 'em'll probably barge in on you any minute, full of witty, night-club—"

"They drove in."

"How do you know?"

"Their baby-sitter. We've had some scintillating goddam conversations. We're close as hell. We're like two goddam peas in a pod."

"All right. All right. So what? Will ya sit tight and relax, now?" said the gray-haired man. "All three of 'em'll probably waltz in on you any minute. Take my word. You know Leona. I don't know what the hell it is—They all get this god-awful Connecticut *gai*ety when they get in to New York. You know that."

"Yeah. I know. I know. I don't know, though."

"Certainly you do. Use your imagination. The two of 'em probably dragged Joanie bodily—"

"Listen. Nobody ever has to *drag* Joanie *any*where. Don't gimme any of that dragging stuff."

"Nobody's giving you any dragging stuff, Arthur," the gray-haired man said quietly.

"I know, I know! Excuse me. Christ, I'm losing my mind. Honest to God, you sure I didn't wake you?"

"I'd tell you if you had, Arthur," the gray-haired man said. Absently, he took his left hand out from between the girl's upper arm and chest wall. "Look, Arthur. You want my advice?" he said. He took the telephone cord between his fingers, just under the transmitter. "I mean this, now. You want some advice?"

"Yeah. I don't know. Christ, I'm keeping you up. Why don't I just go cut my—"

"Listen to me a minute," the gray-haired man said. "First—I mean this, now—get in bed and relax. Make yourself a nice, big nightcap, and get under the—"

"*Night*cap! Are you kidding? Christ, I've killed about a quart in the last two goddam hours. *Night*cap! I'm so plastered now I can hardly—"

"All right. All right. Get in bed, then," the gray-haired man said. "And relax—ya hear me? Tell the truth. Is it going to do any good to sit around and stew?"

"Yeah, I know. I wouldn't even worry, for Chrissake, but you can't trust her! I swear to God. I swear to God you can't. You can trust her about as far as you can throw a—I don't know *what*. Aaah, what's the use? I'm losing my goddam mind."

"All right. Forget it, now. Forget it, now. Will ya do me a favor and try to put the whole thing out of your mind?" the gray-haired man said. "For all you know, you're making—I honestly think you're making a mountain—"

"You know what I do? *You know what I do?* I'm ashameda tell ya, but you know what I very nearly goddam do every night? When I get home? You want to know?"

"Arthur, listen, this isn't—"

"*Wait* a second—I'll *tell* ya, God damn it. I practically have to keep myself from opening every goddam closet door in the apartment—I swear to God. Every night I come home, I half expect to find a bunch of bastards hiding all over the place. *El*evator boys. De*liv*ery boys. *Cops*—"

"All right. All right. Let's try to take it a little easy, Arthur," the gray-haired man said. He glanced abruptly to his right, where a cigarette, lighted some time earlier in the evening, was balanced on an ashtray. It obviously had gone out, though, and he didn't pick it up. "In the first place," he said into the phone, "I've told you many, many times, Arthur, that's ex*actly* where you make your biggest mistake. You know what you do? Would you like me to tell you what you do? You go out of your way—I mean this, now—You actually go out of your way to torture yourself. As a matter of fact, you actually in*spire* Joanie—" He broke off. "You're bloody lucky she's a wonderful kid. I mean it. You give that kid absolutely no credit for having any good taste—or *brains*, for Chrissake, for that matter—"

"Brains! Are you kidding? She hasn't got any goddam brains! She's an animal!"

The gray-haired man, his nostrils dilating, appeared to take a fairly deep breath. "We're all animals," he said. "Basically, we're all animals."

"Like hell we are. I'm no goddam animal. I may be a stupid, fouled-up twentieth-century son of a bitch, but I'm no animal. Don't gimme that. I'm no animal."

"Look, Arthur. This isn't getting us—"

"*Brains*. Jesus, if you knew how funny that was. She thinks she's a goddam intellectual. That's the funny part, that's the hilarious part. She reads the theatrical page, and she watches television till she's practically blind—so she's an intellectual. You know who I'm married to? You want to know who I'm married to? I'm married to the *greatest living undeveloped, undiscovered act*ress, *nov*elist, psycho*an*alyst, and all-around goddam unappreciated celebrity-genius in New York. You didn't know that, didja? Christ, it's so funny I could cut my throat. Madame Bovary at Columbia Extension School. Madame—"

"Who?" asked the gray-haired man, sounding annoyed.

"Madame Bovary takes a course in Television Appreciation. God, if you knew how—"

"All right, all right. You realize this isn't getting us anyplace," the gray-haired man said. He turned and gave the girl a sign, with two fingers near his mouth, that he wanted a cigarette. "In the first place," he said, into the phone, "for a helluvan intelligent guy, you're about as tactless as it's humanly possible to be." He straightened his back so that the girl could reach behind him for the cigarettes. "I mean that. It shows up in your private life, it shows up in your—"

"*Brains*. Oh, God, that kills me! Christ almighty! Did you ever hear her describe anybody—some man, I mean? Sometime when you haven't anything to do, do me a favor and get her to describe some man for you. She describes every man she sees as 'terribly attractive.' It can be the oldest, crummiest, greasiest—"

"All right, Arthur," the gray-haired man said sharply. "This is getting us nowhere. But nowhere." He took a lighted cigarette from the girl. She had lit two. "Just incidentally," he said, exhaling smoke through his nostrils, "how'd you make out today?"

"What?"

"How'd you make out today?" the gray-haired man repeated. "How'd the case go?"

"Oh, Christ! I don't know. Lousy. About two minutes before I'm all set to start my summation, the attorney for the plaintiff, Lissberg, trots in this crazy chambermaid with a bunch of bed-sheets as evidence—bedbug stains all over them. Christ!"

"So what happened? You lose?" asked the gray-haired man, taking another drag on his cigarette.

"You know who was on the bench? Mother Vittorio. What the hell that guy has against me, I'll never know. I can't even open my mouth and he jumps all over me. You can't reason with a guy like that. It's impossible.”

The gray-haired man turned his head to see what the girl was doing. She had picked up the ashtray and was putting it between them. “You lose, then, or what?” he said into the phone.

“What?”

“I said, Did you lose?”

“Yeah. I was gonna tell you about it. I didn’t get a chance at the party, with all the ruckus. You think Junior’ll hit the ceiling? Not that I give a good goddam, but what do you think? Think he will?”

With his left hand, the gray-haired man shaped the ash of his cigarette on the rim of the ashtray. “I don’t think he’ll necessarily hit the *ceiling*, Arthur,” he said quietly. “Chances are very much in favor, though, that he’s not going to be overjoyed about it. You know how long we’ve handled those three bloody hotels? Old man Shanley himself started the whole—”

“I know, I know. Junior’s told me about it at least fifty times. It’s one of the most beautiful stories I ever heard in my life. All right, so I lost the goddam case. In the first place, it wasn’t my fault. First, this lunatic Vittorio baits me all through the trial. Then this moron chambermaid starts passing out sheets full of bedbug—”

“Nobody’s saying it’s your fault, Arthur,” the gray-haired man said. “You asked me if I thought Junior would hit the ceiling. I simply gave you an honest—”

“I know—I know that. ... I don’t know. What the hell. I may go back in the Army anyway. I tell you about that?”

The gray-haired man turned his head again toward the girl, perhaps to show her how forbearing, even stoic, his countenance was. But the girl missed seeing it. She had just overturned the ashtray with her knee and was rapidly, with her fingers, brushing the spilled ashes into a little pick-up pile; her eyes looked up at him a second too late. "No, you didn't, Arthur," he said into the phone.

"Yeah. I may. I don't know yet. I'm not crazy about the idea, naturally, and I won't go if I can possibly avoid it. But I may have to. I don't know. At least, it's oblivion. If they gimme back my little helmet and my big, fat desk and my nice, big mosquito net, it might not—"

"I'd like to beat some sense into that head of yours, boy, that's what *I'd* like to do," the gray-haired man said. "For a helluvan—For a supposedly intelligent guy, you talk like an absolute child. And I say that in all sincerity. You let a bunch of minor little things snowball to an extent that they get so bloody paramount in your mind that you're absolutely unfit for any—"

"I shoulda left her. You know that? I should've gone through with it last summer, when I really had the ball rolling—you know that? You know why I didn't? You want to know why I didn't?"

"Arthur. For Chris*sake*. This is getting us exactly nowhere."

"Wait a second. Lemme tellya why! You want to know why I didn't? I can tellya exactly why. Because I felt sorry for her. That's the whole simple truth. I felt sorry for her."

"Well, I don't know. I mean that's out of my jurisdiction," the gray-haired man said. "It seems to me, though, that the one thing you seem to forget is that Joanie's a grown woman. I don't know, but it seems to me—"

"Grown woman! You crazy? She's a grown *child*, for Chrissake! Listen, I'll be shaving—listen to this—I'll be shaving, and all of a sudden she'll call me from way the hell the other end of the apartment. I'll go see what's the matter—right in the middle of shaving, lather all over my goddam face. You know what she'll want? She'll want to ask me if I think she has a good mind. I swear to God. She's *pathet*ic, I tellya. I watch her when she's asleep, and I know what I'm talkin' about. Believe me."

"Well, that's something you know better than—I mean that's out of my jurisdiction," the gray-haired man said. "The point is, God damn it, you don't do anything at all constructive to—"

"We're mis*mat*ed, that's all. That's the whole simple story. We're just mismated as hell. You know what she needs? She needs some big silent bastard to just walk over once in a while and knock her out cold—then go back and finish reading his paper. That's what she needs. I'm too goddam weak for her. I knew it when we got married—I swear to God I did. I mean you're a smart bastard, you've never been married, but every now and then, before anybody gets married, they get these *flash*es of what it's going to be like after they're married. I ignored 'em. I ignored all my goddam flashes. I'm weak. That's the whole thing in a nutshell."

"You're not weak. You just don't use your head," the gray-haired man said, accepting a freshly lighted cigarette from the girl.

"Certainly I'm weak! Certainly I'm weak! God damn it, I know whether I'm weak or not! If I weren't weak, you don't think I'd've let everything get all—Aah, what's the usea talking? Certainly I'm weak ... God, I'm keeping you awake all night. Why don't you hang the hell up on me? I mean it. Hang up on me."

"I'm not going to hang up on you, Arthur. I'd like to help you, if it's humanly possible," the gray-haired man said. "Actually, you're your own worst—"

"She doesn't respect me. She doesn't even love me, for God's sake. *Bas*ically—in the last analysis—I don't love her any more, either. I don't know. I do and I don't. It varies. It fluctuates. Christ! Every time I get all set to put my foot down, we have dinner out, for some reason, and I meet her somewhere and she comes in with these goddam white *gloves* on or something. I don't know. Or I start thinking about the first time we drove up to New Haven for the Princeton game. We had a flat right after we got off the Parkway, and it was cold as hell, and she held the flashlight while I fixed the goddam thing—You know what I mean. I don't know. Or I start thinking about—Christ, it's embarrassing—I start thinking about this goddam poem I sent her when we first started goin' around together. 'Rose my color is and white, Pretty mouth and green my eyes.' Christ, it's em*bar*rassing—it used to *remind* me of her. She doesn't have green eyes—she has eyes like goddam *sea* shells, for Chrissake—but it reminded me anyway ... I don't know. What's the usea talking? I'm losing my mind. Hang up on me, why don't you? I mean it."

The gray-haired man cleared his throat and said, "I have no intention of hanging up on you, Arthur. There's just one—"

"She bought me a suit once. With her own money. I tell you about that?"

"No, I—"

"She just went into I think Tripler's and bought it. I didn't even go with her. I mean she has some goddam nice traits. The funny thing was it wasn't a bad fit. I just had to have it taken in a little bit around the seat—the pants—and the length. I mean she has some goddam nice traits."

The gray-haired man listened another moment. Then, abruptly, he turned toward the girl. The look he gave her, though only glancing, fully informed her what was suddenly going on at the other end of the phone. "Now, Arthur. Listen. That isn't going to do any good," he said into the phone. "That isn't going to do any good. I mean it. Now, listen. I say this in all sincerity. Willya get undressed and get in bed, like a good guy? And relax? Joanie'll probably *be* there in about *two minutes*. You don't want her to see you like that, do ya? The bloody Ellenbogens'll probably barge in with her. You don't want the whole bunch of 'em to see you like that, do ya?" He listened. "Arthur? You hear me?"

"God, I'm keeping you awake all night. Everything I do, I—"

"You're *not* keeping me awake all night," the gray-haired man said. "Don't even think of that. I've already told you, I've been averaging about four hours' sleep a night. What I *would* like to do, though, if it's at all humanly possible, I'd like to help you, boy." He listened. "Arthur? You there?"

"Yeah. I'm here. Listen. I've kept you awake all night anyway. Could I come over to your place for a drink? Wouldja mind?"

The gray-haired man straightened his back and placed the flat of his free hand on the top of his head, and said, "Now, do you mean?"

"Yeah. I mean if it's all right with you. I'll only stay a minute. I'd just like to sit down somewhere and—I don't know. Would it be all right?"

"Yeah, but the point is I don't think you should, Arthur," the gray-haired man said, lowering his hand from his head. "I mean you're more than welcome to come, but I honestly think you should just sit tight and relax till Joanie waltzes in. I honestly do. What *you* want to be, you want to be right there on the spot when she waltzes in. Am I right, or not?"

"Yeah. I don't know. I swear to God, I don't know."

"Well, I do, I honestly do," the gray-haired man said. "Look. Why don't you hop in bed now, and relax, and then later, if you feel like it, give me a ring. I mean if you feel like talking. And *don't worry*. That's the main thing. Hear me? Willya do that now?"

"All right."

The gray-haired man continued for a moment to hold the phone to his ear, then lowered it into its cradle.

"What did he say?" the girl immediately asked him.

He picked his cigarette out of the ashtray—that is, selected it from an accumulation of smoked and half-smoked cigarettes. He dragged on it and said, "He wanted to come over here for a drink."

"God! What'd you say?" said the girl.

"You heard me," the gray-haired man said, and looked at her. "You could hear me. Couldn't you?" He squashed out his cigarette.

"You were wonderful. Absolutely marvellous," the girl said, watching him. "God, I feel like a dog!"

"Well," the gray-haired man said, "it's a tough situation. I don't know how marvellous I was."

"You were. You were wonderful," the girl said. "I'm *limp*. I'm absolutely *limp*. Look at me!"

The gray-haired man looked at her. "Well, actually, it's an impossible situation," he said. "I mean the whole thing's so fantastic it isn't even—"

"Darling—Excuse me," the girl said quickly, and leaned forward. "I think you're on *fire*." She gave the back of his hand a short, brisk, brushing stroke with the flats of her fingers. "No. It was just an ash." She leaned back. "No, you were marvellous," she said. "God, I feel like an absolute *dog!*"

"Well, it's a very, very tough situation. The guy's obviously going through absolute—"

The phone suddenly rang.

The gray-haired man said "Christ!" but picked it up before the second ring. "Hello?" he said into it.

"Lee? Were you asleep?"

"No, no."

"Listen, I just thought you'd want to know. Joanie just barged in."

"What?" said the gray-haired man, and bridged his left hand over his eyes, though the light was behind him.

"Yeah. She just barged in. About ten seconds after I spoke to you. I just thought I'd give you a ring while she's in the john. Listen, thanks a million, Lee. I mean it—you know what I mean. You weren't asleep, were ya?"

"No, no. I was just—No, no," the gray-haired man said, leaving his fingers bridged over his eyes. He cleared his throat.

"Yeah. What happened was, apparently Leona got stinking and then had a goddam crying jag, and Bob wanted Joanie to go out and grab a drink with them somewhere and iron the thing out. *I* don't know. *You* know. Very involved. Anyway, so she's home. What a rat race. Honest to God, I think it's this goddam New York. What I think maybe we'll do, if everything goes along all right, we'll get ourselves a little place in Connecticut maybe. Not too far out, necessarily, but far enough that we can lead a normal goddam life. I mean she's crazy about plants and all that stuff. She'd probably go mad if she had her own goddam garden and stuff. Know what I mean? I mean—except you—who do we know in New York except a bunch of neurotics? It's bound to undermine even a normal person sooner or later. Know what I mean?"

The gray-haired man didn't give an answer. His eyes, behind the bridge of his hand, were closed.

"Anyway, I'm gonna talk to her about it tonight. Or tomorrow, maybe. She's still a little under the weather. I mean she's a helluva good kid basically, and if we *have* a chance to straighten ourselves out a little bit, we'd be goddam stupid not to at least have a go at it. While I'm at it, I'm also gonna try to straighten out this lousy bedbug mess, too. I've been thinking. I was just wondering, Lee. You think if I went in and talked to Junior personally, I could—"

"Arthur, if you don't mind, I'd appreciate—"

"I mean I don't want you to think I just called you back or anything because I'm *worried* about my goddam job or anything. I'm not. I mean basically, for Chrissake, I couldn't care less. I just thought if I could straighten Junior out without beating my brains out, I'd be a goddam fool—"

"Listen, Arthur," the gray-haired man interrupted, taking his hand away from his face, "I have a helluva headache all of a sudden. I don't know where I got the bloody thing from. You mind if we cut this short? I'll talk to you in the morning—all right?" He listened for another moment, then hung up.

Again the girl immediately spoke to him, but he didn't answer her. He picked a burning cigarette—the girl's—out of the ashtray and started to bring it to his mouth, but it slipped out of his fingers. The girl tried to help him retrieve it before anything was burned, but he told her to just *sit still*, for Chrissake, and she pulled back her hand.

De Daumier-Smith's Blue Period

IF IT MADE any real sense—and it doesn't even begin to—I think I might be inclined to dedicate this account, for whatever it's worth, especially if it's the least bit ribald in parts, to the memory of my late, ribald stepfather, Robert Agadganian, Jr. Bobby—as everyone, even I, called him—died in 1947, surely with a few regrets, but without a single gripe, of thrombosis. He was an adventurous, extremely magnetic, and generous man. (After having spent so many years laboriously begrudging him those picaresque adjectives, I feel it's a matter of life and death to get them in here.)

My mother and father were divorced during the winter of 1928, when I was eight, and mother married Bobby Agadganian late that spring. A year later, in the Wall Street Crash, Bobby lost everything he and mother had, with the exception, apparently, of a magic wand. In any case, practically overnight, Bobby turned himself from a dead stockbroker and incapacitated *bon vivant* into a live, if somewhat unqualified, agent-appraiser for a society of independent American art galleries and fine arts museums. A few weeks later, early in 1930, our rather mixed threesome moved from New York to Paris, the better for Bobby to ply his new trade. Being a cool, not to say an ice-cold, ten at the time, I took the big move, so far as I know, untraumatically. It was the move back to New York, nine years later, three months after my mother died, that threw me, and threw me terribly.

I remember a significant incident that occurred just a day or two after Bobby and I arrived in New York. I was standing up in a very crowded Lexington Avenue bus, holding on to the enamel pole near the driver's seat, buttocks to buttocks with the chap behind me. For a number of blocks the driver had repeatedly given those of us bunched up near the front door a curt order to "step to the rear of the vehicle." Some of us had tried to oblige him. Some of us hadn't. At length, with a red light in his favor, the harassed man swung around in his seat and looked up at me, just behind him. At nineteen, I was a hatless type, with a flat, black, not particularly clean, Continental-type pompadour over a badly broken-out inch of forehead. He addressed me in a lowered, an almost prudent tone of voice. "All right, buddy," he said, "let's move that ass." It was the "buddy," I think, that did it. Without even bothering to bend over a little—that is, to keep the conversation at least as private, as *de bon goût*, as *he'd* kept it—I informed him, in French, that he was a rude, stupid, overbearing imbecile, and that he'd never know how much I detested him. Then, rather elated, I stepped to the rear of the vehicle.

Things got much worse. One afternoon, a week or so later, as I was coming out of the Ritz Hotel, where Bobby and I were indefinitely stopping, it seemed to me that all the seats from all the buses in New York had been unscrewed and taken out and set up in the street, where a monstrous game of Musical Chairs was in full swing. I think I might have been willing to join the game if I had been granted a special dispensation from the Church of Manhattan guaranteeing that all the other players would remain respectfully standing till I was seated. When it became clear that nothing of the kind was forthcoming, I took more direct action. I prayed for the city to be cleared of people, for the gift of being alone—a-l-o-n-e: which is the one New York prayer that rarely gets lost or delayed in channels, and in no time at all everything I touched turned to solid loneliness. Mornings and early afternoons, I attended—bodily—an art school on Forty-eighth and Lexington Avenue, which I loathed. (The week before Bobby and I had left Paris, I had won three first-prize awards at the National Junior Exhibition, held at the Freiburg Galleries. Throughout the voyage to America, I used our stateroom mirror to note my uncanny physical resemblance to El Greco.) Three late afternoons a week I spent in a dentist's chair, where, within a period of a few months, I had eight teeth extracted, three of them front ones. The other two afternoons I usually spent wandering through art galleries, mostly on Fifty-seventh Street, where I did all but hiss at the American entries. Evenings, I generally read. I bought a complete set of the *Harvard Classics*—chiefly because Bobby said we didn't have room for them in our suite—and rather perversely read all fifty volumes. Nights, I almost invariably set up my easel between the twin beds in the room I shared with Bobby, and painted. In one month alone, according to my diary for 1939, I completed eighteen oil paintings. Noteworthily enough, seventeen of them were self-portraits. Sometimes, however, possibly when my Muse was being capricious, I set aside my paints and drew cartoons. One of them I still have. It shows a cavernous view of the mouth of a man being attended by his dentist. The man's tongue is a simple, U.S. Treasury hundred dollar bill, and the dentist is saying, sadly, in French, "I think we can save the molar, but I'm afraid that tongue will have to come out." It was an enormous favorite of mine.

As roommates, Bobby and I were neither more nor less compatible than would be, say, an exceptionally live-and-let-live Harvard senior, and an exceptionally unpleasant Cambridge newsboy. And when, as the weeks went by, we gradually discovered that we were both in love with the same deceased woman, it was no help at all. In fact, a ghastly little after-*you*-Alphonse relationship grew out of the discovery. We began to exchange vivacious smiles when we bumped into each other on the threshold of the bathroom.

One week in May of 1939, about ten months after Bobby and I checked into the Ritz, I saw in a Quebec newspaper (one of sixteen French-language newspapers and periodicals I had blown myself a subscription to) a quarter column advertisement that had been placed by the direction of a Montreal correspondence art school. It advised all qualified instructors—it as much as said, in fact, that it couldn't advise them *fortement* enough—to apply immediately for employment at the newest, most progressive, correspondence art school in Canada. Candidate instructors, it stipulated, were to have a fluent knowledge of both the French and English languages, and only those of temperate habits and unquestionable character need apply. The summer session at Les Amis Des Vieux Maîtres was officially to open on 10 June. Samples of work, it said, should represent both the academic and commercial fields of art, and were to be submitted to Monsieur I. Yoshoto, *directeur*, formerly of the Imperial Academy of Fine Arts, Tokyo.

Instantly, feeling almost insupportably qualified, I got out Bobby's Hermes-Baby typewriter from under his bed and wrote, in French, a long, intemperate letter to M. Yoshoto—cutting all my morning classes at the art school on Lexington Avenue to do it. My opening paragraph ran some three pages, and very nearly smoked. I said I was twenty-nine and a great-nephew of Honoré Daumier. I said I had just left my small estate in the South of France, following the death of my wife, to come to America to stay—temporarily, I made it clear—with an invalid relative. I had been painting, I said, since early childhood, but that, following the advice of Pablo Picasso, who was one of the oldest and dearest friends of my parents, I had never exhibited. However, a number of my oil paintings and water colors were now hanging in some of the finest, and by no means *nouveau riche*, homes in Paris, where they had *gagné* considerable attention from some of the most formidable critics of our day. Following, I said, my wife's untimely and tragic death, of an *ulcération cancéreuse*, I had earnestly thought I would never again set brush to canvas. But recent financial losses had led me to alter my earnest *résolution*. I said I would be most honored to submit samples of my work to Les Amis Des Vieux Maîtres, just as soon as they were sent to me by my agent in Paris, to whom I would write, of course, *très pressé*. I remained, most respectfully, *Jean de Daumier-Smith*.

It took me almost as long to select a pseudonym as it had taken me to write the whole letter.

I wrote the letter on overlay tissue paper. However, I sealed it in a Ritz envelope. Then, after applying a special-delivery stamp I'd found in Bobby's top drawer, I took the letter down to the main mail drop in the lobby. I stopped on the way to put the mail clerk (who unmistakably loathed me) on the alert for de Daumier-Smith's future incoming mail. Then, around two-thirty, I slipped into my one-forty-five anatomy class at the art school on Forty-eighth Street. My classmates seemed, for the first time, like a fairly decent bunch.

During the next four days, using all my spare time, plus some time that didn't quite belong to me, I drew a dozen or more samples of what I thought were typical examples of American commercial art. Working mostly in washes, but occasionally, to show off, in line, I drew people in evening clothes stepping out of limousines on opening nights—lean, erect, super-chic couples who had obviously never in their lives inflicted suffering as a result of underarm carelessness—couples, in fact, who perhaps didn't have any underarms. I drew suntanned young giants in white dinner jackets, seated at white tables alongside turquoise swimming pools, toasting each other, rather excitedly, with highballs made from a cheap but ostensibly ultra-fashionable brand of rye whisky. I drew ruddy, billboard-genic children, beside themselves with delight and good health, holding up their empty bowls of breakfast food and pleading, good-naturedly, for more. I drew laughing, high-breasted girls aquaplaning without a care in the world, as a result of being amply protected against such national evils as bleeding gums, facial blemishes, unsightly hairs, and faulty or inadequate life insurance. I drew housewives who, until they reached for the right soap flakes, laid themselves wide open to straggly hair, poor posture, unruly children, disaffected husbands, rough (but slender) hands, untidy (but enormous) kitchens.

When the samples were finished, I mailed them immediately to M. Yoshoto, along with a half-dozen or so non-commercial paintings of mine that I'd brought with me from France. I also enclosed what I thought was a very casual note that only just began to tell the richly human little story of how, quite alone and variously handicapped, in the purest romantic tradition, I had reached the cold, white, isolating summits of my profession.

The next few days were horribly suspenseful, but before the week was out, a letter came from M. Yoshoto accepting me as an instructor at Les Amis Des Vieux Maîtres. The letter was written in English, even though I had written in French. (I later gathered that M. Yoshoto, who knew French but not English, had, for some reason, assigned the writing of the letter to Mme. Yoshoto, who had some working knowledge of English.) M. Yoshoto said that the summer session would probably be the busiest session of the year, and that it started on 24 June. This gave me almost five weeks, he pointed out, to settle my affairs. He offered me his unlimited sympathy for, in effect, my recent emotional and financial setbacks. He hoped that I would arrange myself to report at Les Amis Des Vieux Maîtres on Sunday, 23 June, in order to learn of my duties and to become "firm friends" with the other instructors (who, I later learned, were two in number, and consisted of M. Yoshoto and Mme. Yoshoto). He deeply regretted that it was not the school's policy to advance transportation fare to new instructors. Starting salary was twenty-eight dollars a week—which was not, M. Yoshoto said he realized, a very large sum of funds, but since it included bed and nourishing food, and since he sensed in me the true vocationary spirit, he hoped I would not feel cast down with vigor. He awaited a telegram of formal acceptance from me with eagerness and my arrival with a spirit of pleasantness, and remained, sincerely, my new friend and employer, I. Yoshoto, formerly of the Imperial Academy of Fine Arts, Tokyo.

My telegram of formal acceptance went out within five minutes. Oddly enough, in my excitement, or quite possibly from a feeling of guilt because I was using Bobby's phone to send the wire, I deliberately sat on my prose and kept the message down to ten words.

That evening when, as usual, I met Bobby for dinner at seven o'clock in the Oval Room, I was annoyed to see that he'd brought a guest along. I hadn't said or implied a word to him about my recent, extracurricular doings, and I was dying to make this final news-break—to scoop him thoroughly—when we were alone. The guest was a very attractive young lady, then only a few months divorced, whom Bobby had been seeing a lot of and whom I'd met on several occasions. She was an altogether charming person whose every attempt to be friendly to me, to gently persuade me to take off my armor—or at least my helmet, I chose to interpret as an implied invitation to join her in bed at my earliest convenience—that is, as soon as Bobby, who clearly was too old for her, could be given the slip. I was hostile and laconic throughout dinner. At length, while we were having coffee, I tersely outlined my new plans for the summer. When I'd finished, Bobby put a couple of quite intelligent questions to me. I answered them coolly, overly briefly, the unimpeachable crown prince of the situation.

"Oh, it sounds *very* exciting!" said Bobby's guest, and waited, wantonly, for me to slip her my Montreal address under the table.

"I thought you were going to Rhode Island with me," Bobby said.

"Oh, darling, don't be a horrible wet blanket," Mrs. X said to him.

"I'm not, but I wouldn't mind knowing a little more about it," Bobby said. But I thought I could tell from his manner that he was already mentally exchanging his train reservations for Rhode Island from a compartment to a lower berth.

"I think it's the sweetest, most *complimentary* thing I ever heard in my life," Mrs. X said warmly to me. Her eyes sparkled with depravity.

The Sunday that I stepped on to the platform at Windsor Station in Montreal, I was wearing a double-breasted, beige gabardine suit (that I had a damned high opinion of), a navy-blue flannel shirt, a solid yellow, cotton tie, brown-and-white shoes, a Panama hat (that belonged to Bobby and was rather too small for me), and a reddish-brown moustache, aged three weeks. M. Yoshoto was there to meet me. He was a tiny man, not more than five feet tall, wearing a rather soiled linen suit, black shoes, and a black felt hat with the brim turned up all around. He neither smiled, nor, as I remember, *said* anything to me as we shook hands. His expression—and my word for it came straight out of a French edition of Sax Rohmer's Fu Manchu books—was *inscrutable*. For some reason, I was smiling from ear to ear. I couldn't even turn it down, let alone off.

It was a bus ride of several miles from Windsor Station to the school. I doubt if M. Yoshoto said five words the whole way. Either in spite, or because, of his silence, I talked incessantly, with my legs crossed, ankle on knee, and constantly using my sock as an absorber for the perspiration on my palm. It seemed urgent to me not only to reiterate my earlier lies—about my kinship with Daumier, about my deceased wife, about my small estate in the South of France—but to elaborate on them. At length, in effect to spare myself from dwelling on these painful reminiscences (and they *were* beginning to feel a little painful), I swung over to the subject of my parents' oldest and dearest friend: Pablo Picasso. *Le pauvre Picasso*, as I referred to him. (I picked Picasso, I might mention, because he seemed to me the French painter who was best-known in America. I roundly considered Canada part of America.) For M. Yoshoto's benefit, I recalled, with a showy amount of natural compassion for a fallen giant, how many times I had said to him, "*M. Picasso, où allez vous?*" and how, in response to this all-penetrating question, the master had never failed to walk slowly, leadenly, across his studio to look at a small reproduction of his "Les Saltimbanques" and the glory, long forfeited, that had been his. The trouble with Picasso, I explained to M. Yoshoto as we got out of the bus, was that he never listened to anybody—even his closest friends.

In 1939, Les Amis Des Vieux Maîtres occupied the second floor of a small, highly unendowed-looking, three-story building—a tenement building, really—in the Verdun, or least attractive, section of Montreal. The school was directly over an orthopedic appliances shop. One large room and a tiny, boltless latrine were all there was to Les Amis Des Vieux Maîtres itself. Nonetheless, the moment I was inside, the place seemed wondrously presentable to me. There was a very good reason. The walls of the "instructors' room" were hung with many framed pictures—all water colors—done by M. Yoshoto. Occasionally, I still dream of a certain white goose flying through an extremely pale-blue sky, with—and it was one of the most daring and accomplished feats of craftsmanship I've ever seen—the blueness of the sky, or an ethos of the blueness of the sky, reflected in the bird's feathers. The picture was hung just behind Mme. Yoshoto's desk. It made the room—it and one or two other pictures close to it in quality.

Mme. Yoshoto, in a beautiful, black and cerise silk kimono, was sweeping the floor with a short-handled broom when M. Yoshoto and I entered the instructors' room. She was a gray-haired woman, surely a head taller than her husband, with features that looked rather more Malayan than Japanese. She left off sweeping and came forward, and M. Yoshoto briefly introduced us. She seemed to me every bit as *inscrutable* as M. Yoshoto, if not more so. M. Yoshoto then offered to show me to my room, which, he explained (in French) had recently been vacated by his son, who had gone to British Columbia to work on a farm. (After his long silence in the bus, I was grateful to hear him speak with any continuity, and I listened rather vivaciously.) He started to apologize for the fact that there were no chairs in his son's room—only floor cushions—but I quickly gave him to believe that for me this was little short of a godsend. (In fact, I think I said I hated chairs. I was so nervous that if he had informed me that his son's room was flooded, night and day, with a foot of water, I probably would have let out a little cry of pleasure. I probably would have said I had a rare foot disease, one that required my keeping my feet wet eight hours daily.) Then he led me up a creaky wooden staircase to my room. I told him on the way, pointedly enough, that I was a student of Buddhism. I later found out that both he and Mme. Yoshoto were Presbyterians.

Late that night, as I lay awake in bed, with Mme. Yoshoto's Japanese-Malayan dinner still *en masse* and riding my sternum like an elevator, one or the other of the Yoshotos began to moan in his or her sleep, just the other side of my wall. It was a high, thin, broken moan, and it seemed to come less from an adult than from either a tragic, subnormal infant or a small malformed animal. (It became a regular nightly performance. I never did find out which of the Yoshotos it came from, let alone why.) When it became quite unendurable to listen to from a supine position, I got out of bed, put on my slippers, and went over in the dark and sat down on one of the floor cushions. I sat crosslegged for a couple of hours and smoked cigarettes, squashing them out on the instep of my slipper and putting the stubs in the breast pocket of my pyjamas. (The Yoshotos didn't smoke, and there were no ashtrays anywhere on the premises.) I got to sleep around five in the morning.

At six-thirty, M. Yoshoto knocked on my door and advised me that breakfast would be served at six-forty-five. He asked me, through the door, if I'd slept well, and I answered, "*Oui!*" I then dressed—putting on my blue suit, which I thought appropriate for an instructor on the opening day of school, and a red Sulka tie my mother had given me—and, without washing, hurried down the hall to the Yoshotos' kitchen. Mme. Yoshoto was at the stove, preparing a fish breakfast. M. Yoshoto, in his B.V.D.'s and trousers, was seated at the kitchen table, reading a Japanese newspaper. He nodded to me, non-committally. Neither of them had ever looked more *inscrutable*. Presently, some sort of fish was served to me on a plate with a small but noticeable trace of coagulated catsup along the border. Mme. Yoshoto asked me, in English—and her accent was unexpectedly charming—if I would prefer an egg, but I said, "*Non, non, madame—merci!*" I said I never ate eggs. M. Yoshoto leaned his newspaper against my water glass, and the three of us ate in silence; that is, they ate and I systematically swallowed in silence.

After breakfast, without having to leave the kitchen, M. Yoshoto put on a collarless shirt and Mme. Yoshoto took off her apron, and the three of us filed rather awkwardly downstairs to the instructors' room. There, in an untidy pile on M. Yoshoto's broad desk, lay some dozen or more unopened, enormous, bulging, Manilla envelopes. To me, they had an almost freshly brushed-and-combed look, like new pupils. M. Yoshoto assigned me to my desk, which was on the far, isolated side of the room, and asked me to be seated. Then, with Mme. Yoshoto at his side, he broke open a few of the envelopes. He and Mme. Yoshoto seemed to examine the assorted contents with some sort of method, consulting each other, now and then, in Japanese, while I sat across the room, in my blue suit and Sulka tie, trying to look simultaneously alert and patient and, somehow, indispensable to the organization. I took out a handful of soft-lead drawing pencils, from my inside jacket pocket, that I'd brought from New York with me, and laid them out, as noiselessly as possible, on the surface of my desk. Once, M. Yoshoto glanced over at me for some reason, and I flashed him an excessively winning smile. Then, suddenly, without a word or a look in my direction, the two of them sat down at their respective desks and went to work. It was about seven-thirty.

Around nine, M. Yoshoto took off his glasses, got up and padded over to my desk with a sheaf of papers in his hand. I'd spent an hour and a half doing absolutely nothing but trying to keep my stomach from growling audibly. I quickly stood up as he came into my vicinity, stooping a trifle in order not to look disrespectfully tall. He handed me the sheaf of papers he'd brought over and asked me if I would kindly translate his written corrections from French into English. I said, "*Oui*, *monsieur!*" He bowed slightly, and padded back to his own desk. I pushed my handful of soft-lead drawing pencils to one side of my desk, took out my fountain pen, and fell—very nearly heartbroken—to work.

Like many a really good artist, M. Yoshoto taught drawing not a whit better than it's taught by a so-so artist who has a nice flair for teaching. With his practical overlay work—that is to say, his tracing-paper drawings imposed over the student's drawings—along with his written comments on the backs of the drawings—he was quite able to show a reasonably talented student how to draw a recognizable pig in a recognizable sty, or even a picturesque pig in a picturesque sty. But he couldn't for the life of him show anyone how to draw a beautiful pig in a beautiful sty (which, of course, was the one little technical bit his better students most greedily wanted sent to them through the mail). It was not, need I add, that he was consciously or unconsciously being frugal of his talent, or deliberately unprodigal of it, but that it simply wasn't his to give away. For me, there was no real element of surprise in this ruthless truth, and so it didn't waylay me. But it had a certain cumulative effect, considering where I was sitting, and by the time lunch hour rolled around, I had to be very careful not to smudge my translations with the sweaty heels of my hands. As if to make things still more oppressive, M. Yoshoto's handwriting was just barely legible. At any rate, when it came time for lunch, I declined to join the Yoshotos. I said I had to go to the post office. Then I almost ran down the stairs to the street and began to walk very rapidly, with no direction at all, through a maze of strange, underprivileged-looking streets. When I came to a lunch bar, I went inside and bolted four "Coney Island Red-Hots" and three muddy cups of coffee.

On the way back to Les Amis Des Vieux Maîtres, I began to wonder, first in a familiar, faint-hearted way that I more or less knew from experience how to handle, then in an absolute panic, if there had been anything *personal* in M. Yoshoto's having used me exclusively as a translator all morning. Had old Fu Manchu known from the beginning that I was wearing, among other misleading attachments and effects, a nineteen-year-old boy's moustache? The possibility was almost unendurable to consider. It also tended to eat slowly away at my sense of justice. Here I was—a man who had won three first-prizes, a very close friend of Picasso's (which I actually was beginning to think I *was*)—being used as a translator. The punishment didn't begin to fit the crime. For one thing, my moustache, however sparse, was all mine; it hadn't been put on with spirit gum. I felt it reassuringly with my fingers as I hurried back to school. But the more I thought about the whole affair, the faster I walked, till finally I was almost trotting, as if any minute I half-expected to be stoned from all directions.

Though I'd taken only forty minutes or so for lunch, both the Yoshotos were at their desks and at work when I got back. They didn't look up or give any sign that they'd heard me come in. Perspiring and out of breath, I went over and sat down at my desk. I sat rigidly still for the next fifteen or twenty minutes, running all kinds of brand-new little Picasso anecdotes through my head, just in case M. Yoshoto suddenly got up and came over to unmask me. And, suddenly, he did get up and come over. I stood up to meet him—head on, if necessary—with a fresh little Picasso story, but, to my horror, by the time he reached me I was minus the plot. I chose the moment to express my admiration for the goose-in-flight picture hanging over Mme. Yoshoto. I praised it lavishly at some length. I said I knew a man in Paris—a very wealthy paralytic, I said—who would pay M. Yoshoto any price at all for the picture. I said I could get in touch with him immediately if M. Yoshoto was interested. Luckily, however, M. Yoshoto said the picture belonged to his cousin, who was away visiting relatives in Japan. Then, before I could express my regret, he asked me—addressing me as M. Daumier-Smith—if I would kindly correct a few lessons. He went over to his desk and returned with three enormous, bulging envelopes, and placed them on my desk. Then, while I stood dazed and incessantly nodding and feeling my jacket where my drawing pencils had been repocketed, M. Yoshoto explained to me the school's method of instruction (or, rather, its non-existent method of instruction). After he'd returned to his own desk, it took me several minutes to pull myself together.

All three students assigned to me were English-language students. The first was a twenty-three-year-old Toronto housewife, who said her professional name was Bambi Kramer, and advised the school to address her mail accordingly. All new students at Les Amis Des Vieux Maîtres were requested to fill out questionnaire forms and to enclose photographs of themselves. Miss Kramer had enclosed a glossy, eight by ten print of herself wearing an anklet, a strapless bathing suit, and a white-duck sailor's cap. On her questionnaire form she stated that her favorite artists were Rembrandt and Walt Disney. She said she only hoped that she could some day emulate them. Her sample drawings were clipped, rather subordinately, to her photograph. All of them were arresting. One of them was unforgettable. The unforgettable one was done in florid wash colors, with a caption that read: "Forgive Them Their Trespasses." It showed three small boys fishing in an odd-looking body of water, one of their jackets draped over a "No Fishing!" sign. The tallest boy, in the foreground of the picture, appeared to have rickets in one leg and elephantiasis in the other—an effect, it was clear, that Miss Kramer had deliberately used to show that the boy was standing with his feet slightly apart.

My second student was a fifty-six-year-old "society photographer" from Windsor, Ontario, named R. Howard Ridgefield, who said that his wife had been after him for years to branch over into the painting racket. His favorite artists were Rembrandt, Sargent, and "Titan," but he added, advisedly, that he himself didn't care to draw along those lines. He said he was mostly interested in the satiric rather than the arty side of painting. To support this credo, he submitted a goodly number of original drawings and oil paintings. One of his pictures—the one I think of as his major picture—has been as recallable to me, over the years, as, say, the lyrics of "Sweet Sue" or "Let Me Call You Sweetheart." It satirized the familiar, everyday tragedy of a chaste young girl, with below-shoulder-length blond hair and udder-size breasts, being criminally assaulted in church, in the very shadow of the altar, by her minister. Both subjects' clothes were graphically in disarray. Actually, I was much less struck by the satiric implications of the picture than I was by the quality of work-manship that had gone into it. If I hadn't known they were living hundreds of miles apart, I might have sworn Ridgefield had had some purely technical help from Bambi Kramer.

Except under pretty rare circumstances, in any crisis, when I was nineteen, my funny bone invariably had the distinction of being the very first part of my body to assume partial or complete paralysis. Ridgefield and Miss Kramer did many things to me, but they didn't come at all close to amusing me. Three or four times while I was going through their envelopes, I was tempted to get up and make a formal protest to M. Yoshoto. But I had no clear idea just what sort of form my protest might take. I think I was afraid I might get over to his desk only to report, shrilly: "My mother's dead, and I have to live with her charming husband, and nobody in New York speaks French, *and there aren't any chairs in your son's room*. How do you expect me to teach these two crazy people how to draw?" In the end, being long self-trained in taking despair sitting down, I managed very easily to keep my seat. I opened my third student's envelope.

My third student was a nun of the order of Sisters of St. Joseph, named Sister Irma, who taught "cooking and drawing" at a convent elementary school just outside Toronto. And I haven't any *good* ideas concerning where to start to describe the contents of her envelope. I might just first mention that, in place of a photograph of herself, Sister Irma had enclosed, without explanation, a snapshot of her convent. It occurs to me, too, that she left blank the line in her questionnaire where the student's age was to be filled in. Otherwise, her questionnaire was filled out as perhaps no questionnaire in *this* world deserves to be filled out. She had been born and raised in Detroit, Michigan, where her father had been a "checker for Ford automobiles." Her academic education consisted of one year of high school. She had had no formal instruction in drawing. She said the only reason she was teaching it was that Sister somebody had passed on and Father Zimmermann (a name that particularly caught my eye, because it was the name of the dentist who had pulled out eight of my teeth)—Father Zimmermann had picked her to fill in. She said she had "34 kittys in my cooking class and 18 kittys in my drawing class." Her hobbies were loving her Lord and the Word of her Lord and "collecting leaves but only when they are laying right on the ground." Her favorite painter was Douglas Bunting. (A name, I don't mind saying, I've tracked down to many a blind alley, over the years.) She said her kittys always liked to "draw people when they are running and that is the one thing I am terrible at." She said she would work very hard to learn to draw better, and hoped we would not be very impatient with her.

There were, in all, only six samples of her work enclosed in the envelope. (All of her work was unsigned—a minor enough fact, but at the time, a disproportionately refreshing one. Bambi Kramer's and Ridgefield's pictures had all been either signed or—and it somehow seemed even more irritating—initialled.) After thirteen years, I not only distinctly remember all six of Sister Irma's samples, but four of them I sometimes think I remember a trifle too distinctly for my own peace of mind. Her best picture was done in water colors, on brown paper. (Brown paper, especially wrapping paper, is very pleasant, very cosy to paint on. Many an experienced artist has used it when he wasn't up to anything grand or grandiose.) The picture, despite its confining size (it was about ten by twelve inches), was a highly detailed depiction of Christ being carried to the sepulchre in Joseph of Arimathea's garden. In the far right foreground, two men who seemed to be Joseph's servants were rather awkwardly doing the carrying. Joseph (of Arimathea) followed directly behind them—bearing himself, under the circumstances, perhaps a trifle too erectly. At a respectably subordinate distance behind Joseph came the women of Galilee, mixed in with a motley, perhaps gate-crashing crowd of mourners, spectators, children, and no less than three frisky, impious mongrels. For me, the major figure in the picture was a woman in the left foreground, *facing* the viewer. With her right hand raised overhead, she was frantically signalling to someone—her child, perhaps, or her husband, or possibly the viewer—to drop everything and hurry over. Two of the women, in the front rank of the crowd, wore halos. Without a Bible handy, I could only make a rough guess at their identity. But I immediately spotted Mary Magdalene. At any rate, I was positive I had spotted her. She was in the middle foreground, walking apparently self-detached from the crowd, her arms down at her sides. She wore no part of her grief, so to speak, on her sleeve—in fact, there were no outward signs at all of her late, enviable connections with the Deceased. Her face, like all the other faces in the picture, had been done in a cheap-priced, ready-made flesh-tint. It was painfully clear that Sister Irma herself had found the color unsatisfactory and had tried her unadvised, noble best to tone it down somehow. There were no other serious flaws in the picture. None, that is, worthy of anything but cavilling mention. It was, in any conclusive sense, an artist's picture, steeped in high, high, organized talent and God knows how many hours of hard work.

One of my first reactions, of course, was to run with Sister Irma's envelope over to M. Yoshoto. But, once again, I kept my seat. I didn't care to risk having Sister Irma taken away from me. At length, I just closed her envelope with care and placed it to one side of my desk, with the exciting plan to work on it that night, in my own time. Then, with far more tolerance than I'd thought I had in me, almost with good will, I spent the rest of the afternoon doing overlay corrections on some male and female nudes (*sans* sex organs) that R. Howard Ridgefield had genteelly and obscenely drawn.

Toward dinner time, I opened three buttons of my shirt and stashed away Sister Irma's envelope where neither thieves, nor, just to play safe, the Yoshotos, could break in.

A tacit but iron-bound procedure covered all evening meals at Les Amis Des Vieux Maîtres. Mme. Yoshoto got up from her desk promptly at five-thirty and went upstairs to prepare dinner, and M. Yoshoto and I followed—fell into single file, as it were—at six sharp. There were no side trips, however essential or hygienic. That evening, however, with Sister Irma's envelope warm against my chest, I had never felt more relaxed. In fact, all through dinner, I couldn't have been more outgoing. I gave away a lulu of a Picasso story that had just reached me, one that I might have put aside for a rainy day. M. Yoshoto scarcely lowered his Japanese newspaper to listen to it, but Mme. Yoshoto seemed responsive, or, at least, not unresponsive. In any case, when I was finished with it, she spoke to me for the first time since she had asked me that morning if I would like an egg. She asked me if I were sure I wouldn't like a chair in my room. I said quickly, "*Non, non—merci, madame.*" I said that the way the floor cushions were set right up against the wall, it gave me a good chance to practice keeping my back straight. I stood up to show her how swaybacked I was.

After dinner, while the Yoshotos were discussing, in Japanese, some perhaps provocative topic, I asked to be excused from the table. M. Yoshoto looked at me as if he weren't quite sure how I'd got into his kitchen in the first place, but nodded, and I walked quickly down the hall to my room. When I had turned on the overhead light and closed the door behind me, I took my drawing pencils out of my pocket, then took off my jacket, unbuttoned my shirt, and sat down on a floor cushion with Sister Irma's envelope in my hands. Till past four in the morning, with everything I needed spread out before me on the floor, I attended to what I thought were Sister Irma's immediate, artistic wants.

The first thing I did was to make some ten or twelve pencil sketches. Rather than go downstairs to the instructors' room for drawing paper, I drew the sketches on my personal notepaper, using both sides of the sheet. When that was done, I wrote a long, almost an endless, letter.

I've been as saving as an exceptionally neurotic magpie all my life, and I still have the next-to-the-last draft of the letter I wrote to Sister Irma that June night in 1939. I could reproduce all of it here verbatim, but it isn't necessary. I used the bulk of the letter, and I mean bulk, to suggest where and how, in her major picture, she'd run into a little trouble, especially with her colors. I listed a few artist's supplies that I thought she couldn't do without, and included approximate costs. I asked her who Douglas Bunting was. I asked where I could see some of his work. I asked her (and I knew what a long shot it was) if she had ever seen any reproductions of paintings by Antonello da Messina. I asked her to please tell me how old she was, and assured her, at great length, that the information, if given, wouldn't go beyond myself. I said the only reason that I was asking was that the information would help me to instruct her more efficiently. Virtually in the same breath, I asked if she were allowed to have visitors at her convent.

The last few lines (or cubic feet) of my letter should, I think, be reproduced here—syntax, punctuation, and all.

... Incidentally, if you have a command of the French language, I hope you will let me know as I am able to express myself very precisely in that language, having spent the greater part of my youth chiefly in Paris, France.

Since you are quite obviously concerned about drawing running figures, in order to convey the technique to your pupils at the Convent, I am enclosing a few sketches I have drawn myself that may be of use. You will see that I have drawn them rather rapidly and they are by no means perfect or even quite commendable, but I believe they will show you the rudiments about which you have expressed interest. Unfortunately the director of the school does not have any system in the method of teaching here, I am very much afraid. I am delighted that you are already so well advanced, but I have no idea what he expects me to do with my other students who are very retarded and chiefly stupid, in my opinion.

Unfortunately, I am an agnostic; however, I am quite an admirer of St. Francis of Assisi from a distance, it goes without saying. I wonder if perhaps you are thoroughly acquainted with what he (St. Francis of Assisi) said when they were about to cauterise one of his eyeballs with a red-hot, burning iron? He said as follows: "Brother Fire, God made you beautiful and strong and useful; I pray you be courteous to me." You paint slightly the way he spoke, in many pleasant ways, in my opinion. Incidentally, may I ask if the young lady in the foreground in the blue outfit is Mary Magdalene? I mean in the picture we have been discussing, of course. If she is not, I have been sadly deluding myself. However, this is no novelty.

I hope you will consider me entirely at your disposal as long as you are a student at Les Amis Des Vieux Maîtres. Frankly, I think you are greatly talented and would not even be slightly startled if you developed into a genius before many years have gone by. I would not falsely encourage you in this matter. That is one reason why I asked you if the young lady in the foreground in the blue outfit was Mary Magdalene, because if it was, you were using your incipient genius somewhat more than your religious inclinations, I am afraid. However, this is nothing to fear, in my opinion.

With sincere hope that you are enjoying completely perfect health, I am,

Very respectfully yours,

(signed)

JEAN DE DAUMIER-SMITH

Staff Instructor

Les Amis Des Vieux Maîtres

P.S. I have nearly forgotten that students are supposed to submit envelopes every second Monday to the school. For your first assignment will you kindly make some outdoor sketches for me? Do them very freely and do not strain. I am unaware, of course, how much time they give you for your personal drawing at your Convent and hope you will advise me. Also I beg you to buy those necessary supplies I took the liberty of advocating, as I would like you to begin using oils as soon as possible. If you will pardon my saying so, I believe you are too passionate to paint just in watercolors and never in oils indefinitely. I say that quite impersonally and do not mean to be obnoxious; actually, it is intended as a compliment. Also please send me *all* of your old former work that you have on hand, as I am eager to see it. The days will be insufferable for me till your next envelope arrives, it goes without saying.

If it is not overstepping myself, I would greatly appreciate your telling me if you find being a nun very satisfactory, in a spiritual way, of course. Frankly, I have been studying various religions as a hobby ever since I read volumes 36, 44, 45 of the *Harvard Classics*, which you may be acquainted with. I am especially delighted with Martin Luther, who was a Protestant, of course. Please do not be offended by this. I advocate no doctrine; it is not my nature to do so. As a last thought, please do not forget to advise me as to your visiting hours, as my weekends are free as far as I know and I may happen to be in your environs some Saturday by chance. Also please do not forget to inform me if you have a reasonable command of the French language, as for all intents and purposes I am comparatively speechless in English owing to my varied and largely insensible upbringing.

I mailed my letter and drawings to Sister Irma around three-thirty in the morning, going out to the street to do it. Then, literally overjoyed, I undressed myself with thick fingers and fell into bed.

Just before I fell asleep, the moaning sound again came through the wall from the Yoshotos' bedroom. I pictured both Yoshotos coming to me in the morning and asking me, begging me, to hear their secret problem out, to the last, terrible detail. I saw exactly how it would be. I would sit down between them at the kitchen table and listen to each of them. I would listen, listen, listen, with my head in my hands—till finally, unable to stand it any longer, I would reach down into Mme.

Yoshoto's throat, take up her heart in my hand and warm it as I would a bird. Then, when all was put right, I would show Sister Irma's work to the Yoshotos, and they would share my joy.

The fact is always obvious much too late, but the most singular difference between happiness and joy is that happiness is a solid and joy a liquid. Mine started to seep through its container as early as the next morning, when M. Yoshoto dropped by at my desk with the envelopes of two new students. I was working on Bambi Kramer's drawings at the time, and quite spleenlessly, knowing as I did that my letter to Sister Irma was safely in the mail. But I was nowhere even nearly prepared to face the freakish fact that there were two people in the world who had less talent for drawing than either Bambi or R. Howard Ridgefield. Feeling virtue go out of me, I lit a cigarette in the instructors' room for the first time since I'd joined the staff. It seemed to help, and I turned back to Bambi's work. But before I'd taken more than three or four drags, I felt, without actually glancing up and over, that M. Yoshoto was looking at me. Then, for confirmation, I heard his chair being pushed back. As usual, I got up to meet him when he came over. He explained to me, in a bloody irritating whisper, that he personally had no objection to smoking, but that, alas, the school's policy was against smoking in the instructors' room. He cut short my profuse apologies with a magnanimous wave of his hand, and went back over to his and Mme. Yoshoto's side of the room. I wondered, in a real panic, how I would manage to get sanely through the next thirteen days to the Monday when Sister Irma's next envelope was due.

That was Tuesday morning. I spent the rest of the working day and all the working portions of the next two days keeping myself feverishly busy. I took all of Bambi Kramer's and R. Howard Ridgefield's drawings apart, as it were, and put them together with brand-new parts. I designed for both of them literally dozens of insulting, subnormal, but quite constructive, drawing exercises. I wrote long letters to them. I almost begged R. Howard Ridgefield to give up his satire for a while. I asked Bambi, with maximum delicacy, to please hold off, temporarily, submitting any more drawings with titles kindred to "Forgive Them Their Trespasses." Then, Thursday mid-afternoon, feeling good and jumpy, I started in on one of the two new students, an American from Bangor, Maine, who said in his questionnaire, with wordy, Honest-John integrity, that he was his own favorite artist. He referred to himself as a realist-abstractionist. As for my after-school hours, Tuesday evening I took a bus into Montreal proper and sat through a Cartoon Festival Week program at a third-rate movie house—which largely entailed being a witness to a succession of cats being bombarded with champagne corks by mice gangs. Wednesday evening, I gathered up the floor cushions in my room, piled them three high, and tried to sketch from memory Sister Irma's picture of Christ's burial.

I'm tempted to say that Thursday evening was peculiar, or perhaps macabre, but the fact is, I have no bill-filling adjectives for Thursday evening. I left Les Amis after dinner and went I don't know where—perhaps to a movie, perhaps for just a long walk; I can't remember, and, for once, my diary for 1939 lets me down, too, for the page I need is a total blank.

I know, though, why the page is a blank. As I was returning from wherever I'd spent the evening—and I do remember that it was after dark—I stopped on the sidewalk outside the school and looked into the lighted display window of the orthopedic appliances shop. Then something altogether hideous happened. The thought was forced on me that no matter how coolly or sensibly or gracefully I might one day learn to live my life, I would always at best be a visitor in a garden of enamel urinals and bedpans, with a sightless, wooden dummy-deity standing by in a marked-down rupture truss. The thought, certainly, couldn't have been endurable for more than a few seconds. I remember fleeing upstairs to my room and getting undressed and into bed without so much as opening my diary, much less making an entry.

I lay awake for hours, shivering. I listened to the moaning in the next room and I thought, forcibly, of my star pupil. I tried to visualize the day I would visit her at her convent. I saw her coming to meet me—near a high, wire fence—a shy, beautiful girl of eighteen who had not yet taken her final vows and was still free to go out into the world with the Peter Abelard-type man of her choice. I saw us walking slowly, silently, toward a far, verdant part of the convent grounds, where suddenly, and without sin, I would put my arm around her waist. The image was too ecstatic to hold in place, and, finally, I let go, and fell asleep.

I spent all of Friday morning and most of the afternoon at hard labor trying, with the use of overlay tissue, to make recognizable trees out of a forest of phallic symbols the man from Bangor, Maine, had consciously drawn on expensive linen paper. Mentally, spiritually, and physically, I was feeling pretty torpid along toward four-thirty in the afternoon, and I only half stood up when M. Yoshoto came over to my desk for an instant. He handed something to me—handed it to me as impersonally as the average waiter distributes menus. It was a letter from the Mother Superior of Sister Irma's convent, informing M. Yoshoto that Father Zimmermann, through circumstances outside his control, was forced to alter his decision to allow Sister Irma to study at Les Amis Des Vieux Maîtres. The writer said she deeply regretted any inconvenience or confusion this change of plans might cause the school. She sincerely hoped that the first tuition payment of fourteen dollars might be refunded to the diocese.

The mouse, I've been sure for years, limps home from the site of the burning ferris wheel with a brand-new, airtight plan for killing the cat. After I'd read and reread and then, for great, long minutes, stared at the Mother Superior's letter, I suddenly broke away from it and wrote letters to my four remaining students, advising them to give up the idea of becoming artists. I told them, individually, that they had absolutely no talent worth developing and that they were simply wasting their own valuable time as well as the school's. I wrote all four letters in French. When I was finished, I immediately went out and mailed them. The satisfaction was short-lived, but very, very good while it lasted.

When it came time to join the parade to the kitchen for dinner, I asked to be excused. I said I wasn't feeling well. (I lied, in 1939, with far greater conviction than I told the truth—so I was positive that M. Yoshoto looked at me with suspicion when I said I wasn't feeling well.) Then I went up to my room and sat down on a cushion. I sat there for surely an hour, staring at a daylit hole in the window blind, without smoking or taking off my coat or loosening my necktie. Then, abruptly, I got up and brought over a quantity of my personal notepaper and wrote a second letter to Sister Irma, using the floor as a desk.

I never mailed the letter. The following reproduction is copied straight from the original.

Montreal, Canada

June 28, 1939

DEAR SISTER IRMA,

Did I, by chance, say anything obnoxious or irreverent to you in my last letter that reached the attention of Father Zimmermann and caused you discomfort in some way? If this is the case, I beg you to give me at least a reasonable chance to retract whatever it was I may have unwittingly said in my ardor to become friends with you as well as student and teacher. Is this asking too much? I do not believe it is.

The bare truth is as follows: If you do not learn a few more rudiments of the profession, you will only be a very, very interesting artist the rest of your life instead of a great one. This is terrible, in my opinion. Do you realize how grave the situation is?

It is possible that Father Zimmermann made you resign from the school because he thought it might interfere with your being a competent nun. If this is the case, I cannot avoid saying that I think it was very rash of him in more ways than one. It would not interfere with your being a nun. I live like an evil-minded monk myself. The worst that being an artist could do to you would be that it would make you slightly unhappy constantly. However, this is not a tragic situation, in my opinion. The happiest day of my life was many years ago when I was seventeen. I was on my way for lunch to meet my mother, who was going out on the street for the first time after a long illness, and I was feeling ecstatically happy when suddenly, as I was coming in to the Avenue Victor Hugo, which is a street in Paris, I bumped into a chap without any nose. I ask you to please consider that factor, in fact I beg you. It is quite pregnant with meaning.

It is also possible that Father Zimmermann caused you to stop matriculating for the reason perhaps that your convent lacks funds to pay the tuition. I frankly hope this is the case, not only because it relieves my mind, but in a practical sense. If this is indeed the case, you have only to say the word and I will offer my services gratis for an indefinite period of time. Can we discuss this matter further? May I ask again when your visiting days at the convent are? May I be free to plan to visit you at the convent next Saturday afternoon, July 6, between 3 and 5 o'clock in the afternoon, dependent upon the schedule of trains between Montreal and Toronto? I await your reply with great anxiety.

With respect and admiration,

Sincerely yours,

(signed)

JEAN DE DAUMIER-SMITH

Staff Instructor

Les Amis Des Vieux Maîtres

P.S. In my last letter I casually asked if the young lady in the blue outfit in the foreground of your religious picture was Mary Magdalene, the sinner. If you have not as yet replied to my letter,

> please go on refraining. It is possible that I was mistaken and I do not willfully invite any disillusions at this point in my life. I am willing to stay in the dark.

Even today, as late as *now*, I have a tendency to wince when I remember that I brought a dinner suit up to Les Amis with me. But bring one I did, and after I'd finished my letter to Sister Irma, I put it on. The whole affair seemed to call out for my getting drunk, and since I had never in my life been drunk (for fear that excessive drinking would shake the hand that painted the pictures that copped the three first prizes, etc.), I felt compelled to dress for the tragic occasion.

While the Yoshotos were still in the kitchen, I slipped downstairs and telephoned the Windsor Hotel—which Bobby's friend, Mrs. X, had recommended to me before I'd left New York. I reserved a table for one, for eight o'clock.

Around seven-thirty, dressed and slicked up, I stuck my head outside my door to see if either of the Yoshotos were on the prowl. I didn't want them to see me in my dinner jacket, for some reason. They weren't in sight, and I hurried down to the street and began to look for a cab. My letter to Sister Irma was in the inside pocket of my jacket. I intended to read it over at dinner, preferably by candlelight.

I walked block after block without so much as seeing a cab at all, let alone an empty one. It was rough going. The Verdun section of Montreal was in no sense a dressy neighborhood, and I was convinced that every passer-by was giving me a second, basically censorious look. When, finally, I came to the lunch bar where I'd bolted the "Coney Island Red-Hots" on Monday, I decided to let my reservation at the

Hotel Windsor go by the board. I went into the lunch bar, sat down in an end booth, and kept my left hand over my black tie while I ordered soup, rolls and black coffee. I hoped that the other patrons would think I was a waiter on his way to work.

While I was on my second cup of coffee, I took out my unmailed letter to Sister Irma and reread it. The substance of it seemed to me a trifle thin, and I decided to hurry back to Les Amis and touch it up a bit. I also thought over my plans to visit Sister Irma, and wondered if it might not be a good idea to pick up my train reservations later that same evening. With those two thoughts in mind—neither of which really gave me the sort of lift I needed—I left the lunch bar and walked rapidly back to school.

Something extremely out of the way happened to me some fifteen minutes later. A statement, I'm aware, that has all the unpleasant earmarks of a build-up, but quite the contrary is true. I'm about to touch on an extraordinary experience, one that still strikes me as having been quite transcendent, and I'd like, if possible, to avoid seeming to pass it off as a case, or even a borderline case, of genuine mysticism. (To do otherwise, I feel, would be tantamount to implying or stating that the difference in spiritual *sorties* between St. Francis and the average, highstrung, Sunday leper-kisser is *only* a vertical one.)

In the nine o'clock twilight, as I approached the school building from across the street, there was a light on in the orthopedic appliances shop. I was startled to see a live person in the shopcase, a hefty girl of about thirty, in a green, yellow and lavender chiffon dress. She was changing the truss on the wooden dummy. As I came up to the show window, she had evidently just taken off the old truss; it was under her left arm (her right "profile" was toward me), and she was lacing up the new one on the dummy. I stood watching her, fascinated, till suddenly she sensed, then saw, that she was being watched. I quickly smiled—to show her that this was a non-hostile figure in the tuxedo in the twilight on the other side of the glass—but it did no good. The girl's confusion was out of all normal proportion. She blushed, she dropped the removed truss, she stepped back on a stack of irrigation basins—and her feet went out from under her. I reached out to her instantly, hitting the tips of my fingers on the glass. She landed heavily on her bottom, like a skater. She immediately got to her feet without looking at me. Her face still flushed, she pushed her hair back with one hand, and resumed lacing up the truss on the dummy. It was just then that I had my Experience. Suddenly (and I say this, I believe, with all due self-consciousness), the sun came up and sped toward the bridge of my nose at the rate of ninety-three million miles a second. Blinded and very frightened—I had to put my hand on the glass to keep my balance. The thing lasted for no more than a few seconds. When I got my sight back, the girl had gone from the window, leaving behind her a shimmering field of exquisite, twice-blessed, enamel flowers.

I backed away from the window and walked around the block twice, till my knees stopped buckling. Then, without daring to venture another look into the shop window, I went upstairs to my room and lay down on my bed. Some minutes, or hours later, I made, in French, the following brief entry in my diary: "I am giving Sister Irma her freedom to follow her own destiny. Everybody is a nun." (*Tout le monde est une nonne.*)

Before going to bed for the night, I wrote letters to my four just expelled students, reinstating them. I said a mistake had been made in the administration department. Actually, the letters seemed to write themselves. It may have had something to do with the fact that, before sitting down to write, I'd brought a chair up from downstairs.

It seems altogether anticlimactic to mention it, but Les Amis Des Vieux Maîtres closed down less than a week later, for being improperly licensed (for not being licensed at *all*, as a matter of fact). I packed up and joined Bobby, my stepfather, in Rhode Island, where I spent the next six or eight weeks, till art school reopened, investigating that most interesting of all summer-active animals, the American Girl in Shorts.

Right or wrong, I never again got in touch with Sister Irma.

Occasionally, I still hear from Bambi Kramer, though. The last I heard, she'd branched over into designing her own Christmas cards. They'll be something to see, if she hasn't lost her touch.

Teddy

I'LL EXQUISITE DAY *you*, buddy, if you don't get down off that bag this minute. And I mean it," Mr. McArdle said. He was speaking from the inside twin bed—the bed farther away from the porthole. Viciously, with more of a whimper than a sigh, he foot-pushed his top sheet clear of his ankles, as though any kind of coverlet was suddenly too much for his sunburned, debilitated-looking body to bear. He was lying supine, in just the trousers of his pajamas, a lighted cigarette in his right hand. His head was propped up just enough to rest uncomfortably, almost masochistically, against the very base of the headboard. His pillow and ashtray were both on the floor, between his and Mrs. McArdle's bed. Without raising his body, he reached out a nude, inflamed-pink, right arm and flicked his ashes in the general direction of the night table. "October, for God's sake," he said. "If this is October weather, gimme August." He turned his head to the right again, toward Teddy, looking for trouble. "C'mon," he said. "What the hell do you think I'm talking for? My health? Get *down* off there, please."

Teddy was standing on the broadside of a new-looking cowhide Gladstone, the better to see out of his parents' open porthole. He was wearing extremely dirty, white ankle-sneakers, no socks, seersucker shorts that were both too long for him and at least a size too large in the seat, an overly laundered T shirt that had a hole the size of a dime in the right shoulder, and an incongruously handsome, black alligator belt. He needed a haircut—especially at the nape of the neck—the worst way, as only a small boy with an almost full-grown head and a reedlike neck can need one.

"Teddy, did you hear me?"

Teddy was not leaning out of the porthole quite so far or so precariously as small boys are apt to lean out of open portholes—both his feet, in fact, were flat on the surface of the Gladstone—but neither was he just conservatively well-tipped; his face was considerably more outside than inside the cabin. Nonetheless, he was well within hearing of his father's voice—his father's voice, that is, most singularly. Mr. McArdle played leading roles on no fewer than three daytime radio serials when he was in New York, and he had what might be called a third-class leading man's speaking voice: narcissistically deep and resonant, functionally prepared at a moment's notice to out-male anyone in the same room with it, if necessary even a small boy. When it was on vacation from its professional chores, it fell, as a rule, alternately in love with sheer volume and a theatrical brand of quietness-steadiness. Right now, volume was in order.

"*Teddy*. God damn it—did you hear me?"

Teddy turned around at the waist, without changing the vigilant position of his feet on the Gladstone, and gave his father a look of inquiry, whole and pure. His eyes, which were pale brown in color, and not at all large, were slightly crossed—the left eye more than the right. They were not crossed enough to be disfiguring, or even to be necessarily noticeable at first glance. They were crossed just enough to be mentioned, and only in context with the fact that one might have thought long and seriously before wishing them straighter, or deeper, or browner, or wider set. His face, just as it was, carried the impact, however oblique and slow-travelling, of real beauty.

"I want you to get down off that bag, now. How many times do you want me to tell you?" Mr. McArdle said.

"Stay exactly where you are, darling," said Mrs. McArdle, who evidently had a little trouble with her sinuses early in the morning. Her eyes were open, but only just. "Don't move the tiniest part of an inch." She was lying on her right side, her face, on the pillow, turned left, toward Teddy and the porthole, her back to her husband. Her second sheet was drawn tight over her very probably nude body, enclosing her, arms and all, up to the chin. "Jump up and down," she said, and closed her eyes. "Crush Daddy's bag."

"That's a Jesus-brilliant thing to say," Mr. McArdle said quietly-steadily, addressing the back of his wife's head. "I pay twenty-two pounds for a bag, and I ask the boy civilly not to stand on it, and you tell him to jump up and down on it. What's that supposed to be? Funny?"

"If that bag can't support a ten-year-old boy, who's thirteen pounds underweight for his age, I don't want it in my cabin," Mrs. McArdle said, without opening her eyes.

"You know what I'd like to do?" Mr. McArdle said. "I'd like to kick your goddam head open."

"Why don't you?"

Mr. McArdle abruptly propped himself up on one elbow and

squashed out his cigarette stub on the glass top of the night table. "One of these days—" he began grimly.

"One of these days, you're going to have a tragic, tragic heart attack," Mrs. McArdle said, with a minimum of energy. Without bringing her arms into the open, she drew her top sheet more tightly around and under her body. "There'll be a small, tasteful funeral, and everybody's going to ask who that attractive woman in the red dress is, sitting there in the first row, flirting with the organist and making a holy—"

"You're so goddam funny it isn't even funny," Mr. McArdle said, lying inertly on his back again.

During this little exchange, Teddy had faced around and resumed looking out of the porthole. "We passed the *Queen Mary* at three-thirty-two this morning, going the other way, if anybody's interested," he said slowly. "Which I doubt." His voice was oddly and beautifully rough cut, as some small boys' voices are. Each of his phrasings was rather like a little ancient island, inundated by a miniature sea of whiskey. "That deck steward Booper despises had it on his blackboard."

"I'll *Queen Mary you*, buddy, if you don't get off that bag this minute," his father said. He turned his head toward Teddy. "Get *down* from there, now. Go get yourself a haircut or something." He looked at the back of his wife's head again. "He looks precocious, for God's sake."

"I haven't any money," Teddy said. He placed his hands more securely on the sill of the porthole, and lowered his chin onto the backs of his fingers. "Mother. You know that man who sits right next to us in the dining room? Not the very thin one. The other one, at the same table. Right next to where our waiter puts his tray down."

"Mm-hmm," Mrs. McArdle said. "Teddy. Darling. Let Mother sleep just five minutes more, like a sweet boy."

"Wait just a second. This is quite interesting," Teddy said, without raising his chin from its resting place and without taking his eyes off the ocean. "He was in the gym a little while ago, while Sven was weighing me. He came up and started talking to me. He heard that last tape I made. Not the one in April. The one in May. He was at a party in Boston just before he went to Europe, and somebody at the party knew somebody in the Leidekker examining group—he didn't say who—and they borrowed that last tape I made and played it at the party. He seems very interested in it. He's a friend of Professor Babcock's. Apparently he's a teacher himself. He said he was at Trinity College, in Dublin, all summer."

"Oh?" said Mrs. McArdle. "At a *party* they played it?" She lay gazing sleepily at the backs of Teddy's legs.

"I guess so," Teddy said. "He told Sven quite a bit about me, right while I was standing there. It was rather embarrassing."

"Why should it be embarrassing?"

Teddy hesitated. "I said 'rather' embarrassing. I qualified it."

"I'll qualify *you*, buddy, if you don't get the hell off that bag," Mr. McArdle said. He had just lit a fresh cigarette. "I'm going to count three. *One*, God damn it... *Two*..."

"What time is it?" Mrs. McArdle suddenly asked the backs of Teddy's legs. "Don't you and Booper have a swimming lesson at ten-thirty?"

"We have time," Teddy said. "—Vloom!" He suddenly thrust his whole head out of the porthole, kept it there a few seconds, then brought it in just long enough to report, "Someone just dumped a whole garbage can of orange peels out the window."

"Out the window. Out the *win*dow," Mr. McArdle said sarcastically, flicking his ashes. "Out the porthole, buddy, out the porthole." He glanced over at his wife. "Call Boston. Quick, get the Leidekker examining group on the phone."

"Oh, you're such a brilliant wit," Mrs. McArdle said. "Why do you try?"

Teddy took in most of his head. "They float very nicely," he said without turning around. "That's interesting."

"Teddy. For the last time. I'm going to count three, and then I'm—"

"I don't mean it's interesting that they float," Teddy said. "It's interesting that I know about them being there. If I hadn't seen them, then I wouldn't know they were there, and if I didn't know they were there, I wouldn't be able to say that they even exist. That's a very nice, perfect example of the way—"

"Teddy," Mrs. McArdle interrupted, without visibly stirring under her top sheet. "Go find Booper for me. Where is she? I don't want her lolling around in that sun again today, with that burn."

"She's adequately covered. I made her wear her dungarees," Teddy said. "Some of them are starting to sink now. In a few minutes, the only place they'll still be floating will be inside my mind. That's quite interesting, because if you look at it a certain way, that's where they started floating in the first place. If I'd never been standing here at all, or if somebody'd come along and sort of chopped my head off right while I was—"

"Where is she now?" Mrs. McArdle asked. "Look at Mother a minute, Teddy."

Teddy turned and looked at his mother. "What?" he said.

"Where's Booper now? I don't want her meandering all around the deck chairs again, bothering people. If that awful man—"

"She's all right. I gave her the camera."

Mr. McArdle lurched up on one arm. "You gave her the *cam*era!" he said. "What the hell's the idea? My goddam Leica! I'm not going to have a six-year-old child gallivanting all over—"

"I showed her how to hold it so she won't drop it," Teddy said. "And I took the film out, naturally."

"I want that camera, Teddy. You hear me? I want you to get down off that bag this minute, and I want that camera back in this room in *five minutes*—or there's going to be one little genius among the missing. Is that clear?"

Teddy turned his feet around on the Gladstone, and stepped down He bent over and tied the lace of his left sneaker while his father, still raised up on one elbow, watched him like a monitor.

"Tell Booper I want her," Mrs. McArdle said. "And give Mother a kiss."

Finished tying his sneaker lace, Teddy perfunctorily gave his mother a kiss on the cheek. She in turn brought her left arm out from under the sheet, as if bent on encircling Teddy's waist with it, but by the time she had got it out from under, Teddy had moved on. He had come around the other side and entered the space between the two beds. He stooped, and stood up with his father's pillow under his left arm and the glass ashtray that belonged on the night table in his right hand. Switching the ashtray over to his left hand, he went up to the night table and, with the edge of his right hand, swept his father's cigarette stubs and ashes into the ashtray. Then, before putting the ashtray back where it belonged, he used the under side of his forearm to wipe off the filmy wake of ashes from the glass top of the table. He wiped off his forearm on his seersucker shorts. Then he placed the ashtray on the glass top, with a world of care, as if he believed an ashtray should be dead-centered on the surface of a night table or not placed at all. At that point, his father, who had been watching him, abruptly gave up watching him. "Don't you want your pillow?" Teddy asked him.

"I want that camera, young man."

"You can't be very comfortable in that position. It isn't possible," Teddy said. "I'll leave it right here." He placed the pillow on the foot of the bed, clear of his father's feet. He started out of the cabin.

"Teddy," his mother said, without turning over. "Tell Booper I want to see her before her swimming lesson."

"Why don't you leave the kid alone?" Mr. McArdle asked. "You seem to resent her having a few lousy minutes' freedom. You know how you treat her? I'll tell you exactly how you treat her. You treat her like a bloomin' criminal."

"Bloomin'! Oh, that's cute! You're getting so English, lover."

Teddy lingered for a moment at the door, reflectively experimenting with the door handle, turning it slowly left and right. "After I go out this door, I may only exist in the minds of all my acquaintances," he said. "I may be an orange peel."

"What, darling?" Mrs. McArdle asked from across the cabin, still lying on her right side.

"Let's get on the ball, buddy. Let's get that Leica down here."

"Come give Mother a kiss. A nice, big one."

"Not right now," Teddy said absently. "I'm tired." He closed the door behind him.

The ship's daily newspaper lay just outside the doorsill. It was a single sheet of glossy paper, with printing on just one side. Teddy picked it up and began to read it as he started slowly aft down the long passageway. From the opposite end, a huge, blond woman in a starched white uniform was coming toward him, carrying a vase of long-stemmed, red roses. As she passed Teddy, she put out her left hand and grazed the top of his head with it, saying, "Somebody needs a haircut!" Teddy passively looked up from his newspaper, but the woman had passed, and he didn't look back. He went on reading. At the end of the passageway, before an enormous mural of Saint George and the Dragon over the staircase landing, he folded the ship's newspaper into quarters and put it into his left hip pocket. He then climbed the broad, shallow, carpeted steps up to Main Deck, one flight up. He took two steps at a time, but slowly, holding onto the banister, putting his whole body into it, as if the act of climbing a flight of stairs was for him, as it is for many children, a moderately pleasurable end in itself. At the Main Deck landing, he went directly over to the Purser's desk, where a good-looking girl in naval uniform was presiding at the moment. She was stapling some mimeographed sheets of paper together.

"Can you tell me what time that game starts today, please?" Teddy asked her.

"I beg your pardon?"

"Can you tell me what time that game starts today?"

The girl gave him a lipsticky smile. "What game, honey?" she asked.

"You know. That word game they had yesterday and the day before, where you're supposed to supply the missing words. It's mostly that you have to put everything in context."

The girl held off fitting three sheets of paper between the planes of her stapler. "Oh," she said. "Not till late afternoon, I believe. I believe it's around four o'clock. Isn't that a little over your head, dear?"

"No, it isn't... Thank you," Teddy said, and started to leave.

"Wait a minute, honey! What's your name?"

"Theodore McArdle," Teddy said. "What's yours?"

"My name?" said the girl, smiling. "My name's Ensign Mathewson."

Teddy watched her press down on her stapler. "I knew you were an ensign," he said. "I'm not sure, but I believe when somebody asks your name you're supposed to say your whole name. Jane Mathewson, or Phyllis Mathewson, or whatever the case may be."

"Oh, *real*ly?"

"As I say, I *think* so," Teddy said. "I'm not sure, though. It may be different if you're in uniform. Anyway, thank you for the information. Goodbye!" He turned and took the stairs up to the Promenade Deck, again two at a time, but this time as if in rather a hurry.

He found Booper, after some extensive looking, high up on the Sports Deck. She was in a sunny clearing—a glade, almost—between two deck-tennis courts that were not in use. In a squatting position, with the sun at her back and a light breeze riffling her silky, blond hair, she was busily piling twelve or fourteen shuffleboard discs into two tangent stacks, one for the black discs, one for the red. A very small boy, in a cotton sun suit, was standing close by, on her right, purely in an observer's capacity. "Look!" Booper said commandingly to her brother as he approached. She sprawled forward and surrounded the two stacks of shuffleboard discs with her arms to show off her accomplishment, to isolate it from whatever else was aboard ship. "*My*ron," she said hostilely, addressing her companion, "you're making it all shadowy, so my brother can't see. Move your carcass." She shut her eyes and waited, with a cross-bearing grimace, till Myron moved.

Teddy stood over the two stacks of discs and looked down appraisingly at them. "That's very nice," he said. "Very symmetrical."

"*This* guy," Booper said, indicating Myron, "never even heard of *back*gammon. They don't even have one."

Teddy glanced briefly, objectively, at Myron. "Listen," he said to Booper. "Where's the camera? Daddy wants it right away."

"He doesn't even live in New York," Booper informed Teddy. "And his father's dead. He was killed in Korea." She turned to Myron. "Wasn't he?" she demanded, but without waiting for a response. "Now if his mother dies, he'll be an orphan. He didn't even know that." She looked at Myron. "*Did* you?"

Myron, non-committal, folded his arms.

"You're the stupidest person I ever met," Booper said to him. "You're the stupidest person in this ocean. Did you know that?"

"He is not," Teddy said. "You are not, Myron." He addressed his sister: "Give me your attention a second. Where's the camera? I have to have it immediately. Where is it?"

"Over there," Booper said, indicating no direction at all. She drew her two stacks of shuffleboard discs in closer to her. "All I need now is two giants," she said. "They could play backgammon till they got all tired and then they could climb up on that smokestack and throw these at everybody and kill them." She looked at Myron. "They could kill your parents," she said to him knowledgeably. "And if that didn't kill them, you know what you could do? You could put some poison on some marshmellows and make them eat it."

The Leica was about ten feet away, next to the white railing that surrounded the Sports Deck. It lay in the drain gully, on its side. Teddy went over and picked it up by its strap and hung it around his neck. Then, immediately, he took it off. He took it over to Booper. "Booper, do me a favor. You take it down, please," he said. "It's ten o'clock. I have to write in my diary."

"I'm busy."

"Mother wants to see you right away, anyway," Teddy said.

"You're a liar."

"I'm not a liar. She does," Teddy said. "So please take this down with you when you go ... C'mon, Booper."

"What's she want to see me for?" Booper demanded. "I don't want to see *her*." She suddenly struck Myron's hand, which was in the act of picking off the top shuffleboard disc from the red stack. "Hands off," she said.

Teddy hung the strap attached to the Leica around her neck. "I'm serious, now. Take this down to Daddy right away, and then I'll see you at the pool later on," he said. "I'll meet you right at the pool at ten-thirty. Or right outside that place where you change your clothes. Be on time, now. It's way down on E Deck, don't forget, so leave yourself plenty of time." He turned, and left.

"I hate you! I hate everybody in this ocean!" Booper called after him.

Below the Sports Deck, on the broad, after end of the Sun Deck, uncompromisingly alfresco, were some seventy-five or more deck chairs, set up and aligned seven or eight rows deep, with aisles just wide enough for the deck steward to use without unavoidably tripping over the sunning passengers' paraphernalia—knitting bags, dust-jacketed novels, bottles of sun-tan lotion, cameras. The area was crowded when Teddy arrived. He started at the rearmost row and moved methodically, from row to row, stopping at each chair, whether or not it was occupied, to read the name placard on its arm. Only one or two of the reclining passengers spoke to him—that is, made any of the commonplace pleasantries adults are sometimes prone to make to a ten-year-old boy who is single-mindedly looking for the chair that belongs to him. His youngness and single-mindedness were obvious enough, but perhaps his general demeanor altogether lacked, or had too little of, that sort of cute solemnity that many adults readily speak up, or down, to. His clothes may have had something to do with it, too. The hole in the shoulder of his T shirt was not a cute hole. The excess material in the seat of his seersucker shorts, the excess length of the shorts themselves, were not cute excesses.

The McArdles' four deck chairs, cushioned and ready for occupancy, were situated in the middle of the second row from the front. Teddy sat down in one of them so that—whether or not it was his intention—no one was sitting directly on either side of him. He stretched out his bare, unsuntanned legs, feet together, on the leg rest, and, almost simultaneously, took a small, ten-cent notebook out of his right hip pocket. Then, with instantly one-pointed concentration, as if only he and the notebook existed—no sunshine, no fellow passengers, no ship—he began to turn the pages.

With the exception of a very few pencil notations, the entries in the notebook had apparently all been made with a ball-point pen. The handwriting itself was manuscript style, such as is currently being taught in American schools, instead of the old, Palmer method. It was legible without being pretty-pretty. The flow was what was remarkable about the handwriting. In no sense—no mechanical sense, at any rate—did the words and sentences look as though they had been written by a child.

Teddy gave considerable reading time to what looked like his most recent entry. It covered a little more than three pages:

Diary for October 27, 1952

Property of Theodore McArdle

412 A Deck

Appropriate and pleasant reward if finder promptly returns to Theodore McArdle.

See if you can find daddy's army dog tags and wear them whenever possible. It won't kill you and he will like it.

Answer Professor Mandell's letter when you get a chance and the patience. Ask him not to send me any more poetry books. I already have enough for 1 year anyway. I am quite sick of it anyway. A man walks along the beach and unfortunately gets hit in the head by a cocoanut. His head unfortunately cracks open in two halves. Then his wife comes along the beach singing a song and sees the 2 halves and recognizes them and picks them up. She gets very sad of course and cries heart breakingly. That is exactly where I am tired of poetry. Supposing the lady just picks up the 2 halves and shouts into them very angrily "Stop that!" Do not mention this when you answer his letter, however. It is quite controversial and Mrs. Mandell is a poet besides.

Get Sven's address in Elizabeth, New Jersey. It would be interesting to meet his wife, also his dog Lindy. However, I would not like to own a dog myself.

Write condolence letter to Dr. Wokawara about his nephritis. Get his new address from mother.

Try the sports deck for meditation tomorrow morning before breakfast but do not lose consciousness. Also do not lose consciousness in the dining room if that waiter drops that big spoon again. Daddy was quite furious.

Words and expressions to look up in library tomorrow when you return the books—

nephritis

myriad

gift horse

cunning

triumvirate

Be nicer to librarian. Discuss some general things with him when he gets kittenish.

Teddy abruptly took out a small, bullet-shaped, ball-point pen from the side pocket of his shorts, uncapped it, and began to write. He used his right thigh as a desk, instead of the chair arm.

Diary for October 28, 1952

Same address and reward as written on October 26 and 27, 1952.

I wrote letters to the following persons after meditation this morning.

Dr. Wokawara

Professor Mandell

Professor Peet

Burgess Hake, Jr.

Roberta Hake

Sanford Hake

Grandma Hake

Mr. Graham

Professor Walton

I could have asked mother where daddy's dog tags are but she would probably say I don't have to wear them. I know he has them with him because I saw him pack them.

Life is a gift horse in my opinion.

I think it is very tasteless of Professor Walton to criticize my parents. He wants people to be a certain way.

It will either happen today or February 14, 1958 when I am sixteen. It is ridiculous to mention even.

After making this last entry, Teddy continued to keep his attention on the page and his ball-point pen poised, as though there were more to come.

He apparently was unaware that he had a lone interested observer. About fifteen feet forwardship from the first row of deck chairs, and eighteen or twenty rather sun-blinding feet overhead, a young man was steadily watching him from the Sports Deck railing. This had been going on for some ten minutes. It was evident that the young man was now reaching some sort of decision, for he abruptly took his foot down from the railing. He stood for a moment, still looking in Teddy's direction, then walked away, out of sight. Not a minute later, though, he turned up, obtrusively vertical, among the deck-chair ranks. He was about thirty, or younger. He directly started to make his way down-aisle toward Teddy's chair, casting distracting little shadows over the pages of people's novels and stepping rather uninhibitedly (considering that his was the only standing, moving figure in sight) over knitting bags and other personal effects.

Teddy seemed oblivious of the fact that someone was standing at the foot of his chair—or, for that matter, casting a shadow over his notebook. A few people in the row or two behind him, however, were more distractible. They looked up at the young man as, perhaps, only people in deck chairs can look up at someone. The young man had a kind of poise about him, though, that looked as though it might hold up indefinitely, with the very small proviso that he keep at least one hand in one pocket. "Hello, there!" he said to Teddy.

Teddy looked up. "Hello," he said. He partly closed his notebook, partly let it close by itself.

"Mind if I sit down a minute?" the young man asked, with what seemed to be unlimited cordiality. "This anybody's chair?"

"Well, these four chairs belong to my family," Teddy said. "But my parents aren't up yet."

"Not *up?* On a day like this," the young man said. He had already lowered himself into the chair at Teddy's right. The chairs were placed so close together that the arms touched. "That's sacrilege," he said. "Absolute sacrilege." He stretched out his legs, which were unusually heavy at the thighs, almost like human bodies in themselves. He was dressed, for the most part, in Eastern seaboard regimentals: a turf haircut on top, run-down brogues on the bottom, with a somewhat mixed uniform in between—buff-colored woolen socks, charcoal-gray trousers, a button-down-collar shirt, no necktie, and a herringbone jacket that looked as though it had been properly aged in some of the more popular postgraduate seminars at Yale, or Harvard, or Princeton. "Oh, God, what a divine day," he said appreciatively, squinting up at the sun. "I'm an absolute pawn when it comes to the weather." He crossed his heavy legs, at the ankles. "As a matter of fact, I've been known to take a perfectly normal rainy day as a personal insult. So this is absolute manna to me." Though his speaking voice was, in the usual connotation, well bred, it carried considerably more than adequately, as though he had some sort of understanding with himself that anything he had to say would sound pretty much all right—intelligent, literate, even amusing or stimulating—either from Teddy's vantage point or from that of the people in the row behind, if they were listening. He looked obliquely down at Teddy, and smiled. "How are you and the weather?" he asked. His smile was not unpersonable, but it was social, or conversational, and related back, however indirectly, to his own ego. "The weather ever bother you out of all sensible proportion?" he asked, smiling.

"I don't take it too personal, if that's what you mean," Teddy said.

The young man laughed, letting his head go back. "Wonderful," he said. "My name, incidentally, is Bob Nicholson. I don't know if we quite got around to that in the gym. I know *your* name, of course."

Teddy shifted his weight over to one hip and stashed his notebook in the side pocket of his shorts.

"I was watching you write—from way up there," Nicholson said, narratively, pointing. "Good Lord. You were working away like a little Trojan."

Teddy looked at him. "I was writing something in my notebook."

Nicholson nodded, smiling. "How was Europe?" he asked conversationally. "Did you enjoy it?"

"Yes, very much, thank you."

"Where all did you go?"

Teddy suddenly reached forward and scratched the calf of his leg. "Well, it would take me too much time to name all the places, because we took our car and drove fairly great distances." He sat back. "My mother and I were mostly in Edinburgh, Scotland, and Oxford, England, though. I think I told you in the gym I had to be interviewed at both those places. Mostly the University of Edinburgh."

"No, I don't believe you did," Nicholson said. "I was wondering if you'd done anything like that. How'd it go? They grill you?"

"I beg your pardon?" Teddy said.

"How'd it go? Was it interesting?"

"At times, yes. At times, no," Teddy said. "We stayed a little bit too long. My father wanted to get back to New York a little sooner than this ship. But some people were coming over from Stockholm, Sweden, and Innsbruck, Austria, to meet me, and we had to wait around."

"It's always that way."

Teddy looked at him directly for the first time. "Are you a poet?" he asked.

"A poet?" Nicholson said. "Lord, no. Alas, no. Why do you ask?"

"I don't know. Poets are always taking the weather so personally. They're always sticking their emotions in things that have no emotions."

Nicholson, smiling, reached into his jacket pocket and took out cigarettes and matches. "I rather thought that was their stock in trade," he said. "Aren't emotions what poets are primarily concerned with?"

Teddy apparently didn't hear him, or wasn't listening. He was looking abstractedly toward, or over, the twin smokestacks up on the Sports Deck.

Nicholson got his cigarette lit, with some difficulty, for there was a light breeze blowing from the north. He sat back, and said, "I understand you left a pretty disturbed bunch—"

" 'Nothing in the voice of the cicada intimates how soon it will die,' " Teddy said suddenly. " 'Along this road goes no one, this autumn eve.' "

"What was that?" Nicholson asked, smiling. "Say that again."

"Those are two Japanese poems. They're not full of a lot of emotional stuff," Teddy said. He sat forward abruptly, tilted his head to the right, and gave his right ear a light clap with his hand. "I still have some water in my ear from my swimming lesson yesterday," he said. He gave his ear another couple of claps, then sat back, putting his arms up on both armrests. It was, of course, a normal, adult-size deck chair, and he looked distinctly small in it, but at the same time, he looked perfectly relaxed, even serene.

"I understand you left a pretty disturbed bunch of pedants up at Boston," Nicholson said, watching him. "After that last little set-to. The whole Leidekker examining group, more or less, the way I understand it. I believe I told you I had rather a long chat with Al Babcock last June. Same night, as a matter of fact, I heard your tape played off."

"Yes, you did. You told me."

"I understand they were a pretty disturbed bunch," Nicholson pressed. "From what Al told me, you all had quite a little lethal bull session late one night—the same night you made that tape, I believe." He took a drag on his cigarette. "From what I gather, you made some little predictions that disturbed the boys no end. Is that right?"

"I wish I knew why people think it's so important to be emotional,"

Teddy said. "My mother and father don't think a person's human unless he thinks a lot of things are very sad or very annoying or very—very un*just*, sort of. My father gets very emotional even when he reads the newspaper. He thinks I'm inhuman."

Nicholson flicked his cigarette ash off to one side. "I take it you have no emotions?" he said.

Teddy reflected before answering. "If I do, I don't remember when I ever used them," he said. "I don't see what they're *good* for."

"You love God, don't you?" Nicholson asked, with a little excess of quietness. "Isn't that your forte, so to speak? From what I heard on that tape and from what Al Babcock—"

"Yes, sure, I love Him. But I don't love Him sentimentally. He never said anybody had to love Him sentimentally," Teddy said. "If *I* were God, I certainly wouldn't want people to love me sentimentally. It's too unreliable."

"You love your parents, don't you?"

"Yes, I do—very much," Teddy said, "but you want to make me use that word to mean what you want it to mean—I can tell."

"All right. In what sense do *you* want to use it?"

Teddy thought it over. "You know what the word 'affinity' means?" he asked, turning to Nicholson.

"I have a rough idea," Nicholson said dryly.

"I have a very strong affinity for them. They're my parents, I mean, and we're all part of each other's harmony and everything," Teddy said. "I want them to have a nice time while they're alive, because they like having a nice time ... But they don't love me and Booper—that's my sister—that way. I mean they don't seem able to love us just the way we are. They don't seem able to love us unless they can keep changing us a little bit. They love their reasons for loving us almost as much as they love us, and most of the time more. It's not so good, that way." He turned toward Nicholson again, sitting slightly forward. "Do you have the time, please?" he asked. "I have a swimming lesson at ten-thirty."

"You have time," Nicholson said without first looking at his wrist watch. He pushed back his cuff. "It's just ten after ten," he said.

"Thank you," Teddy said, and sat back. "We can enjoy our conversation for about ten more minutes."

Nicholson let one leg drop over the side of the deck chair, leaned forward, and stepped on his cigarette end. "As I understand it," he said, sitting back, "you hold pretty firmly to the Vedantic theory of reincarnation."

"It isn't a theory, it's as much a part—"

"All right," Nicholson said quickly. He smiled, and gently raised the flats of his hands, in a sort of ironic benediction. "We won't argue that point, for the moment. Let me finish." He crossed his heavy, outstretched legs again. "From what I gather, you've acquired certain information, through meditation, that's given you some conviction that in your last incarnation you were a holy man in India, but more or less fell from Grace—"

"I wasn't a holy man," Teddy said. "I was just a person making very nice spiritual advancement."

"All right—whatever it was," Nicholson said. "But the point is you feel that in your last incarnation you more or less fell from Grace before final Illumination. Is that right, or am I—"

"That's right," Teddy said. "I met a lady, and I sort of stopped meditating." He took his arms down from the armrests, and tucked his hands, as if to keep them warm, under his thighs. "I would have had to take another body and come back to earth again *any*way—I mean I wasn't so spiritually advanced that I could have died, if I hadn't met that lady, and then gone straight to Brahma and never again have to come back to earth. But I wouldn't have had to get incarnated in an *Amer*ican body if I hadn't met that lady. I mean it's very hard to meditate and live a spiritual life in America. People think you're a freak if you try to. My father thinks I'm a freak, in a way. And my mother—well, she doesn't think it's good for me to think about God all the time. She thinks it's bad for my health."

Nicholson was looking at him, studying him. "I believe you said on that last tape that you were six when you first had a mystical experience. Is that right?"

"I was six when I saw that everything was God, and my hair stood up, and all that," Teddy said. "It was on a Sunday, I remember. My sister was only a very tiny child then, and she was drinking her milk, and all of a sudden I saw that *she* was God and the *milk* was God. I mean, all she was doing was pouring God into God, if you know what I mean."

Nicholson didn't say anything.

"But I could get out of the finite dimensions fairly often when I was four," Teddy said, as an afterthought. "Not continuously or anything, but fairly often."

Nicholson nodded. "You did?" he said. "You could?"

"Yes," Teddy said. "That was on the tape ... Or maybe it was on the one I made last April. I'm not sure."

Nicholson took out his cigarettes again, but without taking his eyes off Teddy. "How does one get out of the finite dimensions?" he asked, and gave a short laugh. "I mean, to begin very basically, a block of wood is a block of wood, for example. It has length, width—"

"It hasn't. That's where you're wrong," Teddy said. "Everybody just *thinks* things keep stopping off somewhere. They don't. That's what I was trying to tell Professor Peet." He shifted in his seat and took out an eyesore of a handkerchief—a gray, wadded entity—and blew his nose. "The reason things *seem* to stop off somewhere is because that's the only way most people know how to look at things," he said. "But that doesn't mean they do." He put away his handkerchief, and looked at Nicholson. "Would you hold up your arm a second, please?" he asked.

"My arm? Why?"

"Just do it. Just do it a second."

Nicholson raised his forearm an inch or two above the level of the armrest. "This one?" he asked.

Teddy nodded. "What do you call that?" he asked.

"What do you mean? It's my arm. It's an *arm*."

"How do you know it is?" Teddy asked. "You know it's called an arm, but how do you know it is one? Do you have any proof that it's an arm?"

Nicholson took a cigarette out of his pack, and lit it. "I think that smacks of the worst kind of sophistry, frankly," he said, exhaling smoke. "It's an arm, for heaven's sake, because it's an arm. In the first place, it has to have a name to distinguish it from other objects. I mean you can't simply—"

"You're just being logical," Teddy said to him impassively.

"I'm just being what?" Nicholson asked, with a little excess of politeness.

"Logical. You're just giving me a regular, intelligent answer," Teddy said. "I was trying to help you. You asked me how I get out of the finite dimensions when I feel like it. I certainly don't use logic when I do it. Logic's the first thing you have to get rid of."

Nicholson removed a flake of tobacco from his tongue with his fingers.

"You know Adam?" Teddy asked him.

"Do I know who?"

"Adam. In the Bible."

Nicholson smiled. "Not personally," he said dryly.

Teddy hesitated. "Don't be angry with me," he said. "You asked me a question, and I'm—"

"I'm not *angry* with you, for heaven's sake."

"Okay," Teddy said. He was sitting back in his chair, but his head was turned toward Nicholson. "You know that apple Adam ate in the Garden of Eden, referred to in the Bible?" he asked. "You know what was in that apple? Logic. Logic and intellectual stuff. That was all that was in it. So—this is my point—what you have to do is vomit it up if you want to see things as they really are. I mean if you vomit it up, then you won't have any more trouble with blocks of wood and stuff. You won't see everything stopping *off* all the time. And you'll know what your arm really is, if you're interested. Do you know what I mean? Do you follow me?"

"I follow you," Nicholson said, rather shortly.

"The trouble is," Teddy said, "most people don't want to see things the way they are. They don't even want to stop getting born and dying all the time. They just want new bodies all the time, instead of stopping and staying with God, where it's really nice." He reflected. "I never saw such a bunch of apple-eaters," he said. He shook his head.

At that moment, a white-coated deck steward, who was making his rounds within the area, stopped in front of Teddy and Nicholson and asked them if they would care to have morning broth. Nicholson didn't respond to the question at all. Teddy said, "No, thank you," and the deck steward passed them by.

"If you'd rather not discuss this, you don't have to," Nicholson said abruptly, and rather brusquely. He flicked his cigarette ash. "But is it true, or isn't it, that you informed the whole Leidekker examining bunch—Walton, Peet, Larsen, Samuels, and that bunch—when and where and how they would eventually die? Is that true, or isn't it? You don't have to discuss it if you don't want to, but the way the rumor around Boston—"

"No, it is not true," Teddy said with emphasis. "I told them places, and *times*, when they should be very, very careful. And I told them certain things it might be a good idea for them to *do* ... But I didn't say anything like *that*. I didn't say anything was inevitable, that way." He took out his handkerchief again and used it. Nicholson waited, watching him. "And I didn't tell Professor Peet anything like that at all. Firstly, he wasn't one of the ones who were kidding around and asking me a bunch of questions. I mean all I told Professor Peet was that he shouldn't be a teacher any more after January—that's all I told him." Teddy, sitting back, was silent a moment. "All those other professors, they practically forced me to tell them all that stuff. It was after we were all finished with the interview and making that tape, and it was quite late, and they all kept sitting around smoking cigarettes and getting very kittenish."

"But you didn't tell Walton, or Larsen, for example, when or where or how death would eventually come?" Nicholson pressed.

"*No*. I did not," Teddy said firmly. "I wouldn't have told them *any* of that stuff, but they kept *talk*ing about it. Professor Walton sort of started it. He said he really wished he knew when he was going to die, because then he'd know what work he should do and what work he shouldn't do, and how to use his time to his best advantage, and all like that. And then they all said that ... So I told them a little bit."

Nicholson didn't say anything.

"I didn't tell them when they were actually going to die, though. That's a very false rumor," Teddy said. "I *could* have, but I knew that in their hearts they really didn't want to know. I mean I knew that even though they teach Religion and Philosophy and all, they're still pretty afraid to die." Teddy sat, or reclined, in silence for a minute. "It's so silly," he said. "All you do is get the heck out of your body when you die. My gosh, everybody's done it thousands and thousands of times. Just because they don't remember it doesn't mean they haven't done it. It's so silly."

"That may be. That may be," Nicholson said. "But the logical fact remains that no matter how intelligently—"

"It's so silly," Teddy said again. "For example, I have a swimming lesson in about five minutes. I could go downstairs to the pool, and there might not be any water in it. This might be the day they change the water or something. What might happen, though, I might walk up to the edge of it, just to have a look at the bottom, for instance, and my sister might come up and sort of push me in. I could fracture my skull and die instantaneously." Teddy looked at Nicholson. "That could happen," he said. "My sister's only six, and she hasn't been a human being for very many lives, and she doesn't like me very much. That could happen, all right. What would be so tragic about it, though? What's there to be afraid of, I mean? I'd just be doing what I was supposed to do, that's all, wouldn't I?"

Nicholson snorted mildly. "It might not be a tragedy from your point of view, but it would certainly be a sad event for your mother and dad," he said. "Ever consider that?"

"Yes, of course, I have," Teddy said. "But that's only because they have names and emotions for everything that happens." He had been keeping his hands tucked under his legs again. He took them out now, put his arms up on the armrests, and looked at Nicholson. "You know Sven? The man that takes care of the gym?" he asked. He waited till he got a nod from Nicholson. "Well, if Sven dreamed tonight that his dog died, he'd have a very, very bad night's sleep, because he's very fond of that dog. But when he woke up in the morning, everything would be all right. He'd know it was only a dream."

Nicholson nodded. "What's the point, exactly?"

"The point is if his dog really died, it would be exactly the same thing. Only, he wouldn't know it. I mean he wouldn't wake up till he died himself."

Nicholson, looking detached, was using his right hand to give himself a slow, sensuous massage at the back of the neck. His left hand, motionless on the armrest, with a fresh, unlighted cigarette between the fingers, looked oddly white and inorganic in the brilliant sunlight.

Teddy suddenly got up. "I really have to go now, I'm afraid," he said. He sat down, tentatively, on the extended leg attachment of his chair, facing Nicholson, and tucked in his T shirt. "I have about one and a half minutes, I guess, to get to my swimming lesson," he said. "It's all the way down on E Deck."

"May I ask why you told Professor Peet he should stop teaching after the first of the year?" Nicholson asked, rather bluntly. "I know Bob Peet. That's why I ask."

Teddy tightened his alligator belt. "Only because he's quite spiritual, and he's teaching a lot of stuff right now that isn't very good for him if he wants to make any real spiritual advancement. It stimulates him too much. It's time for him to take everything *out* of his head, instead of putting more stuff *in*. He could get rid of a lot of the apple in just this one life if he wanted to. He's very good at meditating." Teddy got up. "I better go now. I don't want to be too late."

Nicholson looked up at him, and sustained the look—detaining him. "What would you do if you could change the educational system?" he asked ambiguously. "Ever think about that at all?"

"I really have to go," Teddy said.

"Just answer that one question," Nicholson said. "Education's my baby, actually—that's what I teach. That's why I ask."

"Well ... I'm not too sure what I'd do," Teddy said. "I know I'm pretty sure I wouldn't start with the things schools usually start with." He folded his arms, and reflected briefly. "I think I'd first just assemble all the children together and show them how to meditate. I'd try to show them how to find out who they *are*, not just what their names are and things like that ... I guess, even before that, I'd get them to empty out everything their parents and everybody ever told them. I mean even if their parents just told them an elephant's big, I'd make them empty *that* out. An elephant's only big when it's next to something else—a dog or a lady, for example." Teddy thought another moment. "I wouldn't even tell them an elephant has a trunk. I might *show* them an elephant, if I had one handy, but I'd let them just walk up to the elephant not knowing anything more about it than the elephant knew about *them*. The same thing with grass, and other things. I wouldn't even tell them grass is green. Colors are only names. I mean if you tell them the grass is green, it makes them start expecting the grass to look a certain way—*your* way—instead of some other way that may be just as good, and maybe much better ... I don't know. I'd just make them vomit up every bit of the apple their parents and everybody made them take a bite out of."

"There's no risk you'd be raising a little generation of ignoramuses?"

"Why? They wouldn't any more be ignoramuses than an elephant is. Or a bird is. Or a tree is," Teddy said. "Just because something *is* a certain way, instead of just behaves a certain way, doesn't mean it's an ignoramus."

"No?"

"No!" Teddy said. "Besides, if they wanted to learn all that other stuff—names and colors and things—they could do it, if they felt like it, later on when they were older. But I'd want them to *begin* with all the real ways of looking at things, not just the way all the other apple-eaters look at things—that's what I mean." He came closer to Nicholson, and extended his hand down to him. "I have to go now. Honestly. I've enjoyed—"

"Just one second—sit down a minute," Nicholson said. "Ever think you might like to do something in research when you grow up? Medical research, or something of that kind? It seems to me, with your mind, you might eventually—"

Teddy answered, but without sitting down. "I thought about that once, a couple of years ago," he said. "I've talked to quite a few doctors." He shook his head. "That wouldn't interest me very much. Doctors stay too right on the surface. They're always talking about cells and things."

"Oh? You don't attach any importance to cell structure?"

"Yes, sure, I do. But doctors talk about cells as if they had such unlimited importance all by themselves. As if they didn't really belong to the person that has them." Teddy brushed back his hair from his forehead with one hand. "I grew my own body," he said. "Nobody else did it for me. So if I grew it, I must have known *how* to grow it. Unconsciously, at least. I may have lost the *con*scious knowledge of how to grow it sometime in the last few hundred thousand years, but the knowledge is still *there*, because—obviously—I've used it. ... It would take quite a lot of meditation and emptying out to get the whole thing back—I mean the conscious knowledge—but you could do it if you wanted to. If you opened up wide enough." He suddenly reached down and picked up Nicholson's right hand from the armrest. He shook it just once, cordially, and said, "Goodbye. I have to go." And this time, Nicholson wasn't able to detain him, he started so quickly to make his way through the aisle.

Nicholson sat motionless for some few minutes after he left, his hands on the armrests of the chair, his unlighted cigarette still between the fingers of his left hand. Finally, he raised his right hand and used it as if to check whether his collar was still open. Then he lit his cigarette, and sat quite still again.

He smoked the cigarette down to its end, then abruptly let one foot over the side of the chair, stepped on the cigarette, got to his feet, and made his way, rather quickly, out of the aisle.

Using the forwardship stairway, he descended fairly briskly to the Promenade Deck. Without stopping there, he continued on down, still quite rapidly, to Main Deck. Then to A Deck. Then to B Deck. Then to C Deck. Then to D Deck.

At D Deck the forwardship stairway ended, and Nicholson stood for a moment, apparently at some loss for direction. However, he spotted someone who looked able to guide him. Halfway down the passageway, a stewardess was sitting on a chair outside a galleyway, reading a magazine and smoking a cigarette. Nicholson went down to her, consulted her briefly, thanked her, then took a few additional steps forwardship and opened a heavy metal door that read: TO THE POOL. It opened onto a narrow, uncarpeted staircase.

He was little more than halfway down the staircase when he heard an all-piercing, sustained scream—clearly coming from a small, female child. It was highly acoustical, as though it were reverberating within four tiled walls.

图书在版编目（CIP）数据
九故事 /（美）J. D. 塞林格（J. D. Salinger）著；
丁骏译. —南京：译林出版社，2018.10
书名原文：Nine Stories
ISBN 978-7-5447-6687-6

I.①九… II.①J… ②丁… III.①短篇小说－小说
集－美国－现代 IV.①I712.45

中国版本图书馆 CIP 数据核字（2016）第 243246 号

著作权合同登记号　图字：10-2013-543号

九故事［美国］J. D. 塞林格／著　丁　骏／译

责任编辑　王　维
装帧设计　韦　枫
校　　对　孙玉兰
责任印制　董　虎

原文出版　Little, Brown and Company
出版发行　译林出版社
地　　址　南京市湖南路 1 号 A 楼
邮　　箱　yilin@yilin.com
网　　址　www.yilin.com
市场热线　025-86633278
排　　版　南京展望文化发展有限公司
印　　刷　江苏凤凰新华印务有限公司
开　　本　850 毫米 ×1168 毫米　1/32
印　　张　12.75
插　　页　4
版　　次　2018 年 10 月第 1 版　2018 年 10 月第 1 次印刷
书　　号　ISBN 978-7-5447-6687-6
定　　价　62.00 元